Ulrich Greiner **Gelobtes**

Amerikanische Schriftsteller **Land**

über Amerika

Rowohlt

1. Auflage September 1997
Copyright © 1997 by Rowohlt Verlag GmbH,
Reinbek bei Hamburg
Alle Rechte vorbehalten
Schutzumschlag- und Einbandgestaltung Ingrid Albrecht
(Foto oben: Tony Stone Images / Ken Biggs;
Foto unten: G + J Photonica, P. McDonough)
Satz aus der Sabon (Linotronic 500)
Gesamtherstellung Clausen & Bosse, Leck
Printed in Germany
ISBN 3 498 02480 9

Für meinen Vater (1910–1978)
und für meine Mutter in Dankbarkeit

Inhalt

Westwärts

Vorrede

Mit Asterix zu reden: Die spinnen, die Amis. Hat es solches Pathos je gegeben? Hat je eine Nation so kindlich selbstbewußt von der eigenen Größe geschwärmt? So gläubig die fast schon heiligen Texte der Unabhängigkeit und der Verfassung verehrt? So inbrünstig an die selbstgewählte Mission geglaubt, der Menschheit die Freiheit zu bringen? Hat je eine Nation derart schamlos von sich selber behauptet, sie sei das Gelobte Land, in ihr sei die Geschichte ans Ziel gekommen?

Und nie hat ein Land einen Dichter wie Walt Whitman hervorgebracht, eine Kraftnatur sondergleichen, einen Mann, der auf drei Beinen geht, einen Sänger, der jede Orgel übertrifft und dessen unendliche Langverse im Leser Gelächter und Mißmut, am Ende aber ohnmächtiges Staunen erzeugen und einen Rausch, der ihn außerstande setzt, jemals zu sagen, was eigentlich er gelesen hat, denn außer dem Sound, der bezwingenden Melodie und dem stetig ausgreifenden und ausschweifenden Schritt bleibt ja nur das Eine, das er unablässig singt: Amerika, das Gelobte Land. «Walt Whitman, ein Kosmos, von Manhattan der Sohn, / Ungestüm, fleischlich, sinnlich, essend, trinkend und zeugend, / Kein Empfindsamer, keiner, der sich über Männer und Weiber oder abseits von ihnen stellt, / Nicht bescheiden, noch unbescheiden. / Schraubt die Schlösser der Türen los! / Schraubt die Türen selbst von den Pfosten los! / Wer einen andern erniedrigt, erniedrigt mich, / Und jedes Wort oder Tun trifft mich am Ende. / Durch mich schwellen und schwellen die Fluten des Geists, / Durch mich der Strom und der Zeiger. / Ich spreche die urerste Losung, ich gebe das Zeichen der Demokratie, / Bei Gott! Ich will nichts haben, woran nicht alle zu gleichen Bedingungen teilhaben können.» So singt er 1855 im *Gesang von mir selbst*. Hier spricht der Dichter. Und er ruft sie alle an: «Americanos! Eroberer! Menschheitsarmeen! / Voran! Armeen des Jahrhunderts! Libertad! Massen! / Für euch ein Programm von Gesängen! / Gesänge von den Prärien, / Gesänge vom weithinströmenden Mississippi und hinab zur Mexikanischen See, / Gesänge von Ohio, Indiana, Illinois, Iowa, Wisconsin und Minnesota, / Gesänge, ausbrechend aus dem Innern von Kansas und von da überallhin, / Hinschießend, unaufhörlich, in Feuerpulsen, alles zu beleben.»

Und der Dichter sagt uns: «Ich will keine Gedichte machen über einzelne Teile, / Sondern Gedichte, Gesänge, Gedanken über das Ganze, / Und ich will singen nicht für einen Tag, sondern für alle Tage.» Wir sind ja schon überzeugt, wir denken an Winnie the Pooh, der sich ein kleines Gesumm zusammensummt, und lauschen benommen Whitmans Ode auf die Demokratie: «Ich will Kameradschaft pflanzen dicht wie Bäume entlang den Strömen Amerikas, und entlang den Küsten der großen Seen und über alle Steppen hin, / Ich will unentzweibare Städte schaffen, die die Arme einander um den Nacken schlingen, / Durch die Liebe von Kameraden, / Durch die männliche Liebe von Kameraden, / Für dich dies von mir, o Demokratie, dir zu dienen, ma femme, / Für dich, für dich zwitschre ich diese Lieder.»

Ist das nicht unerhört? Denn Whitman war ja kein unbedarfter Schwarmgeist, kein naiver Sonntagspoet. Er hat den Bürgerkrieg (1861 bis 1865) erlebt, die Verwundeten gepflegt, die zerfetzten Leiber gesehen und in seinem Tagebuch notiert: «Es ist seltsam: Solange ich bei den entsetzlichsten Szenen zugegen bin, Sterben, Operationen, ekelhafte Wunden (vielleicht voller Maden), bleibe ich ruhig und fest und energisch, wenn auch mein Mitgefühl sehr erregt ist; aber oft, stundenlang nachher, vielleicht wenn ich zuhause bin oder allein spazieren gehe, wird es mir schlecht und ich zittere tatsächlich.»

Wer den großen und letztlich doch unbegreiflichen Walt Whitman liest, der hat die eine Seite Amerikas und die eine Seite der amerikanischen Literatur, die emphatische, vitalistische, optimistische. Aber zugleich war immer auch die andere da, die skeptische, dunkle, verzweifelte. Während Walt Whitman zur Sonne, zur Freiheit strebt und die Demokratie verklärt, erkundet Edgar Allan Poe, der die Demokratie keineswegs liebt, klaustrophobisch die Schlünde und Abgründe der sich ankündigenden Moderne. Während Ralph Waldo Emerson nicht müde wird, die göttliche Abkunft des Menschen zu verkünden, quält sich Herman Melville mit der Gewalt des Bösen. Immer stand die Apokalypse neben der Apotheose, und immer hat die amerikanische Literatur die Visionen der Neuen Welt begründet und beflügelt, aber auch kritisiert und konterkariert. Mehr noch als in anderen Nationalliteraturen haben die amerikanischen Schriftsteller am Selbstbild der Nation mitgewirkt. Und wer dieses schwer begreifliche Land auch nur etwas begreifen will, wird seine Literatur lesen müssen, aber nicht darauf hoffen dürfen, er werde eine klare Antwort nach Hause tragen. Die schiere Größe des Landes schlägt um in Qualität, die Vielfalt der Stimmen und der Widersprüche ist immens.

Und doch ist ein bestimmtes Motiv im Denken und Schreiben stets gegenwärtig: die amerikanische Utopie, die Idee des Gelobten Landes und das Gefühl der Außergewöhnlichkeit. Redet man darüber mit den Schriftstellern, so erfährt man zu seiner Überraschung, daß ihnen der Gedanke der amerikanischen Besonderheit sehr vertraut, ja selbstverständlich ist, mögen sie ansonsten noch so kritisch oder pessimistisch sein. Am schlagendsten wurde mir das im Gespräch mit T. C. Boyle deutlich (siehe das Los-Angeles-Kapitel). Eine gute Stunde lang steigerte er sich hinein in zornige Visionen der Übervölkerung und des ökologischen Desasters. Als ich ihn aber fragte, ob die amerikanische Utopie noch funktioniere, wurde er plötzlich sanftmütig und sagte: Ja, bei ihm, dem Waisenkind, habe sie in einem unglaublichen Ausmaß funktioniert. Er war ein Niemand gewesen, und als ich mit ihm sprach,

saßen wir in seiner wunderschönen, von Frank Lloyd Wright er-
bauten Villa an der pazifischen Küste. Und selbst ein jüngerer Autor wie Michael Chabon, dessen Karriere weniger steil verlief,
spricht mit Stolz von der amerikanischen Idee, die ihm um so
mehr bedeutet, je kritischer er die Wirklichkeit sieht.

Mein Vorsatz, mit amerikanischen Schriftstellern zu sprechen,
um etwas über Amerika herauszufinden, war ungewöhnlicher, als
ich zunächst dachte. Jedenfalls empfanden das viele Autoren, mit
denen ich sprach. Die amerikanischen Schriftsteller stehen nicht
im Zentrum der öffentlichen Debatte, sie nehmen kaum an ihr
teil, sie werden selten gefragt, und schon gar nicht zu politischen
Dingen. Dabei sind sie in der Regel politisch stärker interessiert
und besser informiert als viele ihrer europäischen Kollegen, die ja
viel häufiger um ihre Meinung gefragt werden und in der Öffentlichkeit viel sichtbarer sind. So ging es also in den folgenden Autorengesprächen weniger um Fragen des Handwerks und des
Schreibens. Es kam mir auch nicht so sehr darauf an, das jeweilige
Werk in all seinen literarischen Bezügen zu erkunden, sondern ich
wollte wissen, wie amerikanische Schriftsteller über ihr Land
denken und welche Rolle sie für sich sehen. Was unterscheidet
Amerika von allen übrigen Ländern? Gibt es die amerikanische
Utopie, den amerikanischen Traum noch immer? Der konkrete
Streitpunkt, der in allen Gesprächen eine wichtige Rolle spielte,
war die durch den Wahlkampf von 1996 verschärfte Frage nach
den Grenzen der Aufnahmefähigkeit des Landes. Soll man die Immigration stoppen? Die Frage hat nicht nur ihre pragmatische
Seite, sie berührt das amerikanische Selbstverständnis auf die
dringlichste Weise. Und damit zusammenhängend: Ist der in den
sechziger Jahren begonnene Versuch, zunächst der schwarzen
Minderheit und dann anderen Minderheiten durch gezielte Chancenverbesserung (Stichwort *affirmative action*) zu helfen, insgesamt gelungen, oder soll man ihn modifizieren, gar abbrechen?

Die Autoren, mit denen ich sprach, waren manchmal über
meine sehr direkten politischen Fragen etwas irritiert. Daß ein

Journalist eigens angereist käme, um etwas über ihre politischen Ansichten in Erfahrung zu bringen, erschien ihnen seltsam, und Michael Chabon etwa sagte, derlei sei ihm noch nie vorgekommen. Alle aber waren sie an diesen Themen äußerst interessiert, und die Art, wie sie darüber denken, läßt Rückschlüsse auf ihr Werk zu und auf ihr Verständnis von Literatur. So daß ich am Ende doch nicht nur etwas über das Land erfuhr, sondern auch einiges über die amerikanische Literatur und ihre Eigenart.

Natürlich wurde mir rasch und leidvoll bewußt, daß jeder Versuch, mit der Auswahl der Autoren eine Art Repräsentanz herzustellen und einen Proporz der Geschlechter, Rassen und Generationen zu beachten, im Chaos der schieren Masse hätte enden müssen. Weshalb es mir dann richtiger vorkam, mich von meinen eigenen Vorlieben und Erlebnissen leiten zu lassen. Und das bedeutet, daß dieses Buch nicht nur etwas über Amerika sagt und darüber, wie amerikanische Schriftsteller Amerika sehen, sondern auch darüber, wie ich es sehe.

Eine Anmerkung zum Sprachgebrach: Mir ist klar, daß der Begriff Amerika mehr umfaßt als nur die USA. Aber ich verwende ihn nicht in einem geopolitischen Sinn, sondern in einem autobiographischen. Für die Nachkriegsdeutschen waren die «Amis» Bürger der Vereinigten Staaten, und in gewisser Weise ist das heute noch so. Latein- oder südamerikanische Leser mögen sich bitte nicht gekränkt fühlen.

Verheißung Amerika

Das Gelobte Land ist mehr als nur ein Mythos. Der Mechaniker in Los Angeles, der meinen liegengebliebenen Toyota abschleppte, war ein *Mexican-American* und voller Stolz darauf, daß er es geschafft hatte. Er schüttelte den Kopf über jene Landsleute, die sich nicht genug Mühe gäben, anständiges Englisch zu lernen. Jeder, so sein Fazit, könne in diesem Land etwas aus sich machen, wenn er nur wolle. Sicherlich, das ist auch ein Mythos, aber die große Zahl derer, die es nicht geschafft haben und nicht mehr glauben, sie könnten es je, wird allzeit übertroffen von der erstaunlichen Menge jener Zuwanderer, die spätestens in der zweiten Generation ein Leben führen, das den Verfassungsgrundsatz *Life, Liberty, and the Pursuit of Happiness* nicht als bloße Schimäre erscheinen läßt. Und im Zweifelsfall sind die Amerikaner leidenschaftliche Patrioten, wobei der Gegenstand ihrer Verehrung vergleichsweise harmlos sein kann wie der Thanksgiving-Truthahn und die Flagge oder respektgebietend wie die Verfassung und der Unabhängigkeitstag.

In der Grundschule in Venice, die unsere Kinder eine Weile besuchten, ordneten sich die Schüler jeden Montagmorgen zu einem Karree und sprachen gemeinsam die *Pledge of Allegiance:* «*I pledge allegiance to the flag of the United States of America, and to the Republic for which it stands, one Nation under God, indivisible, with liberty and justice for all.*» (Ich gelobe Treue zur Fahne der Vereinigten Staaten von Amerika und zur Republik, die sie verkörpert, eine einzige Nation unter Gott, unteilbar, mit Freiheit und Gerechtigkeit für alle.) In fast jedem anderen Land, zumal in Deutschland, hätte die Szene peinlich gewirkt. Hier, unterm blauen Himmel, wo die Fahne wehte, hockten oder standen die Lehrer und Kinder locker beisammen und entledigten sich eines zivilen Rituals auf ebenso konzentrierte wie entspannte Weise: Es bedeutete nicht übermäßig viel, aber gewiß nicht nichts.

Amerika ist kein Land wie andere. Es ist größer, reicher und mächtiger als die meisten, und das ist nicht ohne Bedeutung in einer Welt, die Größe, Reichtum und Macht für erstrebenswert hält. Aber Größe ist relativ, und Reichtum wie Macht können schwinden. Von dieser Sorge sind die Vereinigten Staaten immer wieder heimgesucht worden. Der in Yale lehrende Historiker Paul Kennedy etwa gab ihr Ausdruck in seinem Bestseller *Aufstieg und Fall der großen Mächte.* Seine Prognose, das «amerikanische Jahrhundert» gehe zu Ende und die weltweite Führungsposition der USA sei gefährdet, nährte jenes apokalyptische Bedürfnis, das in Amerika ungleich stärker ist als in anderen westlichen Gesellschaften. Im selben Jahr (1988) geißelte Allan Bloom, Professor für politische Philosophie in Chicago, mit seinem Buch *Der Niedergang des amerikanischen Geistes* den Verfall des Bildungssystems und die moralische Desorientiertheit der amerikanischen Gesellschaft.

Das sind nur zwei Beispiele aus neuester Zeit für das ewige Wechselspiel zwischen grandioser Selbstüberschätzung und zerknirschter Selbstkritik, wie es auch uns Deutschen vertraut ist – wenngleich unsere Selbstüberschätzung die schrecklichsten Folgen hatte. Groß ist der Zwiespalt zwischen Anspruch und Wirklichkeit. Das liegt an der Höhe des Anspruchs. *The city upon a hill*, die biblische Stadt auf dem Hügel, die John Winthrop, Gouverneur der Massachusetts Bay Colony, 1630 errichten wollte, ist Amerika nicht geworden, und daran ist nichts Verwunderliches – mit Ausnahme der Tatsache, daß sich die Amerikaner immer wieder darüber wundern. Ihre Idee, Amerika sei das Land der Verheißung und damit göttlichen Ursprungs, ist ungebrochen. Die Redewendung von *God's own country* und der Zuspruch *In God We Trust*, den jeder Dollar verkündet, sind Floskeln, aber sie sind auch mehr. In seiner Inaugurationsrede von 1961 sagte Präsident Kennedy: «Die revolutionäre Überzeugung, für die unsere Vorfahren gekämpft haben, steht immer noch auf der ganzen Welt zur Entscheidung – die Überzeugung, daß sich die Menschenrechte nicht dem Großmut des Staates verdanken, sondern aus der Hand Gottes kommen. Heute dürfen wir nicht vergessen, daß wir die Erben dieser ersten Revolution sind. Jede Nation, sei sie uns wohlgesinnt oder nicht, soll wissen, daß wir jeden Preis zahlen, jede Last tragen, jeden Freund unterstützen und jeden Gegner bekämpfen werden, um das Überleben und das Gedeihen der Freiheit zu gewährleisten.» Und Präsident Clinton sagte in seiner zweiten Inaugurationsrede im Januar 1997: «Laßt uns, geleitet durch die überlieferte Vision des Gelobten Landes, ein Land neuer Verheißung in den Blick fassen.» *The Promised Land*, Land der Verheißung und Gelobtes Land – solche Vokabeln haben für uns abgebrühte Europäer im besten Fall den Geschmack des Sentimentalen und Naiven. Wir vergessen dabei leicht, daß der Kontinent von unseren Vorfahren, die der geistigen Repression und der ökonomischen Deprivation Europas den Rücken gekehrt hatten, mit dem Vorsatz besiedelt wurde, das Reich der Freiheit hier und jetzt zu verwirklichen. Daß es ihnen völlig mißlungen sei, wird man nicht behaupten können. Ungern lassen sich jedoch die Amerikaner von jemand anderem übertreffen, was Lob und Tadel ihres Landes betrifft. 1975 veröffentlichte der Soziologe Daniel Bell einen Essay mit dem Titel «The End of American Exceptionalism» (Das Ende der amerikanischen Außergewöhnlichkeit), in dem er den amerikanischen Sonderweg nachzeichnet. Er zitiert Emerson, der sagte: «Amerika ist das Land der Zukunft», und den Präsidenten Woodrow Wilson, der davon überzeugt war, die Rettung der Welt («*the salvation of the world*») sei Amerikas Aufgabe. Bell schildert die Übersteigerungen des «Amerikanismus», den missionarischen Eifer, das moralische Superioritätsgefühl gegenüber dem Rest der Welt und auch den kruden Imperialismus, der daraus folgte. Und er schließt mit der These: Die drei Bedingungen des amerikanischen *exceptionalism* seien verbraucht, nämlich erstens die Tabula rasa der Geschichtslosigkeit und also die Chance der Stunde Null, zweitens die Unerschöpflichkeit des geographischen Raums und drittens die Begründung des Aufbruchs durch die Religion. «Wir sind eine Nation wie andere Nationen auch», sagt Bell.

Daniel Bell ist ein überaus scharfsinniger Zeitgenosse, der es liebt, mit pointierten Thesen die Diskussion zu beleben. Man könnte ihm einerseits entgegenhalten, daß Prognosen, die mit «*The End of*» beginnen, dazu neigen, vom Gang der Ereignisse widerlegt zu werden, wie es ja schon mit seinem früheren Buch

The End of Ideology geschehen ist; leider, muß man hinzufügen. Andererseits wäre Bell zu entgegnen, daß es gar nicht darauf ankommt, ob die Bedingungen des *exceptionalism* tatsächlich noch existieren, sondern lediglich darauf, ob an sie geglaubt wird. Auffällig ist zum Beispiel, daß viele Amerikaner, auch und gerade Schriftsteller, im Gespräch mit dem Europäer bereitwillig eingestehen, wie jung Amerika und wie kurz die amerikanische Geschichte sei, verglichen etwa mit der deutschen, und daß sie auf den Hinweis, die amerikanische Demokratie sei ja nun die älteste der Welt, fast überrascht reagieren. Das Gefühl, nach mehr als zweihundert Jahren immer noch am Anfang zu stehen, ist stärker als simple Jahreszahlen. Auch mag es sein, daß, wie Bell vermutet, die religiöse Bindung der Amerikaner stark nachgelassen hat, aber entscheidend ist, daß die meisten sich noch immer für religiös halten. Etwa 80 Prozent aller Amerikaner glauben, daß es Gott gibt. Und was die Unerschöpflichkeit des Raums betrifft: die ist natürlich relativ. Bezogen auf die Anfänge der amerikanischen Landnahme mag die Nation heute dicht besiedelt und manchenorts überfüllt wirken. Mißt man jedoch die Bevölkerungsdichte an europäischen oder gar asiatischen Maßstäben, erscheint das Land geradezu leer.

Wie auch immer: Daß Amerika ein ganz besonderes Land sei und alles in allem, trotz der deutlich sichtbaren Schatten, das Land der Verheißung, dieses Gefühl prägt noch immer nachhaltig die Grundstimmung, und ein kleines Indiz dafür ist der gewaltige Erfolg, den der Film *Independence Day* von Roland Emmerich 1996 erzielt hat. Außerirdische Wesen, die den Amerikanern technisch überlegen sind, greifen die USA am 2. Juli an, und einen Tag darauf liegen die Metropolen, von New York bis Los Angeles, in Schutt und Asche. Am 4. Juli jedoch, am Tag der Unabhängigkeit, schlagen die Amerikaner zurück. Die beiden Helden, die den schlußendlichen Sieg ermöglichen, sind ein jüdischer Computerspezialist und ein schwarzer GI. Ihnen gelingt es, ins Herz des Feindes, sprich: ins Rechenzentrum, vorzustoßen und die gegnerische Abwehr auszuschalten. Der Präsident, anders als Bill Clinton ein ehemaliger Jagdflieger, besteigt höchstselbst einen Bomber. Bevor er abhebt, hält er an den Rest der ziemlich dezimierten Streitkräfte eine Rede etwa folgenden Inhalts: «Wir verteidigen heute unser Recht auf Leben und Freiheit, und wenn wir diesen Tag überstehen, dann wird der 4. Juli nicht mehr nur der Feiertag der amerikanischen Unabhängigkeit sein, sondern der Feiertag der Unabhängigkeit der ganzen Menschheit.»

Die Botschaft des Films, und das mag der Grund seines Erfolgs sein, berührt amerikanische Glaubenssätze und Basisempfindungen. Amerika ist dazu berufen, die kranke Welt zu retten. So wie es die Freiheit erst vor den Engländern, dann vor den Deutschen und schließlich vor den Kommunisten gerettet hat. Die Außerirdischen sind, da auf Erden kein Gegner mehr existiert, gewissermaßen der willkommene Feind. Ihn zu besiegen, übernimmt Amerika die Führung der Welt. Unter seiner Ägide stehen Araber und Israelis ebenso zusammen wie Chinesen und Russen. Die jüdische Intelligenz, der schwarze Heldenmut, die Entscheidungskraft des (immer noch) weißen und männlichen Präsidenten, die mütterliche Sensibilität einer Strip-Tänzerin, der Patriotismus eines Vietnam-Veteranen und der Stoizismus des ländlichen, kleinstädtischen Amerikas (nachdem die ungeliebten Monster-Städte zerstört sind) – all das wirkt multiethnisch und multisozial zusammen, um die Unabhängigkeit aufs Neue zu erkämpfen. Niemand hat behauptet oder würde behaupten, es handele sich bei *Independence Day* um einen großen oder gar künstlerisch herausragenden Film. Eben weil er das nicht ist, verrät er etwas über die Kraft von Mythen. Er sammelt sie ja nur ein, so wie er die filmischen Vorbilder virtuos plündert – die gängige Strategie von Hollywood.

Vielleicht ist es so, daß die amerikanischen Verstiegenheiten, die sich in der Rede vom Gelobten Land und im Glauben an eine gottgegebene Vorbestimmtheit (*Manifest Destiny*) äußern, den Sehnsuchtspunkt vieler Menschen treffen und dadurch die Bewunderung ebenso wie den Spott erregen. Und für beides gibt es

Anlaß genug. Aber es ist leider auch wahr, daß dieses merkwürdige Land, obwohl es scheinbar offen daliegt wie eine Tageszeitung, nicht leicht zu verstehen ist und oft mißverstanden wird. Das liegt an seiner Geschichte und Herkunft. Noch nie hat es einen Kontinent gegeben, der, als hätte sich eine überschüssige Energie der Menschheit auf ihn gestürzt, mit solcher Gewalt erobert, besiedelt und in den Dienst einer Verheißung gestellt worden wäre. Nach dem leichten Sieg über die indianischen Ureinwohner, ihrer Vertreibung und Entrechtung, spannte sich vom Osten bis in den immer weiter hinausgeschobenen, erst am Pazifik endenden Westen ein riesiger Raum, der für all jene Projektionen und Sehnsüchte taugte, deren idealischen Ausdruck die amerikanische Unabhängigkeitserklärung enthält.

Der unerschöpfliche Raum, der fast alle Klimazonen umfaßt, Wüste und fruchtbares Ackerland, Wälder und fischreiche Küsten, schiffbare Flüsse und eisfreie Häfen, dazu wertvollste Bodenschätze vom Gold bis zum Erdöl, schließlich allen Reichtum des Naturschönen, der die frühen Fotografen und Maler in stumme Andacht versetzte: dieser Raum, der nicht wenigen der ersten Einwanderer als das Paradies erschien, ist das eine. Und das andere, Spannendere ist die fortwährende, längst nicht abgeschlossene Geschichte seiner Besiedelung, ist die mit dieser Besiedelung verknüpfte Idee, daß die Mühseligen und Beladenen aller Herren Länder hier in Freiheit ihr Glück finden können sollen, wenn sie denn nur tüchtig und stark genug sind. Also die Philosophie des Individualismus, die zu ihrer politischen Absicherung die Demokratie braucht. Also Universalismus und der Glaube an unveräußerliche, überall gültige Rechte – eine Philosophie, deren Realitätsgrad und Durchsetzbarkeit immerzu den wildesten Schwankungen ausgesetzt war.

Jede Idee, folglich auch diese, ist die erdabgewandte Seite des Mondes, und die sichtbare Seite hat ihre dunklen Flecken. In den USA reicht das von der Enteignung der Indianer bis zu Hiroshima, von der Sklaverei bis zum alltäglichen Rassismus, von der Verelendung der weniger Starken bis zum imperialistischen Zugriff auf andere Völker und Ressourcen. Aber diese Schatten waren immer auch deshalb so sichtbar, weil das Licht des amerikanischen Projekts, wie es die Fackel der Freiheitsstatue symbolisiert, niemals erloschen ist. Daß Franz Kafka in seinem Amerika-Roman *Der Verschollene* ihr ein Schwert in die Hand drückt (die Gelehrten streiten über die Ursache dafür), ist eine bezeichnende Umdeutung: Das Versprechen der Freiheit wurde nicht umstandslos einem jeden gegeben. Im Zweifelsfall entschieden darüber die nicht selten bestechlichen Einwanderungsbeamten auf Ellis Island, das im Schatten der Statue of Liberty liegt. Zugleich aber verrät der Roman Kafkas, der ebensowenig wie Karl May jemals in Amerika war, etwas von der unentwegten Faszination, die Amerika ausübt, damals noch auf den sogenannten alten Kontinent, aus dem in gewaltigen Schüben die Iren, die Deutschen, die Schweden, die Italiener, die Ostjuden kamen, und heute auf die Bewohner Asiens und der lateinamerikanischen Länder, die ins Land drängen und die weiße, angelsächsische Kultur nachhaltig verändern.

Immer noch lockt der scheinbar unerschöpfliche Raum, immer noch ist das Land unfertig und im ständigen Kampf mit sich selber, wirken ganze Areale provisorisch, immer noch ist der Schmelztiegel, der *melting pot*, der dem alten Mythos zufolge die Rassen und Kulturen miteinander verbinden soll, am Kochen, und ohne Unterlaß erfindet sich diese Gesellschaft von neuem, reißt sie das Alte ab und stampft Visionen aus dem Boden, hadert mit dem Bewährten und riskiert ebenso leichtsinnig wie verwegen das Unerprobte.

Faszination Amerika: Sie hört nicht auf, weil der Kontinent in ständiger, sich beschleunigender Bewegung ist und daher der Ausgangspunkt, der Schauplatz von vielem, was der übrigen Welt bevorsteht, ob das nun die Ambivalenzen des elektronischen Zeitalters sind oder der Umgang mit den Völkerwanderungen. Europa zum Beispiel, das immer dazu neigt, mit leichter Herablassung über den Ozean zu blicken, hat allen Grund, die amerikanischen Erfahrungen zu beobachten und aus ihnen zu lernen. Denn die Zeit der ethnisch geordneten Nationalstaaten hat ihren Höhepunkt überschritten, ist vielleicht sogar vorbei. Die Zeit, da eine homogene nationale Kultur, hervorgegangen aus der einzigen Sprache und der einzigen Tradition, unangefochten den geographischen Raum des jeweiligen Nationalstaats beherrschte, war, historisch betrachtet, ohnedies nur eine relativ kurze Phase, und die gegenwärtige Zeit ist durch den Widerspruch gekennzeichnet, daß zwar einerseits die Idee des Nationalstaats gewaltigen und oft gewalttätigen Zuspruch erfährt, daß aber andererseits die Wanderungsströme der Emigranten und Asylanten, der Kriegsflüchtlinge und der Glückssucher überall und ständig zunehmen, so daß der Multikulturalismus längst nicht mehr nur ein Thema von Podiumsdiskussionen ist, sondern harte Realität. Die Algerier in Paris, die Türken in Berlin und die Inder in London sind ja keine exotische, das Straßenbild bloß bereichernde Erscheinung mehr, sie sind längst Teil des Alltags, der Gesellschaft, der Kultur. Und es sind ja nicht nur die Türken, Algerier und Inder, und sie leben nicht nur in den Metropolen, sondern auch in Stade, Marseille und Harwich. Vermutlich ist das erst der Anfang. Denn wir erleben eine neue Völkerwanderung, und es ist fraglich, ob Grenzkontrollen dagegen helfen werden, so wie auch der Zaun, der die illegalen mexikanischen Immigranten von ihrem Marsch nach Norden abhalten soll, nicht wirklich hilft.

Das Unfertige, Nichtfestgestellte der amerikanischen Gesellschaft wirkt auf uns Europäer oft irritierend oder kurios. Sieht man genauer hin, dann begreift man, daß Mobilität eine Haupteigenschaft der Amerikaner ist, Mobilität nicht nur im räumlichen, sondern auch im geistigen Sinn. Der Zwang oder die Lust (und immer mehr wird es zur ökonomischen Notwendigkeit), den Wohnort zu wechseln, Haus und Hof zu verlassen und anderswo neu zu beginnen, ist ungleich größer als hier, und dem entspricht, daß Traditionen und Lebensweisen eine kürzere Lebensdauer ha-

23

ben. Das mag mit dem amerikanischen Charakter zusammenhängen, aber der wichtigste Grund besteht wohl im ständigen Zustrom vielfältiger fremder Kulturen, Sprachen und Rassen. Die historische Integrationsleistung der amerikanischen Gesellschaft ist ungeheuer, es gibt dafür keine Parallele. Natürlich bedeutet dies den unablässigen Zwang, die eigene Identität zu befragen, neu zu definieren, und es kann gar nicht ausbleiben, daß der Prozeß zu Konflikten führt. Fast ist es ein Wunder, daß dieses Land daraus so relativ unbeschädigt hervorgegangen ist und daß es sich risikofreudig, manchmal auch selbstquälerisch in immer neue Kämpfe stürzt.

Amerika – Deutschland

Für uns Deutsche war der Kontinent immer ein Ort der Verlockung, der Phantasmagorie, der Sehnsucht und auch des Schrekkens. In seinem Kinderroman *Der 35. Mai* schildert Erich Kästner die Stadt der Zukunft, «Elektropolis». Dort, zwischen Wolkenkratzern aus Aluminium, fahren die U-Bahnen ohne Fahrer und Schaffner, die Autos sind ferngelenkt, und auf den Bürgersteigen bewegen sich elektrische Laufbänder. Konrad, der Onkel und das Pferd besichtigen am Stadtrand die Viehverwertungsstelle. Ganze Herden wandern in den Schlund der gänzlich automatisierten Fabrik, an deren Ende Würste und Schuhe, Schnitzel und Koffer in die wartenden Güterwaggons ausgespuckt werden. Die offenkundig amerikanische Stadt bezieht ihre Energie aus den Niagarafällen. Weil es dort seit Wochen regnet, gerät die Stromversorgung außer Kontrolle, und die Fabrik schleudert in immer schnellerem Tempo die Waren und Lebensmittel hervor, bis sie schließlich rückwärts läuft, alles wieder einsaugt und in Kühe zurückverwandelt, die muhend durch die Straßen stampfen, während die Auf-

züge aus den Dächern hinausfliegen. «Der Lärm der schwanken-
den Aluminiumwolkenkratzer klang nach Krieg.» Die Mischung aus Faszination und Furcht, die sich mit dem
Topos Amerika verknüpfte, erfaßte auch mich als Kind. Natür-
lich kannte ich den 35. *Mai.* Ich las auch Karl May und die kriege-
rischen Wildwestabenteuer von Charles Sealsfield, über den ich
erst viel später erfuhr, daß er ein österreichischer Emigrant war
und den arglosen Namen Karl Postl trug. Meine Amerika-Phanta-
sien, hier Elektropolis, dort die Prärie, erhielten ihre erste wirkliche Basis durch die Begegnung mit den amerikanischen Besat-
zern. Geboren 1945 und aufgewachsen in Frankfurt am Main, wo
die Amerikaner ihr Hauptquartier im Haus der IG-Farben bezogen hatten, begegnete ich nun leibhaftig den fremdländischen,
aufsehenerregenden Gestalten. Sie trugen schwarze Schuhe und
weiße Socken, sie waren gut genährt und muskulös, sie fuhren in
gewaltigen Straßenkreuzern mit Heckflossen und Weißwandrei-
fen, und ihre Sprache, von der wir kein Wort verstanden, schien
breit, bequem und überaus dehnbar, wie jene Kaugummis, deren
habhaft zu werden wir immerzu versuchten. Das am heißesten
Begehrte waren jedoch Sammelbildchen, die, wenn man sie vollständig besaß, ein Automobil-Quartett ergaben. Seine prächtig-
sten Exemplare waren jene amerikanischen Autos, die man im
Umkreis des Stadtteils Dornbusch sehen konnte und die allgemein
Schlitten genannt wurden. Irgendwann Anfang der fünfziger
Jahre erwarb mein Vater unser erstes Auto, einen dunkelblauen
VW Standard, an dessen Kennzeichen ich mich noch heute erinnere: AH 64-8761. Das Kürzel AH bedeutete Amerikanische
Zone Hessen. Mit dem VW verglichen waren die amerikanischen
Autos ungeheuerlich groß, leise und bequem. Mein Vater, der
zwei Jahre in amerikanischer Kriegsgefangenschaft verbracht
hatte und deshalb auf die «Amis» nicht gut zu sprechen war,
fluchte über die amerikanischen Autofahrer, die sanft und ge-
räuschlos, seiner Ansicht nach zu langsam, dahinglitten, während
er mit seinem knatternden VW vorbeihechelte.

Das vorherrschende Bild, das die Deutschen von den Amis hatten, war ziemlich simpel: Es handelte sich um ein kulturloses Volk von Müßiggängern, die ein unbegreifliches Schicksal dazu ausersehen hatte, unsere Besatzer zu sein. Sie waren reich, wir arm, aber wir waren gebildet und hatten Kultur, sie hingegen wußten nichts von der Welt und von der Geschichte. Die deutsche Geschichte war gewissermaßen ewig, die amerikanische hingegen hatte erst gestern begonnen. Diese Mischung aus Arroganz und Verdrängung war nicht nur ein Kennzeichen der Nachkriegszeit, sie wiederholte sich in der Revolte der Achtundsechziger. So wie mein Vater auf die Amis schimpfte und dennoch Gold Dollar rauchte, so tranken wir Coca-Cola und protestierten gegen den Vietnamkrieg. Und so wie meine Eltern nicht verstanden oder nicht zugeben wollten, daß die Besatzer in Wahrheit Befreier waren, denen wir auf den Knien hätten danken sollen, anstatt sie zu verspotten, so ignorierten wir später die Tatsache, daß die militärische Macht der USA weniger die eines Siegers als vielmehr die eines Verbündeten war, der uns vor den Expansionsgelüsten der Sowjets schützte. Gegen den rasch, vor allem von rechts erhobenen Vorwurf des Antiamerikanismus verteidigten wir uns mit dem Hinweis auf die inneramerikanische Kritik, auf Angela Davis und Herbert Marcuse, auf David Riesman und Jimi Hendrix.

Wir hatten recht, aber wir hatten unrecht. Denn jeder deutsche Streit über Amerika, ob in der Nachkriegszeit oder 1968, ob während der Nachrüstungsdebatte oder im Golfkrieg, war immer auch ein verdeckter innerdeutscher Streit, bei dem es um unbewältigte Konflikte ging. Unsere Eltern zum Beispiel waren in der Regel überzeugte Antikommunisten (und selten nur überzeugte Antifaschisten), und insgeheim bewunderten sie die Stärke der Militärmacht USA, sahen in ihr zunehmend ein Bollwerk gegen den Feind im Osten, der seine Gefährlichkeit während der Berliner Luftbrücke, beim Ungarnaufstand und beim Mauerbau bewiesen hatte. Zugleich regten sich in ihnen die alte kleinbürgerliche Fortschrittsangst und der Grundverdacht gegen die Moderne, als deren Agent Amerika erschien. Heimlich und gegen den Willen der Eltern kaufte mir mein Großvater, der in den Jungen vernarrt war, Micky-Maus-Hefte, von denen er rein gar nichts verstand. Comics galten als Zeichen kulturellen Niedergangs, und die Musik, die vom Soldatensender AFN verbreitet wurde und bald auf den ersten Schallplatten zu hören war, galt als dekadent, ebenso wie die Jeans, der Kaugummi und der Wildwestfilm. Eine der bleibenden Leistungen von Wolfgang Koeppens Roman *Tauben im Gras* (1951) besteht darin, die zwischen Haß und Faszination schwankenden deutschen Gefühle gegenüber Amerika in ein großartiges, düster leuchtendes Panorama gefaßt zu haben.

Wir aber nutzten das Ressentiment zu Zwecken des Protests. Ich erinnere mich an eine Klassenfahrt nach Bacharach, etwa 1962, als der zeitweilige Star unter uns pubertierenden Jünglingen, ein hoch aufgeschossener schlaksiger Typ, der Cowboystiefel trug und eine Frisur haargenau wie Elvis Presley (was ihm zu dem Ehrennamen «Elvis» verhalf), seinen brandneuen Batterieplattenspieler auspackte und «Blue Suede Shoes» auflegte. Wir tanzten im Burghof der Jugendherberge mit den Mädchen, deren überraschend große Brüste uns erregten, und zu fortgeschrittener Stunde, ermutigt vom Genuß des sauren Rieslings, balancierten die Kühnsten auf der Festungsmauer, deren Talseite einige Dutzend Meter abstürzte, während der Herbergsvater und ein überforderter Referendar, seines Zeichens Altphilologe, uns händeringend zur Ordnung zu bringen versuchten. Solche frühen Rituale hinderten diese Generation keineswegs daran, Jahre später «Ami go home» und «Ho Ho Ho Tschi Minh» zu skandieren, und kaum einer begriff den Widerspruch, der darin lag, daß man antiamerikanisch und antifaschistisch zugleich war. Kaum einer wollte wahrhaben, daß die deutsche von der amerikanischen Demokratie sehr viel hätte lernen können, was aber dadurch erschwert wurde, daß die ältere Generation das amerikanische Vorbild zugleich als kritiklose Nachfolge des Kapitalismus verkaufte.

Der Mechanismus wiederholte sich noch einmal, und vielleicht ein letztes Mal, während der Golfkriegsdebatte, als der deutsche, der linke Pazifismus der Devise «Nie wieder Krieg!» folgte, die doch, deutscher Geschichte eingedenk, «Nie wieder Auschwitz!» hätte lauten müssen, und infolge dieser falschen Logik erneut die Amerikaner für etwas kritisierte, was eigentlich ein deutsches Problem war.

So ist die deutsche Diskussion über Amerika immer auch eine Selbstverständigungsdebatte gewesen, und ihre Merkwürdigkeiten, Einseitigkeiten, Verdecktheiten sind, aus dem historischen Abstand betrachtet, eine Serie von Mißverständnissen, ein Resultat mangelnder Aufgeklärtheit über sich selber. Vieles davon hat mit einem Inferioritätskomplex zu tun. Er begann schon damals, als die ersten Care-Pakete kamen, von meiner Mutter umstandslos, von mir nur zu Teilen begrüßt: Die Erdnußbutter mochte ich, aber den gelben Chester-Käse haßte ich. Die Amerikaner haben damals die simple Tatsache nicht bedacht, ebensowenig wie später die Deutschen, als sie tonnenweise Pakete nach St. Petersburg karrten, daß Almosenempfänger nicht immer nur Gefühle der Dankbarkeit hegen.

Deutschland – Amerika

Eigentlich ist es erstaunlich, daß damals nur wenige Deutsche aus eigener Erfahrung Amerika kannten. Eine Weile war das erklärbar durch die schiere Entfernung, deren Überbrückung mit Aufwand und Kosten verbunden war. Bei einem Dollarkurs von etwa vier Mark wäre eine Amerikareise für die meisten unerschwinglich gewesen. Rolf Dieter Brinkmann etwa, der 1969 zusammen mit Ralf-Rainer Rygulla die folgenreiche Sammlung *Acid* herausgab, eine Anthologie der amerikanischen Beat- und Underground-Literatur aus den Sechzigern (in der Brinkmann die Sehnsuchts-Ikonen seines eigenen Strebens entdeckte und später, etwa in *Westwärts 1 & 2*, poetisch entfaltete) – Brinkmann war erst kurz vor seinem Tod in Amerika. Das Bild, das er davon hatte, beruhte, nicht anders als das von Kafka, Kästner oder Joseph Roth (*Hiob*), auf Büchern und Bildern. Aber selbst dann, als Reisen nach Amerika in finanzielle Reichweite rückten, ergriffen nur relativ wenige die Chance. Aus unserer Klasse hatte nur ein einziger, es war nicht der erwähnte «Elvis», auf dem Weg des Schüleraustauschs den Sprung geschafft, und das, was er nach seiner Rückkehr erzählte, klang eher diffus (es war wohl differenziert), und es animierte nicht unbedingt dazu, das Reich der Phantasien mit der Realität zu konfrontieren.

Das änderte sich erst, als das beschriebene Unterlegenheitsgefühl einem anderen Gefühl wich: «Wir sind wieder wer.» Die Deutschen, die vorerst nur in die noch zugänglichen Gaue der ehemals reichsdeutschen oder verbündeten Gebiete gereist waren, also nach Österreich und Oberitalien, wurden allmählich mutiger, suchten auch die Länder der früheren Feinde auf, Frankreich, England, die Niederlande. Als ich Anfang der sechziger Jahre zum erstenmal mit einem Freund eine Radtour nach Holland unternahm, erinnerten uns die Eltern an die Zerstörungen, die deutsche Truppen dort angerichtet hatten, und wir wurden das Gefühl nicht los, über vermintes Gelände zu fahren.

Es ist allerdings auch wahr, daß die deutsche Emigration nach Amerika, ob nach Los Angeles oder New York, genaue Kenntnis des Landes hätte vermitteln können, und die Zurückgekehrten, etwa Alfred Döblin, Theodor W. Adorno oder Thomas Mann, berichteten von ihren Erfahrungen. Aber die waren nicht willkommen. Die überwältigende Mehrheit jener Deutschen jedenfalls, die sich bemüßigt sahen, über Politik und Kultur der Vereinigten Staaten ein positives oder negatives Urteil abzugeben, hatte das Land nie mit eigenen Augen gesehen.

Also hatte ich, als ich 1977 zum erstenmal in die USA reiste, den

Kopf voller Klischees und den Bauch voller Ängste. Es begann schon mit der Landung in New York. Die Furcht, mein grausames Schulenglisch würde dem Dschungel der Metropole nicht gewachsen sein, war insofern unbegründet, als der erste Mensch auf amerikanischen Boden, mit dem ich Genaueres zu besprechen hatte, ebenfalls fast kein Englisch konnte. Es war ein vermutlich puertoricanischer Taxifahrer, der mich dennoch heil in der King Street im West Village ablieferte. Dort stand ich nun mit meinen zwei Koffern und wartete, bis mein Freund, der Schriftsteller Jürg Laederach, auftauchen würde. Einem Zettel an der Tür des dreigeschossigen Hauses im neuenglischen Stil entnahm ich, daß er mit jener Theatertruppe unterwegs war, die gerade für die Aufführung einer Handke-Collage probte. Ich setzte mich auf eine Bank an der nächsten Ecke und atmete, übermüdet vom Flug und betrunken von der ungeheuren Stadt, die schwüle Luft, die nach Moder und Benzin roch, hörte das Donnern der Subway, das durch die Luftschächte drang, und sah die fernen Hochhäuser mit ihren strahlenumkränzten Gipfeln.

New York war damals in keinem guten Zustand. Auf der völlig heruntergekommenen Bowery lagen die Penner und die Betrunkenen, die alten Lagerhäuser von SoHo standen leer, die Docks am Hudson, oberhalb des Battery Park, waren zerfallen, und die gesperrte Hochstraße am Ufer bog sich zwischen verrosteten Stahlstützen, als wäre sie spröde gewordener Gummi. Nachts durch die kaum beleuchteten Straßen zum unteren Broadway zu gehen, hier einem ausrangierten Kühlschrank, dort einem in Teppiche eingewickelten Schläfer auszuweichen und dann in die finsteren Verliese einer Subway-Station hinabzutauchen, kam fast einer Mutprobe gleich, aber ich fürchtete mich nicht. Mag sein, es war Unkenntnis und Leichtsinn. Mein Vertrauen in die Stadt war groß, und ich liebte sie. So verfallen und schäbig sie an manchen Stellen wirkte, so frisch und lebendig war die Kunstszene, die damals im Begriff war, sich südlich des Washington Square niederzulassen.

Wir sahen das Theater der Gruppe Mabou Mines, erlebten im Ballsaal des früheren Hotels Diplomat die Uraufführung der *Music with Changing Parts* von Philip Glass, sahen Robert Wilsons erste größere Inszenierung *I Was Sitting in My Patio* und hörten die ersten Stücke von Steve Reich – alles Namen, die damals fast aus dem Nichts aufgetaucht waren und noch die Aura des Geheimtips hatten.

All dies freilich geschah in Manhattan, nicht in Brooklyn oder gar in der Bronx, wo weite Areale wirkten, als hätte der Weltkrieg eben stattgefunden: leere Häuser, ausgebrannte Fensterhöhlen, eingesunkene Gehsteige, neben denen Autowracks lagen. Es war der Höhepunkt jenes Niedergangs, den der Schriftsteller Paul Auster später in seinem Roman *Im Land der letzten Dinge* als Folie einer Endzeitvision nutzte. Wir lesen die letzten Notizen einer Ich-Erzählerin, gedacht als Brief an ihre Freundin, der sie, wie die Dinge liegen, nie erreichen wird. Es ist der Bericht einer jungen Frau, die ihren verschollenen Freund sucht, einen Journalisten und Frontberichterstatter. Sie begibt sich in die von einem furchtbaren sozialen Bürgerkrieg zerrissene Stadt und kommt fast darin um. Plünderungen, Morde und Selbstmorde sind alltäglich, Recht und Gesetz sind Fiktion, Tod durch Hunger und Kälte unausweichlich. Es entsteht das bedrückende, gleichnishafte Panorama einer Zivilisation, die sich selber zugrunde richtet.

Der Roman erschien 1987 und war, was die Realität New Yorks betraf, schon damals eine Reminiszenz. Als ich 1988 zum viertenmal die Stadt besuchte, war der Wandel buchstäblich unübersehbar: Gewaltige neue Hochhäuser der postmodernsten Art reckten sich überall, die Bowery war gekehrt, neue Läden hatten aufgemacht, Subway-Stationen waren frisch gestrichen und die ausgebrannten Glühbirnen erneuert, und unten am Hudson war man eben dabei, das World Financial Center hochzuziehen. Die alten Uferstraßen waren schon abgerissen, die Docks verschwunden. Und wieder später, im Herbst 1995, hatte sich Manhattan noch einmal herausgeputzt, das Heer der Obdachlosen entweder in *shelters* untergebracht und mit Suppenküchen versorgt oder aber, im Fall der Insubordination, aus dem Zentrum vertrieben. New York erschien mir auf diese Weise immer als Inbegriff der amerikanischen Vitalität und zugleich Brutalität. Die Gleichgültigkeit, mit der eine Gesellschaft ganze Areale ihrer selbst, landschaftliche und städtische, soziale und kulturelle, verkommen läßt, gewissermaßen vergißt, um sich ihrer dann, wenn alles verloren scheint, mit plötzlicher Inbrunst anzunehmen, sie wiederherzurichten, zu rekultivieren – dies hat mich immer fasziniert. Ich sehe darin eine Lebendigkeit, eine Leidenschaft des Verachtens wie des Rühmens, des gnadenlosen Egoismus wie der jäh erwachten Fürsorglichkeit und Nächstenliebe, die etwas Kindliches hat und etwas Großes, in jedem Fall aber sich unterscheidet von der deutschen Mäßigung, die im Alltag das Mittlere und das Mittelmaß pflegt, um dann, wenn es genug ist, ins Unmäßige auszubrechen. Ich will aber nicht, was ebenfalls deutsch wäre, das Deutsche niedermachen, um das Amerikanische zu preisen, denn ein Jedes hat sein Recht und vor allem seine Geschichte. Ihr entrinnt keiner. Und schließlich gibt es etwas, was die Deutschen und die Amerikaner auf seltsame Weise verbindet: das Fragliche der eigenen Identität, die Suche nach dem eigenen Wesen, der eigenen Bestimmung. Die Faszination Amerika jedoch hängt mit Begriffen wie Plötzlichkeit, Beweglichkeit und Leichtsinnigkeit zusammen, und mit der Fähigkeit, die grotesken Widersprüche zu einem schrillen, schamlosen Bild werden zu lassen.

New York aber ist nur ein Beispiel für diese Vitalität. Man findet sie in fast jeder anderen Stadt, etwa auch im konservativeren Boston, wo 1984, als ich eine Weile dort war, der Hafenrand dem Verfall preisgegeben war, und wo gerade vier Jahre später die Anstrengungen einer *redevelopment*-Politik sichtbar wurden, die heute mit einer Erneuerung der Quartiere North End und South End abgeschlossen scheint, wenn man nicht gegenteilige Bewegungen schon wieder fürchten müßte. Ähnliches gilt für

San Francisco, wo sich die Gebiete südlich der Market Street, die 1979, als ich dort war, trostlos erschienen, heute in neuem Glanz zeigen, oder für Los Angeles, wo der ziemlich ramponierte Stadtteil Hollywood allmählich wieder aufsteigt.

Nichts, und schon gar nicht in Amerika, ist von Dauer. Das Motel, das einstmals am befahrenen Highway stand und nun, da eine neue Interstate weiter südlich den Verkehr an sich gezogen hat, nicht mehr frequentiert wird, bleibt stehen, wie es ist: Die himmelhohen Reklamemasten, die *Food* und *Gas* und *Vacancy* ankündigten, leuchten nicht mehr, der *Ice-o-mat* funktioniert nicht mehr, und die Wimpel der Tankstelle klirren im staubigen Wind. Keiner ist da, der das unrentabel Gewordene umbaut oder abreißt, niemand ist mehr da. Bis irgendwann ein Glücksritter kommt oder ein ewiger Verlierer oder auch nicht. Auf der Fahrt durch das Land, verloren in den gigantischen Wüsteneien der Rocky Mountains oder auf den endlosen Feldern der Great Plains, begreift man erst, wie weit die Küsten entfernt, wie wenig hier die riesigen, die ungeliebten Städte von Bedeutung sind. Und man erkennt, was einer wie Ansel Adams, der große Fotograf, mit seinen Bildern gesagt hat: Die Natur Amerikas, diese das Menschenmaß sprengende gewaltige Natur, ist wirklich Natur, also eben keine Kulturlandschaft, die dem Europäer derart selbstverständlich ist, daß er den Schwarzwald oder die Toskana oder das Engadin für Natur hält, während in Wahrheit vermutlich kein europäischer Quadratmeter mehr unberührter Boden ist, weil nämlich schon seit Äonen bearbeitet, also Kultur. Die Bilder von Ansel Adams und die der frühen amerikanischen Landschaftsmaler verraten eine Mischung aus Staunen und Entsetzen über die Leere dieser Natur, über ihre unbegreifliche Größe und Schönheit, aber auch erschreckende Andersheit. Zehntausend Marlboro- und Hollywood-Filme haben es versucht, diese Unbegreiflichkeit ins Heroische, Männliche, Abenteuermäßige zu übersetzen, faßbar und nutzbar zu machen, nicht ganz ohne Erfolg. Die biblische Strategie «Macht euch die Erde untertan!»

wurde in Amerika noch einmal und im Zeitraffer befolgt. Dennoch trifft den Europäer, der das Land erstmals sieht, der umgekehrte Schock des Déjà vu, der Schock des Noch-nie-Gesehenen, und selbst die Amerikaner, liest man die Sprache ihrer Architektur und Besiedelungspolitik nur richtig, verspüren noch immer den Drang, den leeren Raum zu erobern und mit weithin sichtbaren Zeichen zu besetzen.

So ist also das leicht verständliche, das unentwegt um Verständigung, Selbsterläuterung bemühte und das immer schon verstandene Amerika letzten Endes ein schwieriges, schwer begreifliches Land. Mir erging und ergeht es wie jedem, der eine fremde, berühmte Stadt besucht: Am ersten Tag versteht er wenig, nach einer Woche weiß er alles und nach einem Jahr weniger denn je. Und Amerika ist groß. Hat man Paris begriffen, so weiß man schon sehr viel über Frankreich. Aber New York zu kennen bedeutet nicht viel mehr als die Kenntnis von New York. Es liegt am Rand. Und der andere Rand ist so weit weg, daß er fast schon eine andere Welt ist.

David Gutersons Roman *Schnee, der auf Zedern fällt* spielt auf einer Insel im Puget Sound an der amerikanischen Nordwestküste. Über die Familie von Ishmael Chambers, einer Hauptfigur der Geschichte, heißt es: «Arthur, sein Vater, war Holzfäller gewesen. Er hatte viereinhalb Jahre für die Port Jefferson Mill Company gearbeitet; zu dieser Zeit hatte er einen Schnauzbart und wadenhohe wasserdichte Stiefel, ausgefranste Hosenträger und lange wollene Unterhosen getragen. Ishmaels Großvater war ein Highland-Presbyterianer gewesen, seine Großmutter eine strenggläubige Irin aus den Mooren über Lough Ree; sie hatten sich fünf Jahre vor der großen Feuersbrunst in Seattle kennengelernt, geheiratet und sechs Söhne großgezogen. Nur Arthur, der jüngste, blieb am Puget Sound. Zwei seiner Brüder wurden Berufssoldaten, der dritte starb am Panamakanal an Malaria, der vierte wurde Landvermesser in Burma und Indien, und der vierte ging an die Ostküste und ließ nichts mehr von sich hören.» Indien, Panama, die

Ostküste: Von Seattle aus scheint alles gleich weit entfernt, und für die Großmutter sind alle Söhne, bis auf den zu Hause gebliebenen Arthur, verloren, verschwunden, auch und gerade der, der zwar im Land blieb, aber in den unerreichbaren Osten ging.

Wo aber ist die Mitte? Vielleicht liegt sie an einer Kreuzung, wo der Nord-Süd-Highway den Ost-West-Highway schneidet und wo sich die Tankstelle und das Motel, der Truck Stop und zwei Läden befinden. Da parken die Vans und die Pickups, ihre Insassen sitzen am langen Tresen des Coffee Shop und frühstücken Pfannkuchen mit Sirup. Es sind Nomaden auf der Durchreise und Nachbarn aus der nächsten Kleinstadt. Ihre Geschichten kann man bei Raymond Carver nachlesen, in *Rock Springs* von Richard Ford, in den Erzählungen und Romanen von Jayne Anne Phillips. Die Literatur des Landes füllt den riesigen leeren Raum mit Geschichten, sie bevölkert ihn mit Gestalten, die Namen und Eigenschaften haben, heißen sie Scarlett oder Onkel Tom, Huckleberry Finn oder Kapitän Ahab, Rabbit oder Frank Bascombe.

New York

Manhattan,
Spaziergänge

Auf der First Avenue, zwischen der 11. und der 12. Straße, befindet sich ein «polnisch-amerikanisches» Restaurant. Der Wirt kann Englisch, die Kellnerinnen und Kellner nicht immer. Miteinander spricht man polnisch. Der schmale Laden im Haus nebenan bietet ein paar Lebensmittel, Zeitungen und Zigaretten feil. Der Verkäufer sitzt seitlich des Eingangs in einer Glaskabine. Von dort aus kann er die Straße beobachten und die Kunden in seinem Laden. Es sind aber fast nie welche da. Manchmal plaudert er mit einem Bekannten, der unschlüssig in der Tür lehnt. Sie sprechen spanisch miteinander.

Man kann den Tag in Manhattan damit beginnen, daß man sich von dem hohen Stapel, der auf dem Gehsteig liegt, eine *New York Times* nimmt, 60 Cents durch die Luke des Fensters schiebt und vorsichtig über die unangenehm federnden Eisenplatten, mit denen die Kellereingänge abgedeckt sind, hinüber ins polnische Restaurant geht. Dort bestellt man zwei Spiegeleier mit Speck, Toast, Butter und den unvermeidlichen Bratkartoffeln, dazu einen kleinen Orangensaft, Kaffee. Das kostet (ohne Trinkgeld) zweieinhalb Dollar, ein Sonderpreis, der von Montag bis Freitag gilt.

Man sitzt an einem der simplen Holztische, und während man der Frage nachsinnt, wie die polnische Familie es schaffen mag, mit solchen Preisen zu überleben, blickt man durch die geöffnete Tür hinaus auf die Straße, wo gelbe Taxis in Rudeln vorbeihuschen, zwischen ihnen, wie Engel in höherem Auftrag, die Skater, die auf ihren Rollschuhen mit weit ausschwingenden

Armen lautlos dahingleiten. Einmal sah ich einen weiter oben, als er die leicht abfallende Second Avenue hinunterschoß, zwischen den Autos hindurch und an ihnen vorbei, und die nächste Kreuzung blitzartig überquerte, mit ein paar schnellen Haken durch die querfahrende Autokette hindurch.

Bei der zweiten Tasse Kaffee liest man in der *New York Times* die Geschichte eines Richters in San Antonio, Texas, der einer spanisch sprechenden Mutter damit droht, ihr das Sorgerecht zu entziehen, falls sie nicht Englisch lerne und es ihrer fünfjährigen Tochter beibringe, weil andernfalls das Kind in Schule und Beruf Nachteile zu erwarten hätte. Die Äußerung des Richters löst unter der hispanischen Bevölkerung der Region Empörung aus. Die *Times* bildet die attraktive junge Frau mit ihrem Kind auf dem Schoß ab und zitiert sie: «Es kam mir vor, als würde ich meiner Grundrechte beraubt, und eins davon lautet, meine Muttersprache sprechen zu dürfen.»

Einige Tage später wird das Blatt den Leserbrief eines Staatsrechtlers drucken, der das Verhalten des Richters verfasungswidrig nennt. In der Tat trifft die amerikanische Verfassung keine Feststellung über die Landessprache. Daß sie Englisch sei, stand für die Gründergeneration außer Frage. Im südlichen Kalifornien ist die vorherrschende Sprache Spanisch. Die Behörden sind darauf längst eingestellt. Im vergangenen Sommer jedoch kamen einige Zehntausend Einwanderer aus Mexiko, die für ein paar Dollar als Erntehelfer arbeiteten. Sie verstanden weder Spanisch noch Englisch. Es waren Indios.

In der *New York Sunday Times* lese ich den Bericht zweier Demographen. Vor allem weiße Amerikaner fliehen aus den Immigrationsmetropolen wie New York, Chicago, Los Angeles, Houston oder Boston, wo in den achtziger Jahren rund zehn Millionen Einwanderer eintrafen, darunter mehr als achtzig Prozent asiatischer und lateinamerikanischer Herkunft. Die weiße Mittelschicht weicht ihnen und siedelt in Tampa, Seattle, Phoenix, Atlanta und Las Vegas. Die Autoren des Berichts behaupten,

Amerika sei dabei, sich in zwei Nationen aufzuteilen: In das klassische Mittelstandsamerika angelsächsischer Kultur und Tradition auf der einen Seite und in ein nichtweißes, multiethnisches Metropolen-Amerika, wo ein paar reiche Weiße in bewachten und eingezäunten Villenvierteln leben, umgeben von einem babylonischen Völkergemisch.

Meiner Wohnung gegenüber befindet sich eine High-School. Wenn am frühen Nachmittag der Unterricht zu Ende ist, sammeln sich die Teenager, wie wohl überall auf der Welt, kichernd und schreiend auf der Straße. Ihrer Kleidung läßt sich nichts entnehmen, sie sieht weder besonders schick noch besonders ärmlich aus. Es sind keine Weißen darunter. Man müßte rassenkundlich genauer bewandert sein, um aus den Farben und Formen der Gesichter die Herkunft erschließen zu können. Die Sprache, in der sie sich unterhalten, ist Englisch.

Es gibt aber ein anderes Merkmal, das leichter zu erfassen ist. Etwa der siestaähnliche Sitz- und Stehkonvent, den ich täglich ein paar Häuser weiter auf der Straße antreffe. An der Hauswand auf einem Klappstuhl sitzt eine sehr alte Frau, heftig an ihrer Zigarette ziehend, neben ihr in der Diagonale eine andere, etwas jüngere, mit ihrem Nähzeug beschäftigt. Manchmal sitzt noch ein Mann dabei, eine Cola trinkend und ebenfalls rauchend. Das ist der Kern. Eine Gruppe von Männern bildet darum herum eine wechselnde Choreographie. Einige sind mit dem Motor eines Chevrolet beschäftigt, der altersschwach am Straßenrand ruht; andere, denen offenbar ein Laden für gebrauchte Kühlschränke und Waschmaschinen gehört, wuchten die Geräte zwischen Werkstatt und Straßenrand hin und her. Zwischendurch gesellen sie sich zur Sitzgruppe, zünden sich eine Zigarette an, schwatzen ein bißchen und arbeiten weiter. Mitten drin bahnen sich halbwüchsige Kinder auf ihren Rollschuhen den Weg, und die Knieschützer auf den nackten Beinen lassen sie noch verletzlicher aussehen.

Es ist leicht zu erraten, daß es sich dabei um Lateinamerikaner handelt, jedenfalls sprechen sie spanisch. Und selbst wenn man es dem Inhaber des Gemüseladens an der Ecke nicht ansähe, daß er aus Asien kommt, vermutlich aus Korea, man könnte es der Tatsache entnehmen, daß immerzu er oder einer seiner Angehörigen oder Angestellten damit beschäftigt ist, welke Salatblätter auszuzupfen, die Tomaten zur regelmäßigen Pyramide zu stapeln, den Bürgersteig zu kehren, kurz: ständig irgendwo irgend etwas sichtbar Nützliches mit Anspannung und Konzentration zu verrichten. Der Laden ist Tag und Nacht geöffnet, und wann immer man kommt, was immer man kauft – man kann sicher sein, aufs freundlichste bedient zu werden, wozu selbstverständlich gehört, daß einem die Waren eingepackt werden.

Und wenn man einen Menschen auf der Straße tänzeln sieht, im Wiegeschritt einer Musik, die ihm der Kopfhörer einflößt; oder zwei andere mit ihren Rollschuhen zwischen dem hupenden Verkehr eine Glanznummer abziehen sieht; oder jemanden müßiggängerisch an der Ecke stehen sieht, offenbar auf entspannte Weise nachdenkend: Dann kann man sicher sein, Schwarze vor sich zu haben.

Niemand in New York würde die Triftigkeit solcher Beobachtungen leugnen oder sie gar für rassistisch halten. Aber die Frage, ob daraus Schlüsse zu ziehen wären, spaltet die liberalen Intellektuellen. Einerseits natürlich, weil es eine Sache der persönlichen Erfahrung und Lebenssituation ist, ob man die Einwanderungsdebatte für dringlich hält; und zweitens, weil es die politischen Gegner sind, die Konservativen, die Rechten, die für ihre Zwecke daraus einen *issue* machen.

Wo sind die Armen in New York? Noch 1988, bei meinem letzten Besuch, wurde die Zahl der *homeless people* auf drei- bis vierhunderttausend geschätzt. In Manhattan ist von ihnen kaum mehr eine Spur zu sehen. Früher lagen die Obdachlosen zusammengerollt auf den Lüftungsgittern der Subway, in den Eingängen der Banken und den Schalterhallen der Bahnhöfe. Heute, ob am Times Square oder in der Grand Central Station, sind die Obdachlosen verschwunden, die Bürgersteige und Plätze frei von Müll, und der Bryant Park an der Rückseite der Public Library, bekannt als Wüstenei der Fixer und Dealer, ist frisch hergerichtet mit Blumenbeeten und Rasen. Im neuen Café sitzen mittags die Angestellten beim Lunch, während draußen gut gekleidete Mütter ihre Kinderwagen über die geharkten Wege schieben. An der Sixth Avenue beugen sich die Schachspieler über neue Tische, und alles wirkt friedlich und reinlich.

Die Szene erinnert an eine Passage aus E. L. Doctorows Roman *Das Wasserwerk*. Die Geschichte spielt 1871 in New York, wo nach dem gewonnenen Bürgerkrieg ein kruder Kapitalismus explodiert, der die Armen ärmer und die Reichen reicher macht, der die Konventionen und Traditionen, die sich dem Fortschritt entgegenstellen, niederreißt. Architektonisches Symbol der entfesselten Moderne ist das Wasserwerk, ein gewaltiges Versorgungssystem, an dessen Ende das Croton-Reservoir errichtet wird. «Die New Yorker liebten ihr Reservoir. Arm in Arm spazierten sie wohlgemut über die Mauerbrüstung» – so erinnert sich der Berichterstatter und Journalist McIlvaine. Er selber jedoch hat andere Empfindungen: «Ich muß Ihnen gestehen, daß ich an jede düstere Vision zu glauben bereit war, wenn sie sich am Croton-Wasserreservoir zutrug. Das heute natürlich verschwunden ist. Dort steht nun unsere öffentliche Bibliothek.» Fast alle Romane Doctorows erzählen die Geschichte der Stadt New York – seiner Stadt, denn hier ist er geboren und aufgewachsen. Ihr Thema ist die brutale Entfaltung der Produktivkräfte und der Folgen davon: der Kampf aller gegen alle und die rasende Beschleunigung, die über die Schicksale hinweggeht und die Stadt pausenlos verändert, als bestünde sie aus Bauklötzen, die von der Hand eines Riesen umgeworfen und wieder zusammengesetzt werden.

Dort, wo früher das gigantische Reservoir stand, ist heute der Bryant Park und die kaum weniger gewaltige Public Library – auch sie ein Reservoir, zu dem ein jeder Zugang hat, der lesen kann. Im Lesesaal, groß wie eine Bahnhofshalle, hört man das Rauschen der Stadt wie von fern, das gelegentliche Rücken von

Stühlen und das leise Geklapper der Laptops, die viele Benutzer dabei haben, um Exzerpte oder Bibliographien einzugeben. Ich blättere im jüngsten Heft des *New Yorker*. James Traub berichtet von den *business-improvement districts* (kurz BID). Das sind Zweckbündnisse der Immobilienbesitzer, der Banken, Kanzleien und Hotels, die mit großem finanziellem Aufwand das jeweilige Viertel verschönern. Die *Grand Central Partnership* zum Beispiel beschäftigt eine Sicherheitstruppe von fünfzig Mann. Sie hat ein Zentrum für die Obdachlosen eingerichtet, mit Schlafplätzen und Essensausgabe. Sie hat 32 Millionen Dollar investiert, einschließlich einer neuen Flutlichtanlage für die Bahnhofsfassade.

Es gibt in New York 33 solcher BIDs. Sie finanzieren sich aus einer Abgabe je nach Größe des Grundbesitzes der Mitglieder. Und sie erhalten öffentliche Gelder. Als kürzlich Berichte auftauchten, Schlägerkommandos des BID hätten Obdachlose aus den Eingängen der Geldautomaten vertrieben, begann eine heftige Diskussion. Die Staatsanwaltschaft ordnete eine Untersuchung an, und die Stadt stoppte einstweilen die Zuwendung ihrer Mittel. Amerika ist ein freies Land, und die gewaltsame Entfernung eines Menschen vom Ort seines Aufenthalts wird auch dann nicht gebilligt, wenn es sich um Obdachlose handelt, die zu ihrem Schlafplatz verbracht werden. Der Recherche James Traubs zufolge war das Problem dadurch entstanden, daß der BID seine Helfer teilweise aus den Obdachlosen selber rekrutierte, in der begründeten Hoffnung, sie könnten ihre ehemaligen Kumpels am ehesten dazu bringen, die neuen Domizile aufzusuchen. Offenbar hatten ein paar Helfer, mangelhaft angeleitet und ausgebildet, ihren Auftrag zu robust ausgeführt.

Das Problem hinter diesem Konflikt ist auch den besonders staatsskeptischen Amerikanern bewußt. Wenn dringende Gemeinschaftsaufgaben von der Stadt oder dem Staat mangels Geld nicht mehr wahrgenommen werden können, hängt ihre Lösung mehr und mehr vom guten Willen potenter Privatleute ab – und von ihrem Eigeninteresse. In Eingangshallen herumliegende Obdachlose sind dem Gang der Geschäfte hinderlich, aber natürlich nur dort, wo es einen Gang der Geschäfte gibt – also etwa in Manhattan, etwa *downtown* im World Financial Center und im neuen Hudson River Park, der sich von der Battery nach Westen hochzieht, dort, wo vor Jahren baufällige Lagerhäuser und aufgelassene Piers waren. Auf der schönen Promenade mit prächtigen Bäumen und Wiesen lustwandeln die Banker in dunklen Anzügen, flitzen Teenager auf ihren Skateboards, und im neuen Hafen liegen die schönsten Jachten. Zwischen den Türmen des Center wölbt sich eine Glaskuppel, unter der gewaltige Palmen wachsen. Jedermann darf sich auf den Bänken niederlassen und hinaus auf den Hudson blicken, hinüber nach New Jersey, und er muß nichts dafür bezahlen. Aber wer dieser Jedermann ist, darüber befinden im Zweifelsfall die unauffällig herumstehenden Sicherheitsleute. Das wohlhabende weiße Amerika hat Manhattan wieder in seinen Besitz genommen, lautlos und effizient.

Michael Lind, liberaler Zwischenruf

Die *New York Times* meldete am 30. August 1995 die neuesten Zahlen des Statistischen Bundesamts (Census Bureau). Danach war der Anteil der nicht in den USA geborenen Amerikaner im Jahr 1994 auf 8,7 Prozent gestiegen, was einer Summe von 22,6 Millionen Menschen entsprach. Das war etwa das Niveau von 1940 – damals betrug der Anteil 8,8 Prozent –, lag aber immer noch deutlich unter der historischen Höchstmarke von 14,7 Prozent aus dem Jahr 1910. Natürlich waren die absoluten Zahlen damals viel niedriger, weil die Gesamtbevölkerung kleiner war. Die jährliche Zuwanderung während der siebziger und achtziger Jahre betrug etwa 600000 Menschen, sie stieg in den neunziger

Jahren auf 800 000. Von der offiziellen Statistik werden nur die legalen Einwanderer erfaßt. Die Zahl der illegalen wird von der Behörde auf rund vier Millionen geschätzt. Von diesem Schub sind vor allem die klassischen Einwanderungsorte der Ost- und der Westküste erfaßt. In New York erreicht der Prozentsatz der neuen Bürger die Ziffer 16 und in Kalifornien 25. Wenn man sich vor Augen hält, daß die weitgehend aus Mexiko einströmenden Immigranten sich vor allem im kalifornischen Süden niederlassen, dann wird plausibel, weshalb weite Gebiete in Orange County oder Riverside County von *Hispanics* besiedelt sind und das Spanische zur Sprache der Mehrheit geworden ist.

Der statistische Bericht bietet verwirrende Zahlen über die Qualifikation der Einwanderer. 21 Prozent der mehr als 25 Jahre alten Immigranten hätten mit dem Bachelor einen Studienabschluß, meldet die Behörde, während die Amerikaner es nur auf 14,7 Prozent brächten. Umgekehrt hatten 36 Prozent der Immigranten über 25 keinen High-School-Abschluß, während es unter den Amerikanern nur 17 Prozent waren. Der Schluß, den man daraus ziehen kann, lautet, daß die Einwanderer sowohl die oberen als auch die unteren Schichten der amerikanischen Gesellschaft verstärken, und diese Deutung wird durch die Beobachtung gestützt, daß die Immigranten mehrheitlich aus Mexiko, von den Philippinen, aus Kuba, El Salvador, Kanada, Deutschland und China kommen – in dieser Reihenfolge. Die lateinamerikanischen Zuwanderer sind in der Regel unausgebildet und stellen billige Arbeitskräfte, die vor allem in der Agrarindustrie willkommen sind, während asiatische Zuwanderer den Ruf haben, besser ausgebildet und karrierebewußt zu sein.

Die *New York Times* prophezeit, daß der «überraschende Anstieg» der Einwandererzahlen die Immigrationsdebatte anheizen werde. In der Tat verabschiedete das Repräsentantenhaus im März 1996 mit überwältigender Mehrheit (333 zu 87) ein neues Einwanderungsgesetz, das sich vor allem gegen die Illegalen richtet. Sie sollen noch entschiedener von den Segnungen öffentlicher

Bildung und Wohlfahrt ausgeschlossen werden, die Menschenschmuggler und Paßfälscher sollen mit höheren Strafen abgeschreckt werden, der Grenzschutz soll um weitere 5000 Agenten verstärkt und weitere 14 Meilen eines dreifachen Grenzzaunes in der Gegend von San Diego sollen errichtet werden. Die legale Immigration hingegen wurde von dem neuen Gesetz kaum berührt. Und ob es die Zahl der Illegalen reduzieren würde, wurde von einigen Kommentatoren heftig bezweifelt.

Eines Morgens in der Third Avenue, irgendwo in den Vierzigern: Während ich die *Times* durchblättere und rasch einen Kaffee und ein Croissant zu mir nehme, höre ich mit halbem Ohr das Gespräch zwischen einem jungen Schwarzen und einer Frau mit Schürze und Kopfhaube, offenbar der Geschäftsführerin dieses kleinen Kaffee-Ladens, wo man belegte Brote, Salate und Gebäck kaufen und an ein paar kleinen Tischen verzehren kann. Der Mann soll offenbar am nächsten Tag mit seiner Arbeit beginnen, und er erkundigt sich nach der Höhe des Lohns. «*Six bucks plus tips*», lautet die Antwort, und der Mann scheint einverstanden.

Sechs Dollar. Mit Trinkgeld (*tips*) wird nicht viel sein, denn die meisten Kunden hier sind Büroangestellte, die sich nur rasch etwas zum Lunch oder einen Kaffee zwischendurch holen.

Später lese ich in der *Times* einen zornigen Kommentar von Michael Lind. Überschrift: «Die Liberalen kneifen vor der Immigrationsdebatte». Zu Beginn erwähnt er die Tatsache, daß der New Yorker Bürgermeister Rudolph Giuliani sich dem Ansinnen seines Parteifreundes Newt Gingrich, illegalen Einwanderern die Sozialleistungen zu verweigern, lautstark widersetzt und für seinen Mut den Beifall der Liberalen bekommen hatte. Lind: «Die Wahrheit ist, daß es weder mutig noch liberal ist, die steigenden Kosten der legalen wie der illegalen Massenimmigration zu leugnen.» Zu den Kosten zählt er sinkende Löhne, schwache Gewerkschaften und eine weitere Verarmung vor allem der schwarzen Arbeiterschaft. Die Einwanderer nämlich, die illegalen zumal, nehmen jede Arbeit zu jeder Bedingung und zu jedem Preis an.

«Die Einwanderungsbeschränkungen in den zwanziger Jahren waren eine Vorbedingung für den Erfolg der Arbeiterbewegung und des New-Deal-Liberalismus von den dreißiger bis zu den sechziger Jahren.» Natürlich: Vom Standpunkt konservativer Unternehmer aus betrachtet könne das Angebot an Arbeitskräften nie zu groß und könnten Löhne nie zu niedrig sein.

Aus all diesen Gründen plädiert Lind für eine radikale Beschränkung der Einwanderung, und er weiß, daß er sich damit bei seinen liberalen Freunden unbeliebt macht. «Mit feuchten Augen und zitternder Stimme beschwören sie die Freiheitsstatue und werfen den Kritikern Verrat an amerikanischen Idealen vor.» Tatsache aber sei, daß die liberalen Immigrations-Befürworter selber Nutznießer billiger Arbeit seien, vom Kindermädchen bis zur Putzfrau, vom Schuhputzer bis zum Kellner.

Wahr ist, daß die unendliche Zahl der preiswerten Restaurants, der billigen und sauberen, oft pausenlos geöffneten kleinen Läden, Friseure, Maniküre-Shops, Schuhmacher, Zeitungskioske bei normalen Löhnen undenkbar wäre. Berüchtigt in New York sind die sogenannten *sweat shops*, kleine Nähereien und Kleiderfabriken, wo illegal eingeschleuste Mädchen angeblich die Kosten der Überfahrt abarbeiten, in Wahrheit aber nichts anderes als die neuen Sklaven sind.

Michael Lind, Mitherausgeber der Zeitschrift *New Republic*, ist Autor des in Amerika sehr diskutierten Buches *The Next American Nation*. Es ist ein zorniger Zwischenruf, ein leidenschaftliches Plädoyer für ein anderes Amerika, das nicht im übellaunigen Kampf um Minderheitsrechte und *political correctness* verharrt, sondern endlich begreift, daß es eine Nation ist, eine inzwischen ziemlich alte sogar, und daß es längst eine amerikanische Kultur gibt, die mehr umfaßt als nur die *Wasps*, die *White Anglo-Saxon Protestants*, und die mehr ist als nur eine Addition der vielen Völker und Rassen. Und weil Lind ein Linksliberaler ist, kritisiert er die Politik der *affirmative action*, also der gezielten Chancenverbesserung für Minderheiten, nicht wegen ihrer manchmal bizarren Folgen, sondern er geißelt sie von einem linken Standpunkt aus: Der positive Rassismus verschärft die ethnischen Grenzen und verschleiert die sozialen. Der reichen und weißen Oberklasse kann es nur nutzen, wenn die Armen sich um rassische Präferenzen prügeln und darüber ihr Klasseninteresse vergessen.

Bei seiner Neubetrachtung der Geschichte findet Lind drei Republiken: Die erste nennt er Anglo-Amerika (bis 1861, als der Kontinent vor allem von englischsprachigen Siedlern geformt und bestimmt wurde), die zweite Euro-Amerika (bis 1957, als die aus dem alten Europa hinzugeströmten Einwanderer die amerikanische Kultur bereicherten, ohne sie in ihrem Kern zu verändern), die dritte das multikulturelle Amerika (bis zur Gegenwart). Die dritte Republik verdankt sich dem Sieg der Linken. Aber dieser Sieg ist aufgezehrt. Er brachte, mit der Bürgerrechtsbewegung der sechziger Jahre, die Anerkennung von Minderheitsrechten aller Art, der Schwarzen und der Frauen, der Schwulen und der Indianer. Aber er führte zu einer kulturellen Identitätskrise. Denn nun war fraglich, was denn Amerika eigentlich sei und wie es sich zukünftig zu definieren hätte. Michael Lind nennt es Trans-Amerika: «In Trans-Amerika würden sowohl die Rassen- und Geschlechterquoten der Linken als auch die politischen und die Karriere-Privilegien der reichen Oligarchie beseitigt zugunsten einer neuen Verbindung von kulturellem und ökonomischem Nationalismus im Interesse der transrassischen Mittelklasse.» Dieses Programm nennt Lind *liberal nationalism*.

Seine Überlegungen machen klar, weshalb der Streit um die Immigration, sosehr die Parteien ihn für ihre Zwecke nutzen wollen, jede Partei in ein anderes Dilemma stürzt. Die Konservativen sind an einer unbeschränkten Immigration interessiert, weil sie die industrielle Reservearmee auffüllt. Anderseits sehen sie ihre Vision einer christlichen, von den Weißen bestimmten euroamerikanischen Nation durch die Tatsache bedroht, daß die

Millionenschar neuer Zuwanderer fast durchweg lateinamerikanischer und asiatischer Herkunft ist. Den Liberalen geht es
nicht besser. Einerseits müßten sie an einer Stärkung der Gewerkschaften und an einem Anstieg der Mindestlöhne interessiert sein,
was aber bei anhaltender Immigration kaum erreichbar ist. Andererseits ist die liberale Vorstellung von einem multikulturellen
Amerika unvereinbar mit einer radikalen Beschränkung.

Brooklyn,
Besuch bei Paul Auster

Sonntage haben auch in New York etwas Sonntägliches. Die Straßen sind still und leer, und im Prospect Park, Brooklyn, joggen die
Jogger, sitzen die Mütter im Kreis um ihre spielenden Kinder, wir-
beln Footballspieler den Staub des vertrockneten Rasens auf, und
überall sieht man die Farben und Rassen friedlich gemischt.

Nahebei, in Park Slope, einem reinlichen Viertel alter, von
schönen Bäumen gesäumter Stadtvillen, wohnt der Schriftsteller
Paul Auster. Der Herbsttag ist warm und sonnig, wir sitzen in dem
kleinen schattigen Garten hinterm Haus, wo weißer Kies unter
der Sohle knirscht und der Nachbar mit schepperndem Besen den
Hof fegt. Ab und zu startet ein Flugzeug von La Guardia mitten
ins Gespräch. Paul Auster, 1947 in Newark, New Jersey, als
Nachkomme eingewanderter österreichischer Juden geboren, ist
ein schlanker, hochgewachsener Mann mit dunklem Haar und
dunklen Augen. Der anfangs düstere, in sich gekehrte Eindruck
weicht im Gespräch, während dem er, wie alle Porträts berichten,
in der Tat stetig seine dunklen Zigarillos raucht, rasch einer auf
den Zuhörer konzentrierten, gelösten Lebendigkeit. Auster
wurde mit seiner New-York-Trilogie, die zunächst von siebzehn
Verlagen abgelehnt worden war, Mitte der achtziger Jahre be-

kannt. 1987 erschien der Roman *Im Land der letzten Dinge*, 1989 *Mond über Manhattan*, 1990 *Die Musik des Zufalls*, 1993 *Leviathan* und 1995 *Mr. Vertigo*. Auster ist verheiratet mit der Schriftstellerin Siri Hustvedt.

Ich erzähle Auster von meinem Projekt: Ich möchte mit amerikanischen Schriftstellern über ihr Verhältnis zur Politik reden. Schriftsteller, so glaube ich, denken in besonderer Weise nach über die Gesellschaft, in der sie leben. Indem sie Bücher, Romane darüber schreiben, sagen sie etwas über die Lage des Landes, was anders nicht gesagt werden könnte und so noch nicht gesagt worden ist. Hält Auster das für eine verrückte Idee?

«Ich glaube nicht, daß sie verrückt ist, aber das Ganze scheint mir ziemlich vorhersehbar. Ich könnte vorhersagen, was die meisten antworten. Aber die deutschen Leser wissen das natürlich nicht, insofern könnte es interessant sein. Sie sollten mit Norman Mailer sprechen, der ist politisch immer sehr aktiv gewesen. Wahrscheinlich sollten Sie auch mit rechten Schriftstellern reden. Es müßte eigentlich welche geben, obwohl mir jetzt gerade keiner einfällt. Saul Bellow vielleicht, aber der ist eigentlich nicht rechts, obwohl er auf seine alten Tage ganz schön konservativ geworden ist.»

Es sollte mir noch häufiger begegnen, daß meine Gesprächspartner, die sich immer als liberal oder links einstuften und fast immer mit den Demokraten sympathisierten, mir den Rat gaben, auch mit Rechten zu reden, aber auf Anfrage nie jemanden wußten. In der Tat gibt es so gut wie keine dezidiert rechten Schriftsteller, wenn man den Begriff Schriftsteller strikt literarisch versteht. Natürlich scharen sich viele rechtskonservative Intellektuelle um Zeitschriften wie *Commentary*, *National Review* oder *Public Interest*, aber es sind in der Regel keine Autoren, die sich als Romanciers oder Lyriker einen Namen gemacht hätten. Eine kuriose und zugleich überaus erfolgreiche Ausnahme war die 1905 in St. Petersburg geborene und 1982 in New York gestorbene Schriftstellerin Ayn Rand, die in ihren millionenfach verkauften Romanen das Hohelied des Kapitalismus sang und die das absolute Recht des tatkräftigen Individuums auf die von keinem Staat und keinem sozialen Gebot einzuschränkende Verwirklichung des Selbst verteidigte. In einem neueren Kompendium, *American Diversity, American Identity – The Lives and Works of 145 Writers Who Define the American Experience,* wird sie bezeichnenderweise überhaupt nicht erwähnt.

Gibt es denn, so frage ich Auster, eine Gemeinschaftlichkeit der Schriftsteller, gibt es politische Verbindungen untereinander?

«Durchaus. Nehmen wir zum Beispiel den Fall von Abu-Jamal, von dem Sie vielleicht gehört haben, ein Kämpfer für die Rechte der Schwarzen, der ursprünglich im August hingerichtet werden sollte. Es gab Proteste auf der ganzen Welt, der amerikanische PEN schloß sich den Protesten an und gab eine Pressekonferenz, zu der ich eingeladen war. Die Hinrichtung hat glücklichweise nicht stattgefunden, und ich glaube, wir haben ein bißchen dazu mitgeholfen. Das ist ein Beispiel dafür, daß die Schriftsteller hier, wenn es ernst wird, gemeinsam etwas tun.»

Von Mumia Abu-Jamal hatte ich nur eine ungefähre Vorstellung, und als ich später Genaueres nachlas, ergab sich folgende Geschichte: Am 9. Dezember 1981 war der Polizist Daniel Faulkner an einer Straßenkreuzung in Philadelphia von fünf Kugeln getötet worden. Faulkner hatte einen Pkw angehalten und mit dem Fahrer, einem jungen Schwarzen, der, wie sich zeigte, Abu-Jamals Bruder war, Streit bekommen. In diesem Augenblick kam Abu-Jamal, der als Reporter für einen Schwarzen-Sender arbeitete und nebenbei Taxi fuhr, vorbei. Er habe, so befand später die Jury, Faulkner erschossen. Abu-Jamal wurde zum Tode verurteilt, das Urteil sollte im Sommer 1995 vollstreckt werden. Bald wurde dem Richter und der Jury Rassismus vorgeworfen, und es wurde Kritik am Verfahren laut. Die weiße Gerichtsbarkeit habe in der von Rassengegensätzen zerrissenen Stadt Rache an einem Mitglied der Black-Panther-Bewegung nehmen wollen. Schriftsteller und Journalisten aus vielen Ländern engagierten sich mit Petitionen und

Protesten, darunter auch der amerikanische PEN. Der deutsche Journalist Burkhard Müller-Ulrich hat in einem Beitrag für die *Süddeutsche Zeitung* (16. März 1996) die These aufgestellt, im Fall Abu-Jamal sei eine internationale linke «Wohltäter-Schickeria» einer «Empörungslogik» gefolgt, die eine ernsthafte Erörterung der Tatsachen gar nicht mehr zulasse. Es gebe keine vernünftigen Zweifel an Abu-Jamals Schuld. Als ich wenige Tage nach dem Gespräch mit Auster seinen Kollegen E. L. Doctorow aufsuchte, äußerte auch der sich zu dem Fall und schien von Abu-Jamals Unschuld völlig überzeugt.

Ich frage Auster nach der unterschiedlichen Situation der Schriftsteller in den USA und Europa.

«Der Unterschied besteht darin, daß sie dort weit mehr geachtet werden. Schriftsteller zu sein wird in Europa als etwas Bedeutungsvolles betrachtet, einem Schriftsteller bringt man per se Achtung entgegen. Hier ist das keineswegs der Fall. Deshalb werden Schriftsteller in Europa zu wichtigen öffentlichen Dingen um ihre Meinung gefragt. Hier würde sich niemand darum scheren.»

Bedauert Auster das?

«Nicht sonderlich. Es gibt die Vorstellung (die übrigens nie richtig diskutiert wird), daß die wichtigen Schriftsteller von möglichst vielen, von möglichst allen gelesen werden sollten. Aber wenn wir an die Geschichte denken: Literatur ist nie ein Massenphänomen gewesen. Was glauben Sie, wie viele Menschen *Paradise Lost* von Milton gelesen haben, als das Buch herauskam? Zwei- oder dreihundert, viel mehr können es nicht gewesen sein. Die Idee, daß jeder, weil wir in einer Demokratie und einer Massenkultur leben, qualitativ gute Literatur lesen sollte, ist einfach ein Irrtum. Es kommt hinzu, daß die meisten Amerikaner ihre Schriftsteller überhaupt nicht kennen. Ich denke schon, daß die meisten gebildeten Deutschen, wenn sie in einer Zeitung den Namen Günter Grass oder Peter Handke erwähnt finden, eine ungefähre Vorstellung haben, wer das ist. Sie verbinden etwas mit solchen Namen, während in Amerika, von zwei, drei Berühmtheiten abgesehen, keiner wüßte, wovon die Rede ist. Das liegt auch daran, daß das Land so groß, so dezentralisiert ist. Das literarische Leben Frankreichs spielt sich in Paris ab, das von England in London. Es gibt in diesen Ländern so etwas wie nationale Kommunikationsinstanzen, wozu auch die Radio- und Fernsehanstalten gehören und natürlich die überregionalen Zeitungen. Wir haben zwar riesige Fernsehsender, aber die sind derart miserabel, daß Kultur darin keine Rolle spielt. Und die einzige intelligente Zeitung von einiger Verbreitung ist die *New York Times*, die aber außerhalb der Stadt nur von wenigen gelesen wird. Das führt dazu, daß man in den Vereinigten Staaten als Romancier oder Lyriker wie von selbst marginalisiert wird, man führt ein verborgenes Leben im Schatten dessen, was wirklich zählt: Big Hollywood, Big Rock 'n' Roll, Big Business, und der Rest wird weithin ignoriert. Der andere große Unterschied zu Europa: Das einzige, was die Leute hier wirklich interessiert, ist Geld. Und das färbt natürlich auf alles ab, was mit Kultur zu tun hat. So wird ein Magazin oder eine Zeitung über einen Schriftsteller nicht deshalb eine Geschichte veröffentlichen, weil man glaubt, es sei ein guter Schriftsteller, denn davon hat sowieso keiner eine Ahnung, keiner hat ein Urteil. Aber wenn ein Romancier aus irgendeinem Grund 200000 Auflage erreicht und eine Million Dollar kassiert, dann ist das eine Nachricht, und dann machen sie einen Bericht. In Deutschland hingegen sind das nicht die Kriterien der Berichterstattung. Da gibt es Reporter und Kritiker, die sagen einfach, ich finde den Autor X oder Y gut, über den möchte ich gerne was machen, und der zuständige Redakteur sagt, einverstanden – selbst dann, wenn der betreffende Autor nur zehn Exemplare seines Buchs verkauft hat.»

Das ist ein ziemlich drastisches Bild der amerikanischen Situation, und es klingt so, als wäre Auster darüber traurig.

«Na ja, einerseits könnte man es wirklich tragisch finden. Andererseits aber ist es gar nicht schlecht, weil es ziemlich genau widerspiegelt, was die Leute wirklich denken und was sie wirklich interessiert. Darüber soll man sich nicht hinwegtäuschen, auch wenn man es falsch findet. Vor allem aber, und das finde ich interessant, zwingt es dich als Autor, bei deiner Sache zu bleiben. Wenn du dauernd an den Rand der Geschehnisse gedrängt wirst, bleibt dein Blick auf die Dinge kritisch und klar. Es gibt keine wirkliche Chance, in die Machtstrukturen des Landes verstrickt zu werden, und deshalb ist es leichter, die eigene Autonomie zu wahren. In Europa gibt es eine Menge Schriftsteller, die fast so etwas wie Fernseh-Berühmtheiten sind, und sie quatschen über alles und jedes, dummes Zeug manchmal. Denen kannst du ein Mikrofon ins Gesicht halten, und sie fühlen sich veranlaßt, was zu sagen, obwohl sie gar nichts zu sagen haben. Alles in allem: Hier in Amerika ist es weder besser noch schlechter, sondern einfach anders. Aber wenn man auf das guckt, was amerikanische Schriftsteller im Vergleich zu den europäischen derzeit veröffentlichen, dann denke ich, daß die Amerikaner einfach besser sind. Da ist mehr Kraft dahinter, mehr Talent, mehr Originalität, ein größeres Feld an ästhetischen Positionen und eine ernsthaftere Beschäftigung mit der Gesellschaft und ihrer Realität. Denn schließlich ist es nicht die Aufgabe eines Schriftstellers, bloß über Politik zu reden und Tagesereignisse zu kommentieren. Seine Aufgabe ist die Kunst, und die reagiert eigenständig auf die Welt um uns herum. So könnte es sein, daß die amerikanischen Schriftsteller letzten Endes viel politischer sind als die europäischen.»

Politik, in einem weiteren Sinn verstanden, spielt eine Rolle in Austers Werk.

«Ich leugne das nicht, ich denke eine Menge darüber nach, aber ich diskutiere es nicht direkt. Sogar *Leviathan* handelt letzten Endes nicht von Politik, sondern vom Leben und den Ideen der Menschen. Das am meisten politische Buch, das ich bislang geschrieben habe, ist *Die Musik des Zufalls*. Man kann das Buch als eine Parabel über Kapitalismus und Staatsgewalt lesen: Wer hat Macht und warum, wie reagiert derjenige, der keine Macht hat. Als ich den Roman schrieb, hatte ich die deutliche Empfindung, daß er eine politische Tiefenstruktur hatte wie keines meiner anderen Bücher.»

Was bedeutet es für Paul Auster, ein amerikanischer Autor zu sein?

«Amerika ist ein erfundener Ort. Es ist das einzige Land in der Welt, das aus Ideen zusammengebraut wurde, und es ist bewohnt von Menschen, die aus allen Gegenden der Welt kommen. Die einzigen wirklichen Amerikaner sind ja die Indianer. Alle anderen stammen aus Afrika, Europa, Asien, Mittelamerika. Dieses Land ist ein ungewöhnliches Experiment sozialer Organisation, das empfinde ich ganz stark, ein Experiment, wie es in dieser Größenordnung noch nie gemacht wurde. Es hat seine wundervollen, positiven Seiten, aber auch seine fragwürdigen.»

Was hält das Land zusammen?

«Was uns im wesentlich zusammenhält, ist das amerikanische Englisch, eine kraftvolle, lebendige, flexible Sprache, in die hineingeboren zu sein ich mich glücklich schätze. Sie ist ein wunderbares Werkzeug zum Schreiben und zum Sprechen, und es ist spannend zu sehen, wie Englisch die Lingua franca der modernen Welt geworden ist, denn jeder, ob Russe, Deutscher oder Franzose, schreibt seine wissenschaftlichen Texte auf englisch.»

Aber Englisch, so wende ich ein, wird von sehr vielen Amerikanern nicht mehr gesprochen.

«Das war immer so. Mein Schwiegervater, er ist jetzt 73, wurde in Minnesota auf einer Farm geboren. Er ist in der dritten Generation Amerikaner, aber er ist in einer Gemeinschaft aufgewachsen, in der Norwegisch gesprochen wurde. Noch heute hat er einen starken norwegischen Akzent. Das macht ihn nicht weniger amerikanisch. Am Ende lernt jeder Englisch. Ich finde diese politische Debatte ermüdend, sie wiederholt sich immerzu. Wenn Sie lesen, was Henry James, als er um die Jahrhundertwende zu einem Besuch nach Hause kam, über die Immigranten äußerte: Er war schockierter als heute Bob Dole.»

Aber die Zahl der Einwanderer ist gestiegen.

«Es ist wahr, daß nie so viele Immigranten kamen wie heute. Warum kommen sie? Weil jeder spürt, daß es sich hier besser leben läßt als anderswo, daß sich hier Geld verdienen läßt und ein Vorankommen möglich ist. Die Kinder sollen es einmal besser haben. Diese Vorstellung von Amerika steckt immer noch in den Köpfen von Menschen auf der ganzen Welt. Die Immigranten sind immer gehaßt worden. Wenn Sie wüßten, was über die Iren in den vierziger Jahren des vergangenen Jahrhunderts gesagt wurde: schrecklicher als alles, was heutzutage in der Presse zu lesen ist. Und das wiederholte sich, als die Italiener kamen, die Juden, die Deutschen. Im 19. Jahrhundert gab es im Mittleren Westen Versuche, das Sprechen von Deutsch zu verbieten. Es ist im Grunde immer dasselbe. Nichts ändert sich wirklich. Amerika war immer gespalten in diejenigen, die von der Idee der Toleranz erfüllt waren und von dem Wunsch, alle Menschen aller Rassen sollten hier friedlich zusammenleben können, und in diejenigen, die eine solche Vorstellung mit Schrecken erfüllte und die unter Amerika das Land der Weißen und der Christen verstanden. Dieser Zwiespalt ist von Anfang ein Merkmal der amerikanischen Geschichte.»

Aber hat sich die Debatte nicht verschärft?

«Ja, das Land hat sich verändert, aber nicht wegen der Einwanderer. Die Rechte hat gewonnen. Das ist für mich die traurige Wahrheit. Man kann die Bevölkerung grob in zwei Gruppen einteilen. Die erste besteht aus jenen, die der Ansicht sind, so etwas wie Gesellschaft gebe es gar nicht, sondern jeder sei nur für sich selber verantwortlich und nicht für andere. Die zweite sagt, wir sitzen alle im selben Boot, wir müssen uns umeinander kümmern und gemeinsam zusehen, daß dies eine anständige Gesellschaft für jedermann ist. Das ist der Konflikt, und zur Zeit hat die erste Gruppe die Übermacht. Sie kontrolliert die Debatte. Die öffentliche Sprache, in der solche Dinge diskutiert werden, ist in einem Ausmaß erodiert, daß man daran zweifeln kann, auf demselben Boden zu sein. Fortschritte, die wir für gesichert hielten, stehen in Frage. Sehen Sie nur die Todesstrafe: In den sechziger Jahren wurde sie vom *Supreme Court* als ungerecht, grausam und verfassungswidrig bezeichnet, jetzt kehrt sie wieder. Oder die Abtreibungsfrage: Das Recht der Frau auf Selbstbestimmung war garantiert, und jetzt wird es Stück für Stück eingeschränkt. Aber ich bin sicher: Wenn wir lange genug leben würden, könnten wir sehen, wie das Pendel wieder zurückschwingt. Die Bewegung nach rechts dauert nicht ewig. Man kann ja verstehen, daß die Menschen Angst haben. Das Leben ist schwierig, die Leute sind verwirrt und deshalb empfänglich für einfache Antworten. Die Beschleunigung der modernen Welt ist zu groß.»

Auster hat einmal geschrieben, wir verdankten unsere Geburt nur dem Zufall. Hat er ein Verhältnis zur Religion?

«Vielleicht zu spirituellen Dingen, nicht eigentlich zu religiösen. Je älter ich werde, um so mißtrauischer werde ich gegen die institutionalisierte Religion, um so mehr empfinde ich die Gefahr, die von ihr ausgeht, und fühle mich zugleich immer stärker angezogen vom religiösen Impuls der Menschen. Aber Religion als organisierte Institution ist verderblich, das zeigt der Fundamentalismus, sei es der christliche, der jüdische oder der islamische. Wenn man Religion in dieser Weise versteht, dann glaubt man sich selber im Besitz der Wahrheit, und die Wahrheit des anderen wird zum Feind, der bekämpft werden muß. Deshalb ist das Wichtigste, was ich meinen Kindern mitgeben kann, die Fähigkeit, so offen und tolerant wie möglich zu sein. Kinder haben ein starkes Gerechtigkeitsempfinden. Aber was sehen sie, wenn sie sich diese Gesellschaft angucken? Der Graben zwischen Reichen und Armen wird immer tiefer. In dem Augenblick, in dem wir die Idee preisgeben, daß wir füreinander verantwortlich sind, öffnen wir einem perversen Denken die Tür, einem korrupten System des Zynismus, wo jeder nur noch für sich selber lebt, für das eigene Vergnügen, den persönlichen Erfolg. Der Zynismus ist die größte Gefahr für diese Gesellschaft. Man braucht, um ihm standzuhalten, Stärke, Wachsamkeit und das Gefühl, lebendig und am Leben zu sein. Aber die meisten Leute sind eher tot als lebendig, sie hören auf, die Dinge um sich herum wahrzunehmen, leben nur noch für sich selber. Die letzte Konsequenz sind dann diese eingezäunten Wohnbezirke, wo sich die Wohlhabenden gegen die Armen verschanzen. Ich weiß gar nicht, wer daran schuld ist. Oder doch: Es ist diese Unanständigkeit der Republikaner, diese Walze der amerikanischen Rechten, die seit 25 Jahren über das Land geht und daraus ein anderes Brasilien macht: ein Häuflein unermeßlich reicher Leute in bewachten Arealen, umgeben von einem Meer der Armen. Das ist der absolute Horror.»

Woher kommt dieser Rechtsruck?

«Die Propaganda, die den Leuten über Jahre hin eingetrichtert worden ist, zeigt Wirkung. Ronald Reagan war acht Jahre lang Präsident, und alles was er über Staat und Regierung zu sagen wußte, war, daß das böse ist. Lächerlich, als ob Staat und Regierung etwas wären, was vom Mars kommt, und nicht die Form, in der wir uns gesellschaftlich zu organisieren suchen.»

Konservative würden Auster einen Linken nennen. Ist er das?

«Die können mich nennen, wie sie wollen, das ist mir egal. Natürlich bin ich links. Eines der erhellendsten Gespräche, das ich je hatte, war 1984, als Reagan gegen Walter Mondale kandidierte. Ich fuhr in Brooklyn mit dem Taxi, und der Fahrer erzählte mir, er sei Schweißer auf einer Werft in New York gewesen und habe seinen Job verloren, als die Gewerkschaft zusammenbrach und die Unternehmer billige Arbeiter unter Tarif einstellten. Ich sagte ungefähr: ‹Das ist eben die Reagan-Ära, er ist der größte Gewerkschaftsfresser, den wir je hatten.› Und dieser Mann antwortete: ‹Das kann ja sein, aber ich werde trotzdem für ihn stimmen.› Ich sagte: ‹Wieso denn das?› Er: ‹Ich will die Kommunisten aus Südamerika raushaben.› Das ist es ja: alles Ideologie, Gehirnwäsche.»

Austers Bücher sind in Europa erfolgreicher als in den USA.

«Ja, meine Bücher haben in Frankreich höhere Auflagen als in Amerika. Ich weiß nicht, woran das liegt.»

Als ich Auster zu erklären versuche, daß seine Bücher insofern europäisch sind, als sie ein starkes Interesse an Fragen der Form und der Ästhetik verraten, wird er unwirsch. «Ich glaube nicht, daß es daran liegt. Auch amerikanische Schriftsteller befassen sich mit diesen Fragen. Man kann nicht alles erklären, es ist ein Rätsel, und es lohnt sich nicht, darüber nachzugrübeln. Nur eins: Aus irgendeinem Grund gelte ich in den Vereinigten Staaten als schwieriger Autor, und vielleicht schreckt das die Leute von meinen Büchern ab. Ich selber halte mich für einen ganz einfachen, klaren Schreiber, leicht zu verstehen, und das zu sein, dafür rackere ich mich ab.»

Mond über Manhattan zum Beispiel ist eine vertrackte Geschichte.

«Vielleicht ist sie ungewöhnlich gebaut, aber sie hat doch ihre eigene Logik. Nein, meine Bücher sind irgendwie kontrovers, und es gibt ein paar Leute, die das ärgert. Ich bekam ein paar schlechte Kritiken hier, es gab auch schlechte in Deutschland, Frankreich, in England sogar richtig feindselige. Aber es gab eben auch eine Menge begeisterte. Offenbar lassen meine Bücher niemanden gleichgültig. Es ist genau wie mit dem Film *Smoke*, den Wayne Wang und ich gerade gemacht haben. Einige halten ihn für das Größte, was sie je gesehen haben, andere halten ihn für das Letzte. Aber besser so, als wenn dir die Leute nur auf die Schulter klopfen und dich sogleich vergessen.»

Auster hat einmal gesagt: Dostojewskis *Schuld und Sühne* hat mein Leben völlig verändert.

«Schon als Junge habe ich mich für Bücher interessiert und viel gelesen. Ich war eine Leseratte. Aber als ich *Schuld und Sühne* las, da war ich erst fünfzehn Jahre alt, öffnete sich mir die Tiefe einer Empfindung und Erfahrung, die mir so in keinem anderen Buch begegnet war. Ich begriff, wie tief Literatur gehen kann und daß in einem Roman alles möglich ist. Das rüttelte mich auf und begeisterte mich derart, daß mir klar wurde, was ich zu tun hatte: Schreiben – nicht dieses Buch, sondern Teilnehmer eines solchen Abenteuers zu sein. Ich erinnere mich nicht mehr daran, wie ich an

Schuld und Sühne kam, offenbar hatte ich davon gehört. Ich weiß nur noch, daß es ein Penguin-Paperback war. Meine Eltern hatten keine Bücher, sie waren nicht auf dem College, waren keine Intellektuellen, sie lasen keine Bücher. Zu Büchern kam ich von ganz allein. Das ist komisch, aber es trifft für viele Schriftsteller zu. Aus jedem kann ein Schriftsteller werden. Ein Lyriker, den ich sehr schätze, dessen Mutter ist Putzfrau. Meine Eltern haben mich keineswegs vom Bücherlesen abgehalten, auch wenn sie selber nicht lasen. Als ich sechs oder sieben Jahre alt war, gingen die Schwester meiner Mutter und ihr Mann nach Italien. Mein Onkel war Dichter und Übersetzer, er bekam ein Fulbright-Stipendium. Sie zogen also nach Europa um und lebten dort zehn oder zwölf Jahre. Mein Onkel hatte eine wunderbare Bibliothek, und die verstaute er in Kartons auf dem Dachboden unseres Hauses. Eines Tages, da war ich vielleicht zwölf, zogen wir in ein größeres Haus um, und meine Mutter sagte: ‹Es ist nicht gut für die Bücher, daß sie immer in den Kisten sind, laß uns sie auspacken.› In dem neuen Haus hatten wir nämlich Regale, und ich erinnere mich, wie ich die Kartons runterschleppte und die Bücher auf die Regale stellte. Plötzlich hatte ich eine große Bibliothek, alle Klassiker waren da, und ich fing an zu lesen.»

Eine ähnliche Geschichte kommt in *Mond über Manhattan* vor.

«Ja, sicherlich wurzelt sie in diesem Erlebnis. Ich las Homer und Joseph Conrad und all diese Sachen.»

Auster hat einmal gesagt, es sei einigermaßen blöde, sich selber zu isolieren und jeden Tag für sich allein zu sein.

«Ja, es ist blöde, aber als Schriftsteller hat man blöde zu sein und muß das tun. Wenn man es nicht tun *muß*, dann ist es besonders blöde, weil man ja nicht wirklich lebt, sondern nur noch allein ist. Wenn man allerdings schreiben muß, weil man keine andere Wahl hat, dann ist es nicht blöde. Meine erste Zeit als Schriftsteller war sehr hart. Es ist lange her. Alles ist ein Rätsel für mich, wirklich. Ich weiß nicht, warum die Dinge geschehen, wie sie geschehen. Erfolg besteht in meinen Augen darin, genug Geld zu haben, um mich hinsetzen und an meinem nächsten Buch arbeiten zu können. Das ist alles.»

Wie reagiert er auf die Literaturkritik?

«Ich habe gute Kritiken gekriegt und schlechte, und wenn ich die schlechten ignorieren und weiterarbeiten kann, dann muß ich auch die guten ignorieren. Die Verrisse tun natürlich weh, und ich fühle mich schlecht danach. Im Gegensatz zu dem, was meist gesagt wird, glaube ich, daß alle Schriftsteller ihre Kritiken lesen. Man kriegt sie ja geschickt, und natürlich könnte man sie in den Papierkorb werfen. Aber ich bin immer neugierig, was die Leute sagen. Die guten Kritiken machen mich für fünf Minuten glücklich, und die Verrisse eine halbe Stunde lang unglücklich. Aber dann schüttelt man das ab. Also, ich weiß nicht, was Erfolg ist. Einfach seine Arbeit zu machen. Es wird ja nicht leichter. Im Gegenteil, jedesmal, wenn ich ein Buch verkauft habe, fühle ich, wie ich mich selber dazu anhalten muß, überhaupt noch zu schreiben. Es wird jedesmal schwieriger. Man wird anspruchsvoller als vorher. Und es gibt soviel Unsicherheit, ob man auf dem falschen Gleis ist oder ob das, was man tut, wertvoll ist. Oft habe ich dieses Gefühl bei der Arbeit, daß es einfach nicht gut ist, und ich mache eine Krise durch. Ich erinnere mich, als ich *Die Musik des Zufalls* beendet hatte, wollte ich das Buch wegwerfen. Ich glaubte wirklich, daß es schlecht sei, aber meine Frau überredete mich, das nicht zu tun.»

Woher kam die Krise?

«Das Problem war, ich hatte das Manuskript zu Ende getippt, und ich wollte es noch einmal durchlesen, um Tippfehler zu korrigieren. Wenn man aber sein Buch gerade eben beendet hat, dann kennt man es auswendig, man weiß jeden Satz, und deshalb liest man es zu schnell. Man beschleunigt, und die Dinge, die eine Menge Mühe gemacht haben und eigentlich ziemlich gut sind, erscheinen auf einmal leichtgewichtig, nichtssagend, selbstevident, so daß einem das ganze Buch wie ein Nichts vorkommt. Das mache ich nicht noch einmal. Wenn ich ein Buch fertig habe, lese ich es nicht selber, sondern gebe es Siri, dann kann sie die Fehler sehen, und wir sprechen darüber. Wenn das Buch gedruckt ist, ein paar Monate später, dann erst bin ich wieder imstande, es zu lesen, aus einer größeren Entfernung. Das Ärgerliche bei der *Musik des Zufalls* war, daß Siri mit unserer Tochter Sophie verreist war. Ich erinnere mich gut daran, daß ich sie anrief und sagte. ‹Es taugt nichts, ich werfe es weg.› Aber ich habe es nicht weggeworfen, und jetzt bin ich froh darüber.»

Long Island,
Besuch bei E. L. Doctorow

Die Long Island Rail Road verläßt die neu hergerichtete und sauber gekehrte Penn Station, taucht im Tunnel unter dem East River hindurch und kommt nach einer langen Weile irgendwo in Queens ans Tageslicht. Der Zug durchquert holpernd und schlingernd die verbrannte Erde der Zivilisation: leere Fabriken mit eingefallenen Dächern, verrostete Gleisanlagen, endlose Gebiete mit ärmlichen Häusern und schmutzigen Straßen, an deren Ecken altersgraue Holzmasten stehen, gebeugt vom Kabelgewirr.

In Huntington wechselt man den Zug, denn ab hier ist die Strecke noch nicht elektrifiziert. Eine altertümliche Diesellok ächzt mit Waggons herbei, die aus einer anderen Zeit zu stammen scheinen. Jeder hat seinen Schaffner. Er steht auf dem Perron, und wenn die nächste Station naht, steckt er seinen Kopf durch die Tür und schmettert mit sichtbarem Genuß ihren Namen.

Sag Harbor, an der Nordküste von Long Island gelegen, ist ein ehemaliges Walfängerdorf. In einem der alten Kapitänshäuser, direkt am freundlichen Wasser der Bucht, wohnt der Schriftsteller E. L. Doctorow. «Als die Walfangindustrie zusammenbrach, wurde aus Sag Harbor ein Arbeiterviertel. Die Immobilienmakler waren nicht daran interessiert, und so sieht es hier immer noch fast so aus wie im 19. Jahrhundert. Vor ein paar Jahren allerdings kamen Leute mit Geld und Geduld und investierten einiges in die Promenade. Jetzt haben wir da ein paar Restaurants und Boutiquen – so was ist wohl unvermeidlich.»

Doctorow, geboren 1931 in der Bronx, Autor von Romanen wie *Das Buch Daniel*, *Sterntaucher*, *Ragtime* und *Billy Bathgate*, hat 1989 in einer Rede vor Studenten gesagt, als Konservative könne man diejenigen Leute definieren, die bereit seien, für die Erhaltung von Prinzipien das Leid anderer Menschen in Kauf zu nehmen. Im Gespräch bekräftigt er diese Ansicht. Die Konservativen hätten es verstanden, ihr eigenes Interesse, das Interesse einer kleinen Gruppe von Reichen, als das Gesamtinteresse auszugeben und den berechtigten Wunsch der Minderheiten, ihre eigene Identität zu finden, als *political correctness* zu brandmarken.

«Die Bereitschaft der Konservativen, ins Abstrakte zu flüchten, nur noch an die fiskalische Verantwortlichkeit zu denken und dabei das Leid der Menschen zu vergessen, erstaunt mich immer wieder. Die Attacke gegen den Liberalismus währt nun schon geraume Zeit, sicherlich die letzten fünfzehn Jahre, und sie ist noch nicht hinreichend analysiert worden. Sie betrifft nicht nur die Sprache in der Politik und die politische Theorie, sie enthält auch eine rassistische Botschaft. All diese Diskussionen über die Sozialfürsorge zum Beispiel sind ständig mit der Behauptung verknüpft, daß die meisten Fürsorgeempfänger Schwarze seien. Was nicht stimmt. So taugt die Debatte vor allem dazu, einen rassistischen Antagonismus zu begründen, und dazu gehört die Attacke gegen die Immigration, dazu gehört, den Immigranten das normale bürgerliche Recht auf Ausbildung und Arbeitslosenversicherung zu verweigern, wie es jetzt in Kalifornien geschehen ist, dazu gehört die höhnische Verachtung dessen, was *political correctness* genannt wird, die aber doch nichts anderes ist als der berechtigte Wunsch der Menschen, selber ihre Identität bestimmen zu können und sie nicht durch andere bestimmt zu sehen. Der zivile Umgang miteinander, der darauf verzichtet, jemandes Rasse oder Sprache zu diskreditieren, wird als politisch korrekt attackiert. In Wahrheit handelt es sich um den Angriff der Rechten gegen die kulturelle Identität, die Minderheiten für sich beanspruchen dürfen, und dieses Recht wird als Partialinteresse bezeichnet. Das ist absurd. Denn unter Partialinteresse versteht man das Interesse einer kleinen Zahl ungeheuer reicher Leute, die ihre spezielle politische Agenda auf Kosten des Landes verfolgen, wie es etwa zu Beginn des Jahrhunderts Standard Oil getrieben hat. Jetzt drehen die Konservativen den Spieß einfach um und erklären Gewerkschaften, die Hunderttausende von Mitgliedern haben, oder Jesse Jacksons *Rainbow Coalition* einfach zum Interesse von Minderheiten, zum Partialinteresse. Diese Umkehrung liberalen Sprachgebrauchs ist meisterhaft, und sie ist pervers. Das wirklich Außerordentliche an der jetzigen Lage aber ist der absolute und allgemeine Verdacht gegen Staat und Regierung, der seit den ersten Tagen der Reagan-Zeit gehegt worden ist.»

Hat dieser Verdacht nicht eine lange Tradition?

«Ja, aber in den dreißiger Jahren, als die Dinge im Land schlecht standen, wurden bestimmte Gesetze verabschiedet, um den Menschen zu helfen, zum Beispiel die Sozialversicherung, die Arbeitslosenversicherung, das Streikrecht, verschiedene Polster, um Leute, die ins Unglück gefallen waren, aufzufangen. All dies basierte auf den Prinzipien des liberalen Föderalismus. Das Ausmaß des ökonomischen Elends heute, nach den Maßnahmen der Roosevelt-Regierung und nach Johnsons *Great Society* in den Sechzigern, ist nicht so groß wie in der Depression der Dreißiger, die durch das Prinzip des Laissez faire entstanden war, das nun von den Republikanern wieder angewendet wird. Aber die Regierung wird kritisiert, wenn sie etwas für die Armen tut. Das ist pervers, selbstdestruktiv. Und diese soziale Mißwahrnehmung wurde durch die Advokaten konservativer Politik und Wirtschaft in den letzten fünfzehn Jahren verursacht. So haben wir die verrückte Situation, daß eine enorme Anzahl von Wählern aus der Mittelschicht und der unteren Mittelschicht dazu gebracht wurde, gegen ihr eigenes Interesse zu stimmen.»

Manche sagen, gegenwärtig seien die durch die Einwanderung verursachten Probleme größer als je zuvor in der Geschichte des Landes. Die *New York Sunday Times* spricht von der Gefahr, daß das Land in zwei Nationen geteilt werde: in die Mittelschicht, die das Landesinnere aufsucht, und in die Immigrationszentren wie New York oder Los Angeles, wo die Weißen in der Minderheit sind und die sozialen Probleme anwachsen.

«Ja, das ist die Schreckensvorstellung, die hinter den konservativen Attacken auf die legalen wie die illegalen Immigranten steht. In Wahrheit aber ist das wirkliche Problem das Interesse der Agrarindustrie an billiger Arbeitskraft, und die findet sie in den illegalen Zuwanderern, die zu schwach sind und zu verängstigt, um gegen die Arbeitsbedingungen und gegen die niedrigen Löhne zu protestieren. Das wirkliche Problem der illegalen Immigration sind die *sweat shops*, die Agrarindustrie und alle jene Unternehmen, die auf unerlaubte Weise versuchen, die Kosten zu senken. Wenn man das Problem korrekt benennt, dann geht es darum, diese Leute daran zu hindern, Illegale zu beschäftigen, und wenn es keine Jobs mehr für die Illegalen gibt, dann hört auch die illegale Immigration auf. Aber das ist nur ein Nebenaspekt. Das eigentliche Thema ist, daß, historisch betrachtet, die ungeheuren Immigrantenströme in der Vergangenheit immer von der Gastkultur integriert worden sind, und das geschah erstens und vor allem dank der amerikanischen, der unitarischen Ideale, die immer noch Gültigkeit haben. Zweitens durch ein System öffentlicher Bildung und Erziehung, das noch bis vor kurzem ziemlich effektiv war, derart, daß die Einwanderer innerhalb einer Generation assimiliert waren, die ethischen Prinzipien und Überzeugungen der Gastkultur angenommen hatten und nichts anderes wollten, als deren Teil zu sein. Es gibt keinen Beweis dafür, daß dieser Impuls nicht mehr existiert. Es hat in diesem Land immer

66

starke nativistische und rassistische Kräfte gegeben, die sich vor den Fremden gefürchtet haben, aber über die Generationen und Jahrzehnte hinweg haben sich solche Befürchtungen immer als gegenstandslos erwiesen. Das Problem jedoch, warum viele die Innenstädte verlassen und in andere Staaten umziehen – eine unleugbare Tatsache –, berührt eine andere Frage: Was passiert in den Städten? Ist es bloß das fremde Gesicht oder die fremde Sprache, die Unwohlsein erzeugen? Nein, das wird in Verbindung gebracht mit Kriminalität und Aggression gegen die traditionellen amerikanischen Werte. Unzweifelhaft gibt es Verbrechen in den Innenstädten, aber ebenso unzweifelhaft wäre es besser, nicht noch mehr Gefängnisse zu bauen und noch mehr Polizisten einzustellen, wie die übliche Antwort lautet, sondern etwas gegen die Ursachen der Kriminalität zu tun. Ich gebe Ihnen hier die klassische liberale Antwort: Verbrechensbekämpfung muß bei den Wurzeln beginnen. Für einen Teenager, der den amerikanischen Traum träumt, isoliert lebt und keine Chancen hat, der von der Polizei oftmals brutal behandelt wird, gibt es keinen anderen Weg zum Erfolg, als Drogen zu verkaufen. Also muß man diesen Menschen den traditionellen Zugang zum Erfolg offenhalten, und das ist Ausbildung, ist ein Job. Wir hatten die Flucht von den Innenstädten in die Vororte, und nun haben wir sie von den Vororten in andere Staaten, nichts daran ist neu. Unglücklicherweise haben wir Politiker, die die schlimmsten Ängste der Menschen nähren, um Macht zu gewinnen.»

Was hat sich geändert: die Lage oder die Politiker?

«Das politische Geschäft, die politische Persönlichkeit hat sich geändert. Wir hatten die Tradition des Amateur-Politikers, der, wenn ihm etwas nicht paßte, wenn er gegen etwas Protest erheben wollte, zurücktrat. In anderen Demokratien gibt es das noch ab und zu, hier nicht. Denn Politik ist ein Beruf, ein sehr korrupter, und die Politiker müssen herumlaufen und um Geld betteln, und wer das meiste Geld hat, hat den meisten Einfluß auf Politiker. Sobald ein Politiker im Amt ist, muß er den Reichen dienen, wenn er dort bleiben will, und das muß er, weil er nichts anderes gelernt hat und eine andere Karriere ihm nicht offensteht.»

Aber war das nicht immer so?

«Es hat sich geändert, weil sich Professionalismus und Spezialistentum auf allen Gebieten breitmachen, also auch in der Politik. Obwohl man für die Politik nicht allzu große Kenntnisse braucht. Ein Politiker lernt schnell, daß es viel leichter ist, an die Ängste, Animositäten und Haßgefühle, die wir alle haben, zu appellieren als an unsere besseren Eigenschaften und an unsere Fähigkeit zur Vernunft, daß es für ihn besser ist, wenn er auf unsere unmittelbaren Bedürfnisse setzt als auf unsere Geduld. Deshalb ist die Rechte bei den Wahlen immer im Vorteil, sie muß nicht viel tun, um uns zu gewinnen, während immer ein paar gedankliche Schritte nötig sind, um die liberalen Schlußfolgerungen nachvollziehen zu können. Wenn es wirtschaftlich bergab geht, beginnt jeder jeden zu hassen und findet die Wurzel der Probleme in seinem Nachbarn. Und dieser Mechanismus wird von den politischen Profis bedient, die an der Macht bleiben wollen. Newt Gingrich spricht jetzt von der republikanischen Revolution. Man kann das nur eine Revolution nennen, wenn man nie etwas von Herbert Hoover oder Calvin Coolidge gehört hat und wenn man vergißt, wie Roosevelt die politischen und wirtschaftlichen Dinge organisiert hat. Diese Leute wollen zurück zu eben den Prinzipien, die uns die größten Schwierigkeiten bereitet haben. Kein Roosevelt und kein *New Deal* wäre nötig gewesen, hätte der Laissez-faire-Kapitalismus funktioniert. Er hat aber nicht, er war ein Desaster. Manchmal glaube ich, daß es über diese einzelnen Aspekte hinaus eine nationale, vielleicht sogar internationale Strömung des Denkens und Empfindens gibt. Es ist so ähnlich, als würde man einen Schwarm von Fischen sehen, der in eine Richtung schwimmt, und ganz plötzlich schwimmt er in eine andere Richtung, ohne daß man den Punkt bemerkt hätte, an dem der Schwarm kehrtgemacht hat. Oder vielleicht ist es so, daß der ganze Planet von einem geistigen Virus heimgesucht wird, wie

68

von einer Grippe, so daß plötzlich jedes Land für die Konservativen stimmt.»

Hängt das nicht auch mit dem Ende des Sozialismus zusammen?

«Natürlich war die Sowjetunion kein sozialistisches Land, sie war eine totalitäre Diktatur, die den Sozialismus als Tarnung mißbraucht hat. Das ist alles. Die Schlüsselfrage lautet: Kann der Staat so organisiert sein, daß er das größtmögliche Glück der größtmöglichen Zahl garantiert, ohne daß er zugleich despotisch wird? Kann es also einen demokratischen Sozialismus geben? Tatsache ist, daß es in diesem Land eine große Tradition der politischen Aufklärung gibt und der Partizipation möglichst vieler am gesellschaftlichen Prozeß. Aber die konservative Politik führt zu einer generellen Entmutigung dieses Idealismus.»

Das klingt sehr pessimistisch. Ist er das?

«Nein, bin ich nicht. Sehen Sie, es ist etwas merkwürdig für mich, über solche Dinge zu reden. Jedesmal, wenn ich in eine politische Diskussion gezogen werde, werde ich nervös, denn ich sehe mich plötzlich dieselben Ausdrücke verwenden, die jedermann verwendet. Ich spreche plötzlich in der öffentlichen Diktion, was mir wirklich nicht gefällt. Jüngst hatte ich mit dem Fall des schwarzen Journalisten Abu-Jamal zu tun. Ich habe darüber im Juli in der *New York Times* ein Stück geschrieben, in dem ich ganz ruhig darauf hingewiesen habe, wie dubios die Beweislage im ersten Verfahren gewesen ist. Er sollte hingerichtet werden, aber jetzt hat der Gouverneur gesagt, er will die Hinrichtung aussetzen, bis der Rechtsweg ausgeschöpft ist. Das ist insofern von Bedeutung, als die Todesstrafe in vielen Staaten wieder praktiziert wird. Das ist ein schrecklicher Fehler. Sich um einen solchen Fall individuellen Unrechts zu kümmern ist nicht schwer, es ist sogar die einfachste Sache der Welt, aber ich sehe darin nicht in erster Linie meine Lebensaufgabe. Wenn Sie mich fragen: Was soll der Künstler tun?, so weiß ich keine Antwort. Ich reagiere auf die Dinge sehr subjektiv und persönlich. Ich habe keine Prinzipien, die mich veranlassen könnten, andere Autoren zu belehren, das wäre unsinnig.»

Doctorow beschäftigt sich in seinen Büchern, mehr als andere, mit politischen und historischen Dingen. Fühlt er sich isoliert, gibt es eine Gemeinschaft der Intellektuellen?

«Es gibt eine Gemeinschaft, die sich um den amerikanischen PEN schart. Die meisten der in diesem Land bekannten Schriftsteller haben zum Beispiel gegen das Todesurteil gegen Salman Rushdie protestiert. Aber wenn es um nationale Dinge geht, sind die Schriftsteller gespalten. Es gibt Liberale, es gibt Konservative, und auch solche, die sich um Politisches kaum kümmern. Während des Vietnamkriegs hat der überwiegende Teil der literarischen Öffentlichkeit ausdrücklich dagegen opponiert. Ich nehme an, das Ausmaß des politischen Engagements wächst und schwindet mit der Wahrnehmung der Krise.»

Haben die Schriftsteller ein Krisengefühl?

«Wahrscheinlich noch nicht, weil die Maßnahmen der Republikaner noch keine Wirkung gezeitigt haben. Ich glaube, wenn dieser Augenblick kommt, wenn die Gesellschaft die Folgen spürt, die katastrophal sein werden, katastrophal für die Umwelt, die Wirtschaft und eine wachsende Zahl armer Menschen, dann wird es ein größeres Engagement geben.»

Doctorow gilt als linker Schriftsteller. Stimmt das?

«Ich weiß nicht, was das bedeutet. Das sind nutzlose Begriffe. Manche Leute mögen es, anderen solche Etiketten anzuheften. Seitdem es Literatur gibt, gibt es den Versuch, sie auf etwas Leichtes zu reduzieren. Aber das Wesen der Literatur ist die Vieldeutigkeit, und das verstört viele, und daher diese Verkleinerungs- und Erleichterungsversuche. Ich lehne jeden Versuch ab, vor das Wort Schriftsteller ein Adjektiv zu setzen, also ‹historisch› oder ‹links› oder was immer.»

Und was wäre mit «amerikanischer Schriftsteller»?

«Ich bin Amerikaner, in diesem Sinne ja.»

Betrifft das nur die Sprache oder mehr?

«Sprache ist Kultur, die Kultur ist durch die Sprache verkörpert, und der Schriftsteller lebt in der Sprache. Wenn man ein Buch schreibt, lebt man in den Sätzen, man unternimmt Reisen durch die Sprache, die Sprache ist die Umwelt. Also kann man nicht fragen: Ist es nur die Sprache? Das kann nicht sein, weil die Sprache alles ist. Es gibt Schriftsteller, die als wesentlich amerikanisch gelten, etwa Mark Twain, Melville, Poe oder Emerson, aber das ist der Blick von heute. Erst viel später hat man gesehen, daß sie etwas Exemplarisches verkörpern, von dem wir glauben, es gehöre zur nationalen Identität. Aber wenn man ihr Werk betrachtet, so ist es sehr, sehr dunkel. Daran ist nichts Liebenswürdig-Optimistisches. Hemingway hat gesagt, die amerikanische Literatur beginne mit *Huckleberry Finn*, aber das stimmt nicht, es sei denn, man guckt auf die Beziehung zwischen *Huckleberry Finn* und den finsteren Kurzgeschichten von Poe, auf diese Verzweiflung bei Poe, die man auch bei Twain findet, unserem lustigsten und komischsten Schriftsteller. Das, was man an einem Schriftsteller amerikanisch findet, stellt sich oft erst in späteren Generationen heraus, sobald dieser Schriftsteller jene Identität erst eigentlich geschaffen hat, von der wir geglaubt hatten, er sei nur ein Beispiel dafür. Und sehr oft schließt unsere Wahrnehmung davon zugleich eine Reduktion dessen ein, was das Werk eigentlich bedeutet. Ist Henry James ein amerikanischer Schriftsteller? Er hatte nie ein größeres nationales Echo. Wie amerikanisch ist er? Ich weiß es nicht.»

Emerson sagte: Amerika ist das Land der Zukunft. Ist das die amerikanische Utopie?

«Aber er hat auch pantheistische Ideale vertreten, und als Unitarier hat er sich von der herrschendenen religiösen Praxis abgesetzt. In diesem Sinn ist er unamerikanisch. Überhaupt, das ist es: Die größten amerikanischen Schriftsteller waren unamerikanisch. Sie sind keine Optimisten, keine religiösen Traditionalisten, keine großen Demokraten. James war kein Demokrat, Poe haßte die Demokratie, er traute ihr nicht. Die Expansion in den Westen ging los, das Land boomte, und das einzige, dem er trauen konnte, war er selber. Was einen Schriftsteller wahrscheinlich groß macht, ist die Ausnahme, die er vom Durchschnitt darstellt. Wir hatten diesen wunderbaren Maler Norman Rockwell, der all diese süßen Bilder des amerikanischen Alltags gemalt hat, er gab uns das, was wir uns wünschten. In Wahrheit aber tun die großen Künstler etwas anderes, sie geben uns nicht das, was wir uns wünschen. Zu der Zeit, als er malte, geschahen außerordentliche Dinge in der Welt der Kunst, an denen er keinen Anteil hatte. So glaube ich also, daß die Frage nach der amerikanischen Literatur sehr komplex ist. Dieses Land existiert noch nicht sehr lange. Es liegt immer wieder im Streit mit sich selber, was es eigentlich sein soll. Der erste große amerikanische Schriftsteller, der nicht aus der angelsächsischen Tradition stammte, war Theodore Dreiser, der aus einer armen Familie deutscher Immigranten kam. Sein Vater war Eisenbahnarbeiter und Nachtwächter, und im Winter sammelten die Kinder an den Bahndämmen Kohlenstücke auf, damit sie etwas zum Heizen hätten. Dreiser stand nicht in der Tradition der großen aufgeklärten Neu-England-Literatur wie Emerson oder Beecher-Stowe. Er veröffentlichte zuerst 1899, das war, literaturgeschichtlich gesehen, gestern.»

Wenn er an den Unterschied zwischen Arm und Reich denkt oder der politischen Rechten überdrüssig ist – was könnte der Beitrag der Literatur in dieser Situation sein?

«Ich weiß das nicht.»

Er versucht, seine Bücher auch für einfache Leute lesbar zu machen.

«Ja, das ist wahr. Aber ich habe kein ästhetisches Manifest. Das einzige, was für mich von Bedeutung ist, ist die Frage: Funktioniert das Buch? Und wenn es dadurch funktioniert, daß es einfach und zugänglich ist wie vielleicht *Ragtime*, dann bin ich zufrieden. Aber schon den nächsten Roman *Sterntaucher* konnte ich nicht anders hinkriegen als so, wie er ist: ziemlich schwierig zu lesen. Natürlich möchte man, daß möglichst viele Menschen das Buch lesen, aber ich kann deswegen keine Konzessionen machen, keine Kompromisse eingehen. Ein Buch beginnt für mich immer mit den kleinsten Dingen, mit einem Bild, einem Musikstück, mit etwas, was ich auf der Straße sehe, mit dem Klang von Worten, einem Satz, und ich gehe der Frage nach: Warum berührt mich das? Was bedeutet es? Manchmal wird ein Buch daraus, viel öfter nicht. Der Anlaß für *Sterntaucher* (im Original *Loon Lake*) war ein Straßenschild, und die beiden Wörter kamen mir sehr musikalisch vor. Es gibt viele Loon Lakes, ungefähr sechzehn. Ich sah die beiden Wörter, und ein Buch beginnt immer mit einem sehr privaten Entzükken. Man trifft keine förmliche Entscheidung, ein Buch zu schreiben, man hat keine größeren Absichten, jedenfalls ich nicht. Ich habe keinen Plan, keine Gliederung, ich beabsichtige nicht, etwas auszuführen, was ich im voraus weiß, ich höre nur eine Musik. Das Buch hat seine eigene Stimme und seine eigene Art des Seins, und wenn man das nicht respektiert, die Integrität dieses Prozesses mißachtet, dann hat das Werk überhaupt keinen Wert. Wenn jemand sagt, du bist ein politischer oder ein linker Schriftsteller, dann ist das weitab von der Wahrheit und von der Realität meines Schreibens. Marcel Duchamp hat einmal für eine Weile aufgehört zu malen, und als er gefragt wurde, weshalb, sagte er: Ich fand, zuviel davon hat gepaßt. Das Malen paßte zu sehr in das, was er schon wußte, und in diese Lage, Bekanntes nur auszufüllen, möchte kein Künstler geraten, weil dann sein Werk tot wäre, flach. Man vertraut dem Buch alles an, was man im Kopf und im Herzen hat.»

Offenbar hat Doctorow auch ein politisches Herz.

«Diese Dinge kommen organisch durch die Arbeit, ich füge sie nicht hinzu. In der Hauptsache handelt es sich um den Gedanken der Gerechtigkeit, und der ist nicht politisch, sondern biblisch. Du sollst nicht stehlen, du sollst nicht töten – das sind essentielle ethische Prinzipien.»

Religiöse Prinzipien?

«Vielleicht gibt es eine christliche Grundlage, aber schließlich haben alle großen Religionen dieselben ethischen Prinzipien, und das ist ermutigend. Das Wertvollste an Religion ist für mich nicht, daß sie Visionen vom Jenseits hat, sondern daß sie sich mit unserem Leben hier auf der Erde befaßt. Leben nach dem Tod ist eine soziale Phantasie. Der Wert von Religion besteht darin, daß sie uns sagt, wie wir hier leben sollen. Wer Freiheit für sich selber will, muß sie auch anderen gewähren. Freiheit ist nicht teilbar, und eine Gesellschaft ist unfrei, wenn nur diejenigen, die Zeitungen lesen, sich ausdrücken können. Das ist alles sehr einfach, und vielleicht ist auch der Wunsch nach Gerechtigkeit einfältig, und der Optimismus, daß sie in immer höherem Maß für immer mehr Menschen erreicht werden könnte, ist verrückt. Aber was wäre die Alternative? Die wäre so kümmerlich und traurig, daß sie nicht einmal den Anspruch erheben könnte, moralische Qualität zu haben. Dann kehren wir zurück zu den Gewehren und den Muskeln.»

Was denkt er über die religiöse Praxis in Amerika?

«Ich achte den religiösen Impuls und das Bedürfnis nach dem Heiligen, nach dem Ritual, ich achte das sehr, aber zugleich spüre ich, daß diese Wünsche am stärksten sind, wenn das Leid am größten ist. Man kann nicht in eine schwarze Kirche dieses Landes gehen, ohne durch die Zeremonien zu Tränen gerührt zu werden, durch die Demut, die Leidenschaft, durch die Art des Betens und Singens. Drinnen vielleicht alle in untergeordneten Jobs und draußen der Ku Klux Klan, der die Schwarzen lynchen möchte. Da versteht man, daß die Intensität des Glaubens in direktem Verhältnis zur Intensität des Elends steht, und man kann derlei nicht verspotten, weil es sehr wichtig für den Zusammenhalt der Gemeinschaft ist. Aber ich weiß auch, daß, wenn ein gewisser Grad an sozialer Gerechtigkeit erreicht ist, die religiöse Intensität sinkt, ruhiger wird, mehr verinnerlicht wird. Wahrscheinlich bin ich ein Deist. Das Übernatürliche hat nichts mit Dogmen, Kirche, Ritual zu tun, sondern mit dem, was den menschlichen Genius ausmacht oder mit dem, was uns die Schönheit eines Berges oder eines Ozeans erkennen läßt. Es ist eine Art pantheistischer Idee. In meinem Roman *Wasserwerk* fragt jemand den Wissenschaftler Dr. Sartorius: Sie glauben nicht an Gott?, und er sagt: Nicht als einen jetzt zusammengesetzten Gott, und das verneint nicht den Glauben an Gott, wohl aber die Arroganz des förmlichen religiösen Ausdrucks, der ein Wort für Gott hat und weiß, wer Gott ist. Das ist eine Form der Pietätlosigkeit. Diejenigen, die Gott vertreten und die wissen, was er will, sind für mich die gottlosesten von uns allen.» Dr. Sartorius erinnert an den KZ-Arzt Mengele.

«Natürlich, aber ich wußte das nicht, als ich das Buch schrieb. Wenn man im Buch drin ist, dann denkt man nicht an die Außenperspektive, also nicht: Was bedeutet es? Was für ein Symbol ist es? Auf was spiele ich hier an? An so etwas denkt man nicht, sondern nur: hier ist der Doktor und diese Szene und dieses Wetter, man lebt in dem Buch. Wenn das Buch fertig ist, erst dann wird man zum Leser und merkt die Bezüge. Das gilt auch für Geschichte. Wenn man über die Vergangenheit schreibt, schreibt man über die Gegenwart. Deshalb muß sich jede Generation die eigene Geschichte schreiben, weil sie für die Gegenwart sprechen muß. Es genügt nicht, daß jemand 1910 ein Buch über die amerikanische Revolution geschrieben hat, man muß es heute noch einmal schreiben. Ich habe gerade für die *Nation* einen Aufsatz geschrieben – kennen Sie die Zeitschrift?»

Ja, ich habe gehört, er zähle zu den Herausgebern.

«Es ist irrtümlich geschrieben worden, ich hätte mich daran finanziell beteiligt, aber das stimmt nicht. Ich habe über lange Jahre dort publiziert, vor allem aus Freundschaft zum Herausgeber. Der Aufsatz geht über die Atombombe und reagiert auf eine ganze Reihe von Büchern über dieses Thema. Ich merke, daß Dr. Sartorius eine Wissenschaft repräsentiert, in der der moralische Imperativ von der wissenschaftlichen Neugier überwältigt wird. Und solche Leute haben die Bombe erfunden, es war aufregend und stimulierend, und als es getan war, sagten sie: O Gott, was haben wir gemacht? Sie merkten, daß sie mit all den Formeln unbewußt eine Tafel beschrieben hatten, ihren Namen unter einen faustischen Vertrag gesetzt hatten. Generell glaube ich, daß ein gut Teil der wissenschaftlichen Intelligenz durch Regierungsaufträge kompromittiert ist. Vor allem nach dem Krieg hat sich die wissenschaftliche Gemeinschaft auf Regierungsgeld gestürzt. Tatsache ist, daß wir wahrscheinlich die Atombombe nicht gebaut hätten, wenn wir nicht angenommen hätten, Hitler tue dasselbe. Die amerikanische Bombe entstand aus Furcht vor der deutschen. Und die Wasserstoffbombe war unsere Antwort auf Stalin. Dafür haben wir eine größere Verantwortung als für die Atombombe, denn der Kalte Krieg war ebenso unsere Erfindung wie die der Sowjets, vielleicht sogar mehr.»

Er hat einmal gesagt: Die Amerikaner hätten eine Schwäche für die Vorstellung, daß das Individuum sich seine eigenen Regeln schaffe und frei sei von ethischen Fesseln.

«Daher kommt sicherlich auch unsere Bewunderung für Verbrecher – das Thema von *Billy Bathgate*. Wir sind fasziniert von der Anarchie des Gangstertums, das keinerlei Autorität anerkennt. Daher auch unsere Begeisterung für die Eroberer des Westens. Gerade die Leute, die rechtzeitig ihre Rechnungen und Strafmandate bezahlen und nur bei Grün über die Straße gehen, bewundern die sorglose, schrankenlose Selbstverwirklichung. Das spielte auch im *Sterntaucher* eine Rolle, Bennett ist so einer, der die völlige persönliche Freiheit dank seines Reichtums und seiner Fähigkeiten auslebt – bis hin zu dem Punkt, daß er die Wildnis als seinen Garten betrachtet.»

Seine Familie lebte immer in Städten.

«Ja, meine Großeltern kamen zwischen 1870 und 1880 aus Rußland nach New York, wo ich aufgewachsen bin.»

New York ist sicherlich die interessanteste Stadt, aber mir wurde gesagt, daß sie eigentlich keine Verbindung zum übrigen Land hat. Man weiß wenig voneinander.

«Das traf sicherlich für die zwanziger Jahre zu. Als damals junge Männer wie Hemingway oder Fitzgerald im Mittelwesten aufwuchsen, gingen sie nach New York. Der Provinzialismus in weiten Teilen des Landes war so groß, daß sie gezwungen waren wegzugehen, nach New York eben oder nach Europa. Aber der Zweite Weltkrieg hatte eine ungeheure Wirkung auf sehr viele Männer, die überallhin ausgeschickt worden waren, um zu kämpfen, und als sie zurückkehrten, waren sie andere. Der Weltkrieg hat eine Menge dazu beigetragen, Amerika zu entprovinzialisieren. Es kamen die großen europäischen Immigranten hierher, die großen Interpreten, Komponisten, Schriftsteller, und sie hatten eine enorme Wirkung auf die amerikanische Kultur. Das geschah nicht nur in New York, auch in Los Angeles, wohin die Schauspieler und die Regisseure gingen. Zum andern hat sich der Regionalismus abgeschwächt, was eigentlich traurig ist, denn das, was oft als Provinzialismus bezeichnet wird, hatte eine sehr spezifische Qualität, war regionale Kultur und daher wertvoll. Das ist durch das Radio, durch das Fernsehen und die Massenmedien zerstört worden. Nur noch wenige Ecken des Landes haben diese kulturelle Integrität bewahrt, sei es durch ihre Isolation wie in den Appalachen oder durch ihre Religion wie die Amish People. Was auch immer New York sein mag, kosmopolitisch, glanzvoll, modisch – das hat sich über das ganze Land verbreitet. Die Leute hatten Geld und die Möglichkeit, nach New York zu reisen und das Broadway-Theater zu sehen und dann anderswo ähnliche Theater zu errichten. Der kulturelle Graben zwischen New York und dem Rest des Landes existiert nicht mehr. Auch in anderen Städten, ob in Atlanta, Seattle, Portland oder Minneapolis, findet man sehr gute Museen, Theater und Universitäten mit literarischen Lesungen.»

Daniel Bell hat einen Essay geschrieben über das Ende der amerikanischen «Außergewöhnlichkeit». Der Traum von der Stadt auf dem Hügel, sagt er, sei zu Ende, dieses Land sei ein Land wie andere. Hat er recht?

«Es gehört zur Logik der konservativen politischen Philosophie, daß wir dem Wettbewerb standhalten müssen. Wir können es uns nicht leisten, einem Arbeiter 15 Dollar die Stunde zu bezahlen, wenn gleichzeitig in Japan oder Indonesien 60 Cents bezahlt werden. Daran mag etwas Wahres sein. Wir hatten in diesem Land für mehr als hundert Jahre die totale Herrschaft über den eigenen Markt. Das machte uns ökonomisch so stark, daß wir jedem anderen Land überlegen waren. Seit dem Weltkrieg, seit dem Erstarken von Japan und Europa haben wir dieses Monopol nicht mehr, und unser Lebensstandard beginnt zu sinken. Das fing in den siebziger Jahren an, als Daniel Bell seinen Essay schrieb. Diese Art des *exceptionalism* ist vorbei, und da stimme ich Bell zu. Wir sind in gewisser Weise europäisiert worden. Es kommt hinzu, daß der unerschöpfliche Raum allmählich erschöpft ist, und die Bevölkerung wächst. Und trotzdem gibt es einen Unterschied. Dieses Land ist auf ein Stück Papier gebaut, auf die Verfassung der Vereinigten Staaten. Tausende von Jahren gesellschaftlicher Organisation haben es nicht vermocht, die Demokratie zu etablieren – hier wurde sie mit einem Federstrich geschaffen. Alle unsere politischen Kämpfe geschehen im Rahmen der Verfassung und mit jedermanns Blick darauf, wie sie zu verstehen sei – insofern hat Daniel Bell unrecht. Es ist unsere Natur, immer hinter dem zurückzubleiben, was wir eigentlich zu sein hätten, aber ich glaube, wir wissen das, und das macht uns außergewöhnlich.»

Die Amerikaner gelten als pragmatisch, aber manchmal scheinen sie das überhaupt nicht zu sein.

«Wir lösen unsere Probleme technokratisch. Wenn ein Polizist erschossen wird, lautet die Antwort: kugelsichere Westen. Wenn die Verbrechen zunehmen, baut man mehr Gefängnisse. Wir halten nach praktischen Lösungen Ausschau, aber es sind keine Lösungen. Dennoch glaube ich, daß der amerikanische Traum immer noch lebendig ist.»

Doctorow, der mit seiner tiefen, nasalen Stimme langsam, aber zügig und fast druckreif gesprochen hatte, machte eine Pause. Ihm schien unbehaglich zumute. Jetzt sagte er:

«Sie geben mir Anlaß, geschwollen zu reden. Ich weiß nicht mehr darüber als andere. Ich habe keine besonderen Kenntnisse.

78

Ich bin nicht einmal ein guter Beobachter des Landes. Ich bin nicht der Schriftsteller, der in einen Raum mit mehreren Menschen kommt und sofort aus ihrer Kleidung, ihrem Haarschnitt und ihrem Benehmen zu schließen weiß, welchen gesellschaftlichen Status sie haben und wer mit wem schläft. Ich bin kein Beobachter der sozialen Wirklichkeit, ich lebe zu sehr für mich. Sie fragen mich diese großen Fragen, als ob ich in der Position wäre, darauf mit Autorität zu antworten.»

Upper East Side, Besuch bei Joan Didion

Mit Joan Didion wollte ich unbedingt sprechen. Ich kannte ihre Essays über die Macht der Filmindustrie, über das kalifornische Leben mit dem Erdbeben, über Geschichte und Bedeutung der *Los Angeles Times*, über eine Vergewaltigung im Central Park, über die Verquickung von Großgrundbesitz, Wasserwirtschaft und Politik in Kalifornien, und ich bewunderte diese Essays, weil sie Politik und Kultur, Ökonomie und Mentalitätsgeschichte miteinander verschränken, aus der Nahaufnahme folgerichtig in die historische Perspektive schwenken, aus dem individuellen Porträt und dem persönlichen Gespräch die politische Analyse ableiten, und weil sie von einer Person geschrieben sind, die ebenso unerschrocken-scharfzüngig wie unsentimental-lakonisch erscheint.

Joan Didion, 1934 in Sacramento geboren, studierte in Berkeley, ging nach New York zur Zeitschrift *Vogue*, heiratete den Schriftsteller John Gregory Dunne, mit dem zusammen sie einige Drehbücher verfaßte, und zog nach Los Angeles. Sie lebt heute halb dort, halb in New York.

Mit Joan Didion zu sprechen war nicht so einfach. Immerhin

hatte ich, was bei amerikanischen Autoren dieser Bekanntheit ungewöhnlich ist, ihre Telefon- und Fax-Nummer in Erfahrung bringen können. Also faxte ich ihr einen Brief, in dem ich mich vorstellte, um ein Gespräch bat und die Thematik erläuterte. Daß keine Antwort kam, beunruhigte mich nicht. Als ich einige Zeit später im Begriff war, nach New York aufzubrechen, rief ich sie an. Sie war gleich am Apparat, ich verwies auf mein Fax. Sie entgegnete, und ihre Stimme klang müde und leise, sie erhalte derart viele Faxe, daß sie sich nicht erinnern könne. Ich wiederholte, was im Brief gestanden hatte. Sie antwortete, sie habe keine Zeit, sei überarbeitet, sitze mitten in einem neuen Roman. Ich solle sie anrufen, wenn ich in New York sei, vielleicht ergebe sich eine Chance. Das tat ich dann. Ich hatte wenig Zeit, da ich für den übernächsten Tag den Rückflug gebucht hatte, und sagte ihr, es müsse morgen sein, andernfalls gehe es nicht. Wieder wirkte sie müde, erschöpft. Sie werde mich im Hotel zurückrufen, zwischen zehn und elf. Ich bedankte mich, rechnete keineswegs mit einem Rückruf, da solche Rede eine probate Form der Absage ist, richtete es aber so ein, zur gegebenen Zeit auf meinem Zimmer zu sein. Sie rief an, bestellte mich auf drei Uhr nachmittags. Zeit: eine Stunde. Adresse: East 71st Street.

Der vermutlich aus den dreißiger Jahren stammende, etwa zwölfgeschossige Wohnblock an der Ecke Madison Avenue hatte am Eingang einen Baldachin und einen schwarzen Türwächter, der mich telefonisch anmeldete. Ein Liftboy, ebenfalls schwarz, brachte mich nach oben. Die Tür öffnete sich auf einen kleinen, mit Teppich, Spiegel und Blumen geschmückten Flur, an dessen rechter und linker Seite sich Wohnungseingänge befanden. Der rechte öffnete sich, Joan Didion gab mir stumm die Hand, der Liftboy verschwand, sie geleitete mich in die Küche, wo sie mich am großen runden Tisch Platz zu nehmen bat, während sie sich eine Weile an der Vorbereitung des Thanksgiving-Dinners zu schaffen machte, das erst morgen, wie sie erläuterte, stattfinden würde, also zwei Tage nach dem Feiertag, da die Familienmitglieder vorher keine Zeit gehabt hätten. Die Küche war überaus geräumig, hatte zwei Spülbecken, einen Herd mit sechs Kochstellen, einen gewaltigen zweiflügeligen Kühlschrank, die hellen Fenster gingen offenbar auf die einundsiebzigste Straße hinaus.

Joan Didion, eine zarte, blasse, spitznasige Erscheinung mit aschblondem Bubikopf, trug einen langen, weiten Rock, darüber einen langen, weiten Pullover. Sie trocknete sich die Hände ab, nahm mir gegenüber Platz, räumte verschiedene Zeitungen und Zeitschriften beiseite (darunter die *New York Times* und die *New York Review of Books*) und blickte mich mit leicht zusammengekniffenen Augen stumm an. Das Interview konnte beginnen. Es war, mit einem Wort, fürchterlich. Jedenfalls empfand ich es so. Nichts liebt ein Journalist mehr als Gesprächspartner, die auf wohlformulierte Fragen mit einer längeren Pause reagieren und dann mit «Ja» oder «Nein» antworten. Joan Didion flüsterte, murmelte, stockte, und immer mehr beschlich mich das unbehagliche Gefühl, unsere mühsame Unterhaltung könnte in jedem Augenblick verstummen. Zugleich war ich nahezu sicher, daß keine ihrer kaum verständlichen Antworten vom Tonband korrekt aufgezeichnet würde.

Auf meine Frage nach dem Verhältnis amerikanischer Schriftsteller zur Politik antwortete Joan Didion:

«Ich glaube nicht, daß die Schriftsteller in Amerika jemals eine nähere Beziehung zum öffentlichen Leben gehabt haben. Vielleicht gab es das im 19. Jahrhundert, sicherlich ist Henry Adams ein Beispiel. In unserem Jahrhundert ist Gore Vidal eine solche Ausnahme, er hat ja sogar in Kalifornien für den Senat kandidiert, hat sich auch um einen Sitz im Kongreß bemüht, ohne Erfolg allerdings. Aber ansonsten sehe ich da nichts.»

Die berühmten New Yorker Intellektuellen in den Dreißigern – waren sie nicht eine Ausnahme?

«Gut, im intellektuellen Leben des Landes haben sie eine gewisse Rolle gespielt, aber ich denke nicht, daß sie irgend etwas in der politischen Öffentlichkeit bewirkt haben. Vor allem scheint mir, daß sie mit dem wirklichen politischen Leben überhaupt keine Verbindung hatten. Es gab endlose persönliche Dramen und wilde Debatten, ob jemand trotzkistisch, stalinistisch oder sonstwas sei, aber es hatte mit der Wirklichkeit des Landes nichts zu tun. Das war ja auch nur eine kleine Gruppe, das war urbanes Leben, das war New York.»

Gab es nicht in den Sechzigern eine Koalition zwischen den politischen Liberalen, den Linken und den Intellektuellen?

«Das glaube ich nicht. Es gab im Weißen Haus eine gewisse Wahrnehmung der kulturellen Szene, aber mehr auch nicht.»

Aber hat sich nicht das Land danach geändert?

«Wieso?»

Ich denke an an die Tatsache, daß es nun eine multikulturelle Gesellschaft gibt.

«Der Multikulturalismus verdankt sich dem Erfolg – oder dem Mißerfolg – unserer Einwanderungspolitik. Die Tatsache, daß Amerika ein multikulturelles Land ist, hat überhaupt nichts mit den Intellektuellen oder mit dem intellektuellen Leben zu tun, sondern lediglich mit simplen materiellen Tatsachen.»

Sie glaubt also nicht, daß sich das Land geändert hat?

«Ich glaube, daß gerade jetzt jedermann in den Vereinigten Staaten ein tiefes Unbehagen verspürt, wenn er darüber nachdenkt, welche Mission das Land zu erfüllen hat. Die meisten von uns sind mit dem nicht weiter hinterfragten Gefühl aufgewachsen, daß die Vereinigten Staaten eine führende Rolle bei allem, was passieren würde, zu spielen hätten. Das Gefühl ist zweifelhaft geworden. Noch in den Fünfzigern und den Sechzigern gab es die Vorstellung, wir hätten eine manifeste, ein gottgegebene Bestimmung, dann gab es einen Kater, und jetzt sind wir alle völlig ratlos, was als nächstes zu geschehen hat. Die einfachsten Dinge sind unklar. Wo ist die Geschichte? Niemand weiß, wo sie ist.»

Was bedeutet das für sie als Schriftstellerin?

«Ich versuche, es überhaupt nichts bedeuten zu lassen. Ich muß nämlich meinen Roman fertigkriegen. Ich will darüber nicht nachdenken. Als ich meinen ersten Roman schrieb, traf ich einen Bekannten und sagte: ‹Ich schreibe gerade einen Roman›, und der Bekannte sagte: ‹Das ist genau das, was die Welt braucht: noch einen Roman.› Das stimmt, wissen Sie. Die Welt braucht nicht noch einen Roman. Wenn man einen schreiben muß, kommt man über dieses Gefühl hinweg. Sobald man zu fragen anfängt, ob die Welt noch einen Roman braucht, kommt man zu der Antwort, daß sie keinen braucht. Also unterlasse ich die Frage. Ich glaube, daß sich jeder Schriftsteller in sein Werk vergraben muß, um die Zweifel, ob es überhaupt nötig ist, nicht an sich herankommen zu lassen.»

Abgesehen davon, daß sie einen Roman schreibt: Sie ist auch eine intellektuelle Person, die an der politischen und intellektuellen Debatte teilnimmt.

«In meinem Privatleben tue ich das in geringerem Ausmaß, als wenn ich schreibe. Wenn ich mich dazu entschließe, über ein bestimmtes Thema zu schreiben, dann erst fange ich an, darüber nachzudenken, es zu erkunden, zu recherchieren und zu einem Urteil zu kommen. Wenn ich aber an nichts Besonderem arbeite, versuche ich eigentlich, keine Urteile abzugeben. Die stellen sich nämlich oft als falsch heraus, weil ich nicht genügend nachgedacht und nicht genau genug hingeguckt habe. Ich gehe zum Beispiel häufiger als viele andere zu Vorträgen über politische Dinge, ein paarmal in der Woche. Aber wenn das Thema nicht Gegenstand meines Schreibens ist, habe ich keine Meinung dazu. Das ist nicht meine Art.»

Aber ihre Essays sind sehr politisch.

«Das stimmt, aber ich gelange dahin, indem ich mich hinsetze, die Sache durchdenke und ausarbeite. Sie sind so, weil ich so denke, aber ich denke nicht so, wenn ich nicht schreibe. Ich kann nur beim Schreiben denken.»

Das ist mehr, als die meisten tun.

Bis dahin war unser Gespräch eher zäh gewesen. Joan Didion

wirkte zerquält und schien mit ihren Gedanken einerseits beim
bevorstehenden Thanksgiving-Dinner, andererseits bei ihrem Roman. Sie sprach in sich hinein, leise, stockend, so daß ich sie kaum
verstand. Als ich aber diesen durchaus bescheidenen Witz machte
(beim Schreiben zu denken sei nicht jedermanns Sache), da brach
sie plötzlich in ein kurzes, lautes, männlich tiefes, gewissermaßen
kneipenhaftes Lachen aus, das von einer ganz anderen Person zu
kommen schien. Daß diese flüchtige, zerfurchte Gestalt jene Joan
Didion sein sollte, die in ihren mit kaltem Verstand geschriebenen
Essays so scharfe, herrische Urteile abgab, hatte mich irritiert, und
nun sah, genauer: hörte ich ihre andere, ihre sarkastische und vi-
tale Seite. Der Ausbruch aber endete so abrupt, wie er begonnen
hatte, und unsere nicht eben feurige Unterhaltung nahm ihren
Fortgang.
Gibt es eine intellektuelle Gemeinschaft in diesem Land?
«Nein. Es gibt ein paar Leute, mit denen man redet. Um die
New York Review of Books herum gibt es eine Art von intellektueller Szene. Aber davon abgesehen, ist nicht viel los.»
Europäische Intellektuelle nehmen häufig teil an der öffentlichen Debatte, sie werden von Fernsehsendern und Zeitungen um
ihre Meinung zu politischen Dingen gefragt. Ist das hier der Fall?
«Man kriegt Anfragen von Sendern oder Zeitungen, ja, aber
gewöhnlich antworte ich nicht darauf. Man weiß ja nie, was am
Ende dabei herauskommt. Ich habe immer den Eindruck, daß sie
nur auf Zitate aus sind, die sie mit mir in Verbindung bringen
können. Das ist nichts, was einen nützlichen Dialog ergeben
könnte. Sonntags morgens gibt es ein ganzes Fest politischer Talk-
Shows aus Washington, an die sechs, die sich zum Teil über-
schneiden. Leute von der Regierung sind dabei, und man lauert
auf das Wort der Woche. Wenn man da zuguckt, kriegt man einen
phantastischen Eindruck davon, worüber die Leute in Washington reden, man ist unmittelbar mittendrin. Aber es gibt keine
wirklich intellektuelle Öffentlichkeit, die sich von der politischen
unterscheide.»

Was hält sie von der «konservativen Revolution» Newt Gingrichs? Ist es eine Revolution oder ein Mißverständnis?
«Ich finde diese Fundamentalisten ziemlich ärgerlich. Sie haben derzeit die Politik fest im Griff des gut organisierten Partialinteresses. Ich glaube nicht, daß sie eine sehr verbreitete Stimmung repräsentieren. So radikal, wie Gingrich sich jetzt gibt, wird er das keine drei Monate mehr durchhalten, er wird durchknallen. Aber er scheint immer drauf und dran durchzuknallen – also, ich weiß es nicht. Generell hat es in diesem Land eine Wendung zum Autoritären gegeben, und das keineswegs nur bei den Republikanern. Es ist eine zyklische Bewegung. Es gibt ein allgemeines Bedürfnis nach sozialer Kontrolle. Man konnte das schon in den Sechzigern beobachten, und jetzt ist es Konsens. Es äußert sich etwa in der Frage: Was ist los mit unseren Strafverfolgungsbehörden? Als Reagan Präsident war, sagte der frühere Staatsanwalt eines kalifornischen Regierungsbezirks sinngemäß, Leute, die verhaftet würden, seien in der Regel schuldig, denn sonst hätte man sie nicht verhaftet. Das klang damals verrückt, aber ich glaube, daß heute die meisten Menschen so denken.»

Ist dieses Denken nicht auch eine Reaktion auf die Linke?

«Mir scheint, daß die Linke nie so weit gediehen ist, politische Wirkung zu erzielen, über die manchmal mißgeleitete Verteidigung persönlicher Freiheitsrechte hinaus. Die Liberalen haben nie das Feld beherrscht. Es gab ein paar Sozialprogramme, die in der Tradition liberalen Denkens standen und eine gute Idee gewesen sein mögen oder auch nicht. In der Hauptsache ging es nur um individuelle Freiheitsrechte.»

Der Streit über *political correctness* zeigt aber doch, daß bestimmte Siege der Linken in Frage gestellt werden.

«Welche Siege?»

Etwa der Multikulturalismus, die Anerkennung ethnischer oder geschlechtlicher Identität.

«*Political correctness* ist verrückt und hat mit links nichts zu tun. Diese Leute benutzen die Sprache der Linken, das ist alles.

Solche Linien zu ziehen und solche Unterscheidungen zu treffen ist schlimmstes autoritäres Denken. Ich kenne das aus meiner Schulzeit in den fünfziger Jahren, da wurde einem beigebracht, was man sagen durfte und was nicht, was korrekt war und was nicht.»

Michael Lind sagt, die Grenzziehungen nach Rasse und Geschlecht dienen nur dazu, die Klassengegensätze zu verschleiern.

«Ich kenne sein Buch nicht, aber das ist völlig richtig. Eine Menge von dem, was in diesem Land vor sich geht, ist nichts als eine Verkleidung von Klassendifferenzen, über die zu diskutieren wir nicht imstande sind.»

Manche befürchten eine Balkanisierung des Landes.

«Ich befürchte die nicht im physischen Sinn, daß das Land auseinanderfiele, aber im übertragenen Sinn, insofern, als es entlang der sozialen Gegensätze längst balkanisiert ist. Die ethnischen Grenzen spielen auch eine Rolle, aber eine geringere. Wenn es hart auf hart kommt, findet man die schwarze Mittelklasse an der Seite der weißen.»

Sollte man die Immigration stoppen?

«Nein.»

Warum nicht?

«Es wäre nicht möglich.»

Angenommen, es wäre doch möglich und es wäre Unternehmern verboten, illegale Immigranten zu beschäftigen?

«Das ist jetzt schon verboten, und größere Unternehmen überprüfen, ob man legal ist. Die Filmproduktionsgesellschaft, für die ich manchmal arbeite, tut das. Aber zur Frage, ob man die Immigration überhaupt stoppen sollte: Ich weiß es nicht, es verstieße gegen die Idee, der dieses Land immer verbunden war. Es würde bedeuten, das Land neu zu definieren. Es war gedacht als der Ort, wohin jeder kommen konnte und wo er unendliche Möglichkeiten finden sollte, die eigenen Fähigkeiten zu verwirklichen. Wollten wir die Tür schließen, müßten wir uns neu definieren. Vielleicht ist der Zeitpunkt dafür gekommen, ich bin mir nicht sicher.»

Hat sie nicht unangenehme Gefühle bei dem Gedanken, daß die Weißen der europäisch-amerikanischen Tradition eine Minderheit werden könnten?

«Überhaupt nicht. Ich bin in Kalifornien aufgewachsen. Meine Vorfahren sind seit dem 17. Jahrhundert immerzu nach Westen gewandert, von New York aus nach Virginia, Arkansas, Missouri, bis schließlich nach Kalifornien. Das war der letzte Stop. Als ich ein kleines Kind war, da war Kalifornien unterbevölkert. Die meisten Leute, die da lebten, waren wie wir, hatten hier immer gelebt, seit 1850. Und die anderen, die auf den Gütern arbeiteten, das waren die Mexikaner, und damit hatte es sich. Dann kam der Zweite Weltkrieg und veränderte alles. Massen von Menschen strömten in das Land und arbeiteten auf den Werften, darunter viele Schwarze aus dem Süden. Und nach dem Krieg gab es den Wirtschaftsboom, der ebenfalls viele Menschen ins Land zog. Ich habe es all meine Tage erlebt, daß irgend jemand zuzog, ich bin das gewöhnt.»

Was heißt es, eine amerikanische Schriftstellerin zu sein?

«Man schreibt aus einer Art Isolation heraus. Ich glaube, die amerikanische Literatur spiegelt diese Isolation wider.»

Isolation des Landes oder der Autoren?

«Des Landes und der Autoren in diesem Land, vor allem aber des Landes. Wenn Sie sich die amerikanische Literatur vor Augen halten, *Moby Dick* oder *The Scarlet Letter*, dann waren solche Romane Romanzen. Die ganze Form entstand aus der Isolierung und nicht aus dem sozialen Kontakt.»

Gibt es die amerikanische Idee?

«Die amerikanische Idee lautet, daß alle Menschen gleich sind.»

Funktioniert sie noch?

«Das ist es ja, die Idee bestand darin, daß dies ein freies Land ist, wo ein jeder, da alle Menschen gleich sind, aus sich das machen kann, wozu er imstande ist. Ob das eine Romanze ist oder nicht, müssen wir noch herausfinden. Amerika ist das einzige

Land in der Welt, das aus einer Idee entstand. Sie kannte keine Grenzen, oder? Sie ging so weit, wie sie irgend gehen konnte.»

Aber der Raum ist natürlich begrenzt.

«Ja, das erfahren wir jetzt, und der *frontier*-Mythos ist zu Ende. Das ist der Grund, weshalb viele ins Landesinnere, in den Norden ziehen: Da ist noch Raum. Eine Menge Leute aus Kalifornien ziehen nach Utah oder Montana.»

Was hält sie von der *affirmative-action*-Debatte?

«Ich bin nicht sicher, ob man die *affirmative action* so hätte kodifizieren sollen, wie man es getan hat. Die Kodifizierung enthielt schon den Keim der Niederlage. Ad hoc und im Einzelfall angewendet ist sie nützlich, aber sobald ein starres Regelsystem daraus wird, entsteht neue Ungerechtigkeit.»

Mag sie etwas über ihren neuen Roman sagen?

«Nein, das ist zu früh, ich muß ihn nur fertig kriegen, ich hoffe, bis Weihnachten, obwohl noch das letzte schwierige Drittel vor mir liegt. Aber ich hoffe darauf, daß ich eines Tages aufwache und daß es dann ganz schnell geht.»

Ich sagte, ich wolle sie nicht länger aufhalten.

«Möchten Sie eine Tasse Tee?»

Nein danke.

Damit war unser Gespräch beendet, und Joan Didion brachte mich zum Ausgang, öffnete die Tür und streckte die Hand zum Abschied aus. Ich bat sie, mir meinen Mantel zu geben, den sie zu Beginn in den Flurschrank gehängt hatte. Sie stutzte einen Moment und reichte mir dann wortlos den Mantel. Draußen war ein feuchter Novembertag, und ich spürte, wie mir die Kälte unangenehm auf die Schultern kroch.

Tradition und Moderne

Als ich später die Abschrift des Didion-Interviews las, sah ich zu meiner Freude, daß es nicht vollständig mißlungen war, fast im Gegenteil. Was ich zeitweise als Gesprächsverweigerung empfunden hatte, war nichts anderes als Joan Didions illusionslose und äußerst lapidare Art, zu denken und zu sprechen. Sie erschien mir auf einmal viel moderner und jünger als beispielsweise Doctorow. In der Tat gehört sie derselben Generation an wie Doctorow (er 64 Jahre alt, sie 61), aber ihre literarische und intellektuelle Position ist sehr verschieden. Das Motiv, das alle Essays und Romane Didions beherrscht, ist die Desillusionierung, ist der Wunsch, den Dingen auf den Grund ihrer Tatsächlichkeit zu gehen und sich nicht durch den Anschein und die naheliegenden Deutungen abspeisen zu lassen. Ihre Methode ist der scheinbar kalte analytische Blick, auf dessen Kehrseite manchmal eine stille, entsagungsvolle Trauer sichtbar wird. So etwa in der Erzählung *Spiel dein Spiel* («*Play It As It Lays*», 1970), wo Maria, Ehefrau eines minderen Hollywood-Produzenten und Schauspielerin in ebenfalls nicht gerade glanzvollen Filmen, die Scheinwelt der grenzenlosen Freiheit und des schnellen Geldes, der Drinks am Pool und der nachtkurzen Affären in dem Augenblick zu bezweifeln und zu erleiden beginnt, als eine unerwünschte Schwangerschaft sie vor die Wahl stellt, ihr eigenes Leben zu leben (aber was wäre das?) oder die Dinge zu nehmen, wie sie kommen – *to play it as it lays*. Didion erzählt die Geschichte nicht geradeaus und vom Hügel des allwissenden Erzählers herab, sondern sie dokumentiert gewissermaßen die Positionen und Konstellationen der beteiligten Personen, sie stellt ein Puzzle her, aber nicht, um einem Spieltrieb zu genügen, sondern weil die meisten Tatsachen interpretierbar sind und also abhängig von der Sicht der Betroffenen. Joan Didions Position ist nämlich nie (ganz anders als die Doctorows, der als der Gott seines Stoffs erscheint und daher nicht sichtbar anwesend ist) autonom und souverän, sondern immer die des Journalisten im besten Sinn, also desjenigen (oder derjenigen), der (die) weiß, daß Wahrheit ein fernes, eher unerreichbares Ziel ist – und so etwas wie Wahrscheinlichkeit schon das Optimum. In ihrem Roman *Demokratie* (1984) scheint sie sich dieser Problematik noch bewußter geworden zu sein. Die Erzählerin sagt dort: «Mir wurde beigebracht, den Versionen anderer Leute zu mißtrauen, aber wir müssen mit dem, was wir haben, auskommen. Wir gehen die Berichterstattung von allen Seiten an. Stellen Tendenzen in Rechnung. Kalkulieren Vorlieben, Voreingenommenheiten ein, die besonderen Umstände, die das Spektrum verändern, in dem jeder Beobachter eine Situation sieht.» In dieser Bemerkung steckt schon die zum Sarkasmus geronnene Antwort auf die Pilatus-Frage, zeigt sich schon die desillusionierte Position dessen, der auf die Strategie der Desillusionierung setzt. An einer anderen Stelle des Romans heißt es: «Jeder, der Mitte und Ende der Sechziger und Anfang der Siebziger als Journalist arbeitete, konnte davon ausgehen, auf Jack Lovett zu stoßen. Er war ein guter Kontakt. Er wußte vieles. Nachdem ich meinen ersten Roman beendet hatte und von *Vogue* fortging und als Reporterin anfing, traf ich ihn tatsächlich recht häufig, meistens in Honolulu, aber manchmal auch in der einen oder anderen Transithalle oder amerikanischen Botschaft, und vielleicht, weil er mich als Freundin von Inez Victor wiedererkannte, schien er mich von seinem instinktiven Mißtrauen gegenüber Reportern auszunehmen.» Das Seltsame an dieser Passage ist die Mischung aus Fiktion und Fakten. In der Tat ging Joan Didion, nachdem sie ihren ersten Roman *Menschen am Fluß*, die autobiographisch getönte Familiensaga zweier Landbesitzer-Dynastien am Sacramento River, veröffentlicht hatte (1963), zur Zeitschrift *Vogue* nach New

90

York, in der Tat wurde sie die berühmte Reporterin politischer Hintergrundberichte für *Esquire* oder die *New York Review of Books*. Aber Jack ist ebenso eine Romanfigur wie Inez, die Geschichte ist eben Literatur, ist Fiktion. Aber eine, die dem politischen Geschehen dicht auf der Ferse folgt. Es geht ja nicht nur um Ehebruch (den Inez, die Gattin des potentiellen Präsidentschaftskandidaten Harry Victor, mit Jack begeht), es geht auch um die amerikanische Niederlage in Vietnam, auch um die Verfalls- und Krisenerscheinungen der amerikanischen Gesellschaft dieser Jahre, insbesondere um ein politisches System, das die veröffentlichte Intimität und die intimisierte Öffentlichkeit ununterscheidbar mischt.

Indem Joan Didion die Wahrheitsfrage schon auf der handwerklichen Ebene stellt, erlegt sie sich selber ein Handikap auf, das einer wie Doctorow mit dem großen Orchester der klassischen Romankunst glanzvoll überspielt. Noch im jüngsten Roman Joan Didions (*The Last Thing He Wanted*, 1996) wird einmal gesagt, ein Leben zu erzählen, bedeute, es zu verfälschen. Der Gedanke käme Doctorow vermutlich fremd vor. Da seine Geschichten allesamt erfundene, imaginierte Geschichte sind, empfangen die Helden ihr Leben aus Doctorows Hand. Es geht nicht um das Gegenteil von Verfälschung (das hieße wohl Dokumentation), sondern um historische und ästhetische Stimmigkeit. Die Geschichte, vor allem die New Yorks, wird in kritischer Absicht rekonstruiert, illustriert und neu gedeutet. *Wasserwerk* schildert den Ausgang des 19. Jahrhunderts, *Ragtime* die Zeit zwischen 1900 und 1918, *Billy Bathgate* die zwanziger und *Sterntaucher* die dreißiger Jahre. *Das Buch Daniel* schließlich behandelt vor dem Hintergrund des Spionagefalls Rosenberg die ausgehende McCarthy-Ära der Fünfziger und die Jugendbewegung der Sechziger. Doctorows Meisterschaft besteht darin, daß er ein jedes dieser historischen Kapitel in einer eigenen Melodie singt (im Gespräch sagte er, jedes neue Buch beginne bei ihm mit einem Bild oder einem Musikstück, also nicht mit einer inhaltlichen Vorstellung), jedes Kapitel auch anders instrumentiert. Der Reichtum, die Freizügigkeit der Imagination beruht auf einem klassischen Verständnis des literarischen Handwerks: Literatur kann, wenn der Autor kann, nahezu alles. Sie hat ihr eigenes Recht, und dies gibt Doctorow die Freiheit, seine Vorstellungen von Gerechtigkeit und politischer Anständigkeit literarisch umzusetzen. Wahrscheinlich fiele für Joan Didion diese Art von Literatur unter das, was sie im Gespräch «Romanze» genannt hat (engl. *romance*). Das Wort ist schwer zu übersetzen, gemeint sind damit jene Romane, die wir in einem vorwissenschaftlichen Verständnis «romantisch» nennen, insofern sie auf die Einbildungskraft und die Emotion des Lesers zielen und ihn verführen wollen. Das ist Didions Sache nicht. Ihr dezidierter Anti-Illusionismus erfaßt das Literarische wie das Politische – so etwa, wenn sie mutmaßt, die amerikanische Idee könne eine «Romanze» sein. Verglichen damit ist Doctorows Begriff von Politik insofern naiv, als er aus der Gegenposition denkt und schreibt. Er beharrt auf der «Romanze», auf der Utopie. Daher sein Zorn auf die politische Rechte, seine Identifikation mit liberalen, linken Anschauungen, seine Verachtung der politischen Praxis, daher auch seine klassisch liberalen Antworten auf aktuelle Fragen der Immigration, der *political correctness,* der *affirmative action.* Für Joan Didion ist das alles schwieriger: Weil sie wahrhaft politisch denkt, sicherlich auch politisch viel besser informiert ist (obwohl sie im Gespräch das Gegenteil behauptete), empfindet sie, daß die krisenhaften Symptome der modernen, der postindustriellen Gesellschaft ins Innere des Denkens und Schreibens eingedrungen sind und einfache Antworten unmöglich machen. Auch sie steht der Rechten kritisch gegenüber, aber sie ist weit davon entfernt, traditionelle liberale Lösungen für plausibel zu halten. Darin ist sie moderner als Doctorow.

Paul Auster ist ein anderer Fall, nicht nur, weil er einer anderen Generation angehört (er ist 16 Jahre jünger als Doctorow und 13 Jahre jünger als Didion). Die Frage, inwieweit seine Romane politisch sind, ist schwer zu beantworten, und zwar deshalb, weil man nie genau weiß, ob nicht ihr Inhalt eine Funktion der Form ist. Der Roman *Im Land der letzten Dinge* zum Beispiel endet, weil das Notizbuch der jungen Frau aufgebraucht ist. Die Hoffnung, mit Freunden aus dem streng bewachten Areal fliehen zu können, ist, folgen wir der Einschätzung der Erzählerin, illusionär. Andererseits muß sie wohl dem Inferno entkommen sein, sonst wäre uns ihr Bericht nicht überliefert. Hier hat also die Fiktion ein Loch. Den Ausweg aus der klaustrophobischen Situation bildet der Roman. Weil es ihn gibt, ist die Apokalypse nicht total. Dieser Widerspruch zwischen der Finsternis des Erzählten und dem Hoffnungsschimmer, den die Erzählkonstruktion durchläßt, prägt den Roman. Die grausigen und grotesken Szenen, für deren Erfindung man Auster nur beglückwünschen kann, werden so locker und mühelos erzählt, daß sie etwas Anekdotisches gewinnen. Die junge Frau heißt Anna Blume, und es bleibt offen, ob dieser Hinweis auf Kurt Schwitters einem Plan oder einer Laune folgt oder gar kein Hinweis ist. Jedenfalls läßt sich *Im Land der letzten Dinge* auch als eine literarische Versuchsanordnung lesen, als ein Spiel: Wie könnte man eine Szenerie entwerfen, die das letztmögliche Endstadium eines gesellschaftlichen Zerfalls vor Augen führt?

Die selbstreferentielle Figur ist typisch für Auster. Er liebt die Spiegelungen, wo die Fabel in der Fabel in der Fabel einen Korridor bildet, an dessen Ende sich die Erzählung selber spiegelt, die gegenläufigen Erzählbewegungen, die das Ende des einen Stranges mit dem Anfang des zurücklaufenden anderen Stranges verbinden, die logischen Aporien, wo die Bedingung des Existierens das Ende des Existierens bedeutet. Der Titel des Romans *Die Musik des Zufalls* ist fast ein Programm. Auster benutzt die traditionellen Formen (die Detektivgeschichte, die Apokalypse, den Abenteuerroman, die romantische Liebesgeschichte) und wendet ihr Formprinzip auf die Geschichte zurück, so daß der Detektiv zum Observationsobjekt wird und der Erzähler zum Detektiv, der die Wanderungen des zu beobachtenden Mannes durch Manhattan in den Stadtplan einträgt und Muster entdeckt, die sich zu Buchstaben und zu einer Botschaft zusammenfügen (so in der New-York-Trilogie). Die Form ist der Inhalt und umgekehrt. Geschriebenes bezieht sich immer auf Geschriebenes, es gibt immer einen zweiten (oder dritten oder n-ten) Bedeutungshorizont. Das alles klingt natürlich postmodern. Überraschend dabei ist allerdings, daß Auster insofern überhaupt nicht postmodern ist, als ihm die Sache jeweils ziemlich ernst zu sein scheint. Ihm fehlt jede Form des Zynismus. Auch Ironie ist ihm eigentlich fremd. Das Spiel, das er spielt, hat nichts Frivoles, im Gegenteil. Ein märchenhafter, manchmal fast frommer Grundton bildet den *basso continuo*, der die Sehnsucht nach den klaren, einfachen Geschichten untermalt, Geschichten von Liebe und Tod (*Leviathan*), von der Suche nach dem Vater (*Mond über Manhattan*), vom plötzlichen Unglück und vom plötzlichen Glück (*Die Musik des Zufalls*), von der Lust, fliegen zu können (*Mr. Vertigo*). Und das wiederum könnte die Ursache dafür sein, daß Austers politische Ansichten nicht postmodern-zynisch sind, sondern moralisch besorgt und engagiert liberal.

Mag sein, daß Auster im Grunde seines Herzens, wie Doctorow auf andere Weise, ein naiver Mensch ist, und das verbände ihn mit vielen großen Erzählern. Und es unterschiede ihn von Joan Didion, die wahrlich nicht naiv ist. Ihr Traum vom Paradies ist ausgeträumt, und das hat vielleicht damit zu tun, daß sie dort gewesen ist. In ihrem ersten Buch, der Essay-Sammlung *Stunde der Bestie* (1968), erzählt sie, wie der Lehrer in der Sonntagsschule den Kindern die Frage stellte: «Auf welche Weise gleicht das Heilige Land dem Sacramento Valley?» Daß Kalifornien das Gelobte Land sein mußte, lag schon deshalb auf der Hand, weil hier die unendliche Wanderung nach Westen unerbittlich zu Ende war. Wer aber das Paradies gesehen hat, hat keine Illusionen mehr.

Los Angeles

Immigrantenjagd

Am 2. April 1996 meldete die *Los Angeles Times* unter der ominösen Überschrift «*Deputies' Clubbing of 2 Suspects Taped*» einen Vorfall, der nicht nur wochenlang die Spalten des Blatts füllte, sondern überaus erregte öffentliche Diskussionen zur Folge hatte, in deren Verlauf Präsident Clinton höchstselbst das Wort ergriff und zur Besonnenheit mahnte. Das Ereignis korrekt zu schildern – es ging zunächst um die polizeiliche Jagd auf illegale mexikanische Immigranten, dann um das Thema Polizei und Rassismus – ist nicht ganz leicht, weil der Vorfall sofort politisiert und in die entsprechenden Deutungsmuster eingeordnet wurde.

Folgendes war offenbar geschehen: Ein älterer, verrosteter Pickup war von der Grenzpolizei dabei beobachtet worden, wie er die mexikanisch-amerikanische Grenze überquert und den Kontrollpunkt im weiten Bogen umfahren hatte. Bei früheren Konflikten zwischen zentralstaatlichen Behörden (Grenzschutz) und einzelstaatlichen (Hoheitsgewalt innerhalb der Grenzen des Staates) war festgelegt worden, daß in solchem Fall die Sheriffs des County die Zuständigkeit hätten. Die Grenzpolizisten informierten also die Polizei des Riverside County, die sofort die Verfolgung aufnahm. Der Pickup raste mit einer Geschwindigkeit von immerhin 100 mph über die Autobahn und versuchte, den hinterherrasenden Polizeiwagen dadurch abzuschütteln, daß er Kollisionen mit anderen Autos provozierte. Der Versuch mißlang offenbar, jedenfalls gab der Fahrer des Pickup nach etwa 80 Meilen die Flucht auf und steuerte den Wagen auf eine Böschung. Siebzehn der insgesamt neunzehn Mexikaner sprangen von der Pritsche und rannten ins Gelände, wo sie von anderen Polizisten in

97

Empfang und festgenommen wurden. Ein Mann jedoch versuchte verzweifelt, die klemmende Beifahrertür zu öffnen, hinter der eine Frau saß. Als er sie endlich befreit hatte, waren die beiden verfolgenden Sheriffs zur Stelle und verprügelten den Mann und die Frau mit dem Stock.

Ähnliche Vorfälle, so erzählte man mir, ereigneten sich nahezu täglich, und das schien mir insofern glaubhaft, als die etwa vier Millionen illegaler Einwanderer ja schließlich irgendwoher kommen müssen. Normalerweise nehmen die Zeitungen, nimmt die Öffentlichkeit von solchen kleinen Grenzzwischenfällen keine Notiz. In diesem Fall aber war es anders. Es gibt unter den zahlreichen privaten Fernsehsendern in Los Angeles einige, die sich darauf spezialisiert haben, den tätlichen Ehezwist in Nachbars Garten, den Unfall auf dem Boulevard und den Raubmord im Supermarkt live zu filmen und zu senden. Ihre Kamerateams fliegen mit Hubschraubern über das Stadtgebiet, das mit seinen acht oder vierzehn (je nach Zählweise) Millionen Einwohnern groß genug ist, daß sich genügend Material findet. Ein Hubschrauber des Senders KCAL war auf die Immigrantenjagd aufmerksam geworden, hatte sie gefilmt und gesendet. Die Bilder von prügelnden Sheriffs empörten die Öffentlichkeit aufs äußerste. Demonstranten forderten ein Ende der polizeilichen Brutalität, Menschenrechtsgruppen riefen nach einem Tribunal. Die Polizeiführung reagierte schuldbewußt und kleinlaut, versprach eine genaue Untersuchung des Falls und beurlaubte die beiden Sheriffs. Die beiden Opfer wurden durch alle Medien gezerrt, und man versprach ihnen eine befristete Aufenthaltsgenehmigung. Das war mehr, als sie sich je hätten träumen lassen.

Die Los Angeles Times, die immer ein gutes Gespür für die Volksmeinung hat, veröffentlichte einen Kommentar unter der Überschrift «Rodney King und kein Ende?» Das in der Tat war der Anstoß. Jedermann erinnerte sich an die furchtbare Geschichte, als weiße Polizisten den Schwarzen Rodney King krankenhausreif geschlagen hatten und von einer weißen Jury freigesprochen worden waren, obwohl sich unter dem Beweismaterial ein Videoband befand, das keinen Zweifel am Tathergang ließ.

Nach dem Freispruch waren die Unruhen im Stadtgebiet South Central ausgebrochen, es hatte Plünderungen und Feuersbrünste der schlimmsten Art gegeben. Das war im April 1992 gewesen. Erstaunlich an diesem Kommentar aber war, daß er es versäumte, auf die Unterschiede aufmerksam zu machen. Erstens handelte es sich bei den Tätern dieses Mal nicht um Mitglieder des berüchtigten Los Angeles Police Department (LAPD). Zweitens hatten die Sheriffs nur genau 15 Sekunden lang geschlagen, und es hatte wohlgemerkt keine Verletzungen gegeben. Drittens aber waren die Opfer nicht, wie damals Rodney King, amerikanische Staatsbürger, sondern Illegale, die sich unter Anführung eines kriminellen Schmugglers auf gewaltsame und für andere Verkehrsteilnehmer gefährliche Weise Zutritt in die USA verschafft hatten. Diese Unterschiede schienen auch sonst niemandem aufzufallen. Alle Welt war durch dieses eine Bild völlig aufgebracht: daß weiße Sheriffs auf wehrlose *Hispanics* einschlugen, noch dazu auf eine junge Frau, deren indianisches, an Maria Magdalena erinnerndes Gesicht überall abgebildet wurde. Über das Problem der illegalen Immigration wurde kaum gesprochen, und die Frage, wie die Polizei, ob weiß oder nicht, der Menschenschmuggelei Herr werden solle, wurde nicht berührt.

Es ergab sich, daß wir in diesen Tagen zu einem Abendessen in Beverly Hills eingeladen waren. Unter den Gästen befanden sich einige Akademiker, eine Literaturwissenschaftlerin, eine Soziologin, ein Richter, ein Mathematiker, außerdem ein Schriftsteller und eine Fotografin. Die Runde bestand zu einem kleineren Teil aus Europäern, zum größeren aus hier in der Stadt lebenden Amerikanern. Keine schlechte Gelegenheit, wie mir schien, das Thema während des Desserts zur Sprache zu bringen. Sofort entspann sich eine lebhafte Diskussion, die, wie nicht selten bei einem großen Tisch, ziemlich durcheinanderging. Ich wies darauf hin, daß ein vergleichbarer Vorfall in Frankreich von den Zeitungen vermutlich kaum beachtet worden wäre, daß er in Deutschland insofern kontrovers diskutiert worden wäre, als mindestens die Polizeiführung, sicherlich auch konservative Kommentatoren auf die Gesetzesverletzung seitens der Mexikaner aufmerksam gemacht hätten. Die Europäer stimmten dem Vergleich in etwa zu, den Amerikanern hingegen schienen die Beispiele unergiebig, denn ihnen kam es, wenn ich ihre Gedanken richtig zusammenfasse, auf etwas ganz anderes an. Zunächst dürfe die Polizei, gleichgültig, was anliege, nicht prügeln. Zum zweiten sei das wiederum ein Beispiel für die traurige Tatsache, wie die weiße Staatsgewalt mit anderen Rassen umspringe. Und schließlich und vor allem sei dieses Land ein freies Land, das aus alter Tradition Fremde, die hier arbeiten wollten, willkommen heiße, und wenn die Fremden keine Aufenthaltsgenehmigung hätten, dann sei das noch lange kein Grund, sie derart zu mißhandeln. Es war, als hätten die amerikanischen Gesprächsteilnehmer implizit eine Besonderheit ihres Landes behauptet, als hätten sie sagen wollen, das mag ja in Europa so oder so sein, aber hier gilt oder soll gelten die höhere Legitimität desjenigen, der Schutz sucht (oder Arbeit oder sein Glück).

Daß die gastgebende Familie jüdische Immigranten waren, die sich auf der Flucht vor den Nazis nach Kalifornien gerettet hatten, kam mir jetzt in den Sinn. Auch der hier versammelte Freundeskreis war offenbar weitgehend jüdisch. Vor diesem Hintergrund war die tolerante Haltung illegalen Immigranten gegenüber verständlich. Und ist nicht, so fiel mir ein, dieser oder ein ähnlicher Hintergrund das Schicksal der meisten Bewohner dieser Stadt? Denn fast alle kommen ja woanders her. In Los Angeles Einwanderer zu sein ist der Normalfall. Auch der Grundverdacht gegen Polizei und Staatsgewalt ist leicht zu erklären. Nicht allein durch den notorischen Rassismus des LAPD und anderswo, sondern vor allem dadurch, daß die Zugewanderten oftmals vor der heimatlichen Repression geflohen sind und den amerikanischen Individualismus nicht nur als Lebensphilosophie ernst nehmen, sondern auch als Lebenspraxis: Jeder sei seines Glückes Schmied, seines eigenen Schicksals Regent, und da soll kein Staat mit falscher Fürsorglichkeit dazwischengehen.

Natürlich kann man fragen, ob nicht denjenigen, die sich um die legale Einreise bemühen, ein Unrecht widerfährt, wenn die illegale auf so geringen Widerstand stößt. Und weiterhin: Ob nicht die beschriebene Spontanreaktion typisch für eine Mittelschicht ist, die ihren Weg gemacht hat (wie entbehrungsreich auch immer er gewesen sein mag) und im übrigen ganz gern die Vorteile genießt, die mit der Tatsache verbunden sind, daß es überall und jederzeit billige Arbeitskräfte gibt. In der Apartmentsiedlung von Marina del Rey jedenfalls, wo ich einige Monate lebte, wurden die prachtvollen Gärten von Mexikanern gepflegt. Ununterbrochen waren sie damit beschäftigt, die Rasenkanten zu schneiden, die Pools zu reinigen und die Gehwege mit Hilfe dröhnender Motorgebläse von Staub und Laub zu befreien. Als ich zum erstenmal mit meinem Wagen in eine Waschanlage fuhr, war ich über das Ausmaß der Dienstleistung erstaunt. Kaum war ich ausgestiegen, als schon zwei Mexikaner von links und rechts herbeieilten, die Bodenmatten herausrissen, ausklopften, mit einem Staubsauger den Innenraum und den Kofferraum reinigten. Einer fuhr den Wagen durch die Waschstraße, an deren Ende wiederum scharenweise Mexikaner zur Stelle waren, um mit ganzen Bergen von Frotteetüchern das Auto zu polieren, die Scheiben von innen und außen und die Armaturen auf Hochglanz zu bringen. Währenddessen saßen die Wagenbesitzer in der Sonne, tranken Kaffee und schauten dem effizient organisierten Arbeitsablauf zu. Unter ihnen war eine auffällige Blondine, angetan mit einem hautengen weißen Body, der ihre Brüste perfekt modellierte, und mit weißen Stretch-Jeans, die ihre langen Beine und den Hintern eher zeigten als verbargen, dazu mit goldfarbenen Stöckelschuhen, die mit ihrer Goldkette und den goldfarbenen Haaren harmonierten – kurz: Sie sah aus, als wäre sie einem Fitness-Katalog für gereifte Frauen entsprungen (denn ganz jung war sie offensichtlich nicht mehr). Sie blickte gelangweilt auf ihren metallic-silbernen Mercedes, wechselte Standbein und Spielbein, während die halb so großen, dunkelhäutigen und schwarzhaarigen Mexikaner um sie herumwuselten. Dieser Anblick hätte einer klassenkämpferischen Perspektive reichlich Nahrung geboten, dachte ich, obgleich mit Bestimmtheit weit und breit niemand war, der einer solchen Perspektive hätte Geschmack abgewinnen können – die Autobesitzer schon gar nicht, die fürs Waschen und Reinigen sieben Dollar am Eingang entrichtet hatten und am Ende, wie ich beobachten konnte, dem jeweiligen Chef der mexikanischen Putzgruppen einen Dollar in die Hand drückten, und auch die Mexikaner nicht, die sicherlich froh waren, einen halbwegs sauberen Job zu haben, der ihnen drei bis vier Dollar die Stunde einbringen mochte, zuzüglich des Trinkgeldes.

Die Los Angeles Times meldete am 22. Februar 1996 die neuesten Zahlen über den gewerkschaftlichen Organisierungsgrad in Amerika. Der Anteil der Gewerkschaftsmitglieder an der Gesamtzahl der amerikanischen Arbeitnehmer betrug in den fünfziger Jahren 35 Prozent. 1985 war er auf 18 Prozent gefallen, 1990 auf 16 und 1995 auf 14,9 Prozent. Die Gewerkschaften, so hieß es in dem Bericht, sähen im Großraum Los Angeles ein «explosives Potential», weil er die größte Konzentration nichtorganisierter Arbeiter darstelle. Ein frommer Wunsch insofern, als der Schrumpfungsprozeß ziemlich genau mit dem Anstieg der Einwanderungszahlen korreliert. Ein verständlicher Wunsch, wenn man auf die Organisiertheit in den Regionen blickt. Danach waren 1994 (laut Los Angeles Times) in New York/New Jersey/Long Island 27,3 Prozent gewerkschaftlich organisiert, in Detroit/Ann Arbor waren es 24,1 Prozent, in Los Angeles 15,1 Prozent und in Dallas/Ft.Worth 8 Prozent.

Warum gibt es in den Vereinigten Staaten keinen Sozialismus? hat Werner Sombart 1906 gefragt. Seine lediglich 140 Seiten umfassende und durch ihren Titel berühmte Studie ist noch heute wegen ihrer sprachlichen und analytischen Brillanz lesenswert.

«Die Vereinigten Staaten sind für den Kapitalismus Kanaan: das Land der Verheißung. Denn hier erst werden alle Bedingungen erfüllt, die er zur vollen und reinen Entfaltung seines Wesens braucht. Land und Leute waren wie nirgends sonst geschaffen, seine Entwicklung zu höchsten Formen zu führen.» So beginnt das Buch, und Sombart schildert den Reichtum des Landes an natürlichen Ressourcen und den infolge der Größe der Bevölkerung riesigen Binnenmarkt. Er schildert das Volk, geprägt von Pionieren und unternehmungslustigen, des alten Europas überdrüssig gewordenen Abenteurern, erfüllt von «einer mächtigen, ungebrochenen Tatkraft und einer Weltanschauung, die die Betätigung im kapitalistischen Geiste als Gebot Gottes dem Gläubigen zur Pflicht machte.» Er schildert die Mentalität und den Geist Amerikas, das unablässige Gewinnstreben, den «ökonomischen Nationalismus», und er zeigt die Folgen: die Konzentration des Kapitals, die «gewaltigen Gegensätze zwischen Reichtum und Armut», die Neigung, «bei der Wertung von Dingen und Menschen den Geldwert zum Maßstab zu nehmen», «den rücksichtslosen Wettbewerb», «das Bedürfnis nach Ellbogenfreiheit» und «die Forderung des Laissez faire» zwecks schrankenloser Durchsetzung des Erfolgsstrebens.

Aus all dem aber folge, so Sombart, daß dieses am höchsten entwickelte kapitalistische Land eigentlich das klassische Land des Sozialismus zu sein hätte. Was es aber nicht ist, wie er voller Überraschung feststellt, obgleich er bei seiner Betrachtung der amerikanischen Gewerkschaften und Parteien einen Zustand vorfindet, der zu sozialistischen Hoffnungen weit eher Anlaß gäbe als die heutige Realität, neunzig Jahre später. Immerhin gab es damals eine erwähnenswerte «Socialist Party» und relativ starke Gewerkschaften mit steigenden Mitgliederzahlen. Aber deren politische Haltung ist völlig anders: «Es fehlt an der dem kontinental-europäischen Sozialismus eigentümlichen ‹Staatsfeindschaft›.» Der amerikanische Arbeiter stehe dem kapitalistischen Wirtschaftssystem als solchem nicht feindlich gegenüber, weshalb man die Gewerkschaften eher als «kapitalistische» denn als «sozialistische» zu bezeichnen habe. Der amerikanische Arbeiter sei mit seiner Lage nicht unzufrieden, er sei optimistisch, er glaube an die Mission, an die Größe seines Landes und sei patriotisch gesinnt. Das liege an den Existenzbedingungen des amerikanischen Proletariats. Sombart zählt sie auf: ein höherer Lebensstandard, bessere Wohnverhältnisse und eine demokratische politische «Maschine», die dem durchschnittlichen Amerikaner das Gefühl gibt, er könne durch seine Stimmabgabe unmittelbar etwas bewirken. Sombart zeigt, daß dieses Gefühl nicht unbegründet ist. Im politischen Nahbereich ist der Einfluß des Wählers sichtbar, im großen und ganzen aber vermag er den Status quo nicht zu ändern, was aber, so Sombart, ohnehin kaum jemand will. Alles in allem lebe der amerikanische Arbeiter in dem Bewußtsein, etwas im Staat zu gelten, geachtet zu sein, und dies drücke sich auch in seinem Auftreten aus: «Das Gedrückte, Submissive fehlt ihm.»

Sombarts Beschreibung ist zum Teil überholt. Der Lebensstandard der amerikanischen Arbeiter heute ist geringer als etwa der der deutschen, der grundsätzliche Optimismus ist einer weniger frohen Perspektive gewichen, und die «Staatsfeindschaft», von der Sombart keine Spur erblickte, ist gewachsen. Sie zeigt sich in massenhafter Wahlenthaltung und in einem starken, von Reagan genährten Ressentiment gegen «die da in Washington». All dies aber hat, wie wir wissen, keineswegs zu einem Erstarken sozialistischer Tendenzen in den USA geführt, im Gegenteil: Selten waren die Gewerkschaften so schwach wie zum Ausgang dieses Jahrhunderts. Woran liegt das? Einmal sicherlich daran, daß Sombarts Diagnose, was das politische System und den kapitalistischen Geist betrifft, nach wie vor stimmt. Zum andern ist Sombarts quasimarxistische Hypothese, wonach der entwickelte Kapitalismus eigentlich sein Gegenstück, nämlich den Sozialismus, in irgendeiner Weise hervorbingen müsse, in einem Ausmaß fragwürdig geworden, von dem Sombart nichts wissen konnte. Und schließlich stimmt Sombarts Diagnose in einem ganz wichti-

gen Punkt nicht mehr: Wenn er gleich zu Beginn feststellt, jahr-
hundertelang sei das «Arbeitermaterial spärlich und darum
teuer» gewesen und deshalb seien die Unternehmer gezwungen
gewesen, «auf rationellste Ausnutzung der Arbeitskraft zu sin-
nen», so ist dies schon sehr lange nicht mehr der Fall. Der unun-
terbrochene Zustrom von Einwanderern hat für eine industrielle
Reservearmee gesorgt. Das wichtigste Machtmittel von Gewerkschaften ist der Streik. Die Streikdrohung aber wirkt unglaubhaft,
wenn die Menge der Unausgebildeten und für fast jeden Preis Ar-
beitswilligen die Menge der Streikwilligen über Generationen
hinweg allemal übersteigt.

In seinem Buch *American Politics – The Promise of Disharmony* fragt der Politikwissenschaftler Samuel P. Huntington,
weshalb in Amerika, obwohl die rapide Industrialisierung nach
dem Bürgerkrieg die sozioökonomische Basis dafür geschaffen
habe, die Massen sich nie für sozialistische Ideen begeistert hätten, und er sagt, diese Eigentümlichkeit sei «der vielleicht drama-
tischste Beweis für die Vorherrschaft liberaler, demokratischer
Werte in Amerika». Diese Vorherrschaft erkläre sich aus dem
Übergewicht einer Mittelschicht, deren Entstehung Huntington
so erklärt: «Der Charakter der ersten Siedler (vor allem der An-
hänger häretischer und separatistischer Sekten), die Unerschöpflichkeit freien Landes sowie die Chancen horizontaler und verti-
kaler Mobilität förderten die Dominanz der Mittelklasse. Die
Grundlage des Wohlstands in einer agrarischen Gesellschaft ist
das Land, und in den meisten agrarischen Gesellschaften ist das
Grundeigentum limitiert und fixiert. Die Bevölkerung spaltet sich
auf Dauer in jene, die Land haben, und jene, die keins haben, oder
in jene, die mehr Land haben und jene, die weniger haben. In
Amerika konnte eine solche Definition der Menschen nicht an-
dauern, die Möglichkeiten zum Landerwerb waren zu real.»

Wenn es zutrifft, daß die Stabilität der amerikanischen Mittelklasse wesentlich am Grundeigentum hängt (und es spricht einiges dafür), dann gibt es natürlich eine Grenze des Bevölkerungs-

wachstums. Die Grenze beginnt da, wo Landerwerb unrealistisch wird, etwa wegen des Mangels an Raum in den Metropolen und den angrenzenden Gebieten dichter Besiedelung, oder unerschwinglich wird wegen steigender Bodenpreise und sinkender Einkommen. Dieser Sachverhalt erklärt die Nervosität, mit der die Immigrationsdebatte in den USA geführt wird. Der unvorstellbare Gedanke, es könnte der Raum erschöpft sein, ist auf einmal vorstellbar. Plötzlich entsteht das Gefühl, das Land sei an den Grenzen seiner vordem unendlichen Möglichkeiten angelangt. Der Fremde, der das Land bereist, mag dieses Gefühl kurios finden, sieht er doch die riesigen Areale im Norden, im äußeren Osten, im Mittleren Westen, die schwach bevölkert sind und wo, gemessen an der europäischen Raumnutzung, noch viel Platz wäre. Der Staat Montana zum Beispiel zählt 800 000 Einwohner auf einer Grundfläche von etwa 380 000 Quadratkilometern. Zum Vergleich: In Deutschland leben, nach der Vereinigung, 80 Millionen auf 360 000 Quadratkilometern, was einer einhundertmal dichteren Besiedelung entspricht. Andererseits, verglichen mit der alten amerikanischen Utopie des weiten, unendlichen Raums, zu der gehört, daß ein jeder sein Haus hat, das schon deshalb keiner Gardinen bedarf, weil der Nachbar weit genug entfernt siedelt, verglichen damit ist es in den bevorzugten Gebieten an den Rändern, wo die ökonomischen und kulturellen Zentren sind, also an den Küsten der Meere und der Großen Seen oder an den Ufern der Flüsse, eng geworden. T. Coreghessan Boyle gibt dieser klaustrophobischen Vision im folgenden Kapitel Ausdruck.

Montecito,
Besuch bei T. Coreghessan Boyle

Eines späten Abends, als ich nach einem Kinobesuch in der 3rd Street von Santa Monica die Buchhandlung «Midnight's Special» nach Neuerscheinungen durchsuchte, stieß ich auf T. Coreghessan Boyles neuen Roman *América (The Tortilla Curtain)*. Er las sich wie eine zornige, düstere Illustration der aktuellen Immigrationsdebatte. Die Geschichte spielt in Los Angeles, einerseits oben auf den Hügeln, wo Delaney mit Weib und Kind in einer schicken Villensiedlung lebt, andererseits tief unten in einem der Canyons, wo ein junges mexikanisches Paar wie die Tiere haust. Als der Mexikaner Candido eines Tages aus dem Dickicht auf die Straße tritt, wird er von dem nagelneuen Acura Delaneys erfaßt, zu Boden geschleudert und verletzt. Der tödlich erschrockene Delaney steigt aus, um nach dem Verletzten zu sehen. Aber der Mann, der sichtlich mitgenommen am Boden kauert, versteht kein Englisch. Auf die Frage, ob er einen Arzt brauche, gibt er keine Antwort. Da die Schuldfrage offenbar unklar ist, drückt der ratlose Delaney dem Mann zwanzig Dollar in die Hand und fährt weiter.

Der Kunstgriff von T. C. Boyle besteht darin, daß die zwei Geschichten nebeneinander herlaufen und sich nur auf den dramatischen Höhepunkten verschränken. Wenn Candido und Delaney sich begegnen, nehmen sie einander nie als konkrete Individuen wahr, immer nur als Typus der anderen Klasse. Delaney ist der liberale Weiße, Kolumnist eines Naturfreunde-Magazins, verheiratet mit einer Immobilienmaklerin, gut situiert und politisch eher unbedarft. Mit wachsendem Unmut sieht er die Anzeichen einer Bedrohung seiner heilen Lebenswelt. Koyoten dringen über den

Gartenzaun in sein Grundstück und zerfleischen die beiden Hunde. Dunkelhäutige, verdächtige Gestalten lungern auf vertrauten Wanderwegen. Die Eigentümergemeinschaft der Siedlung beschließt die Errichtung einer Ringmauer und einer bewachten Zufahrt. Delaney wehrt sich anfangs, er verteidigt gegen den Mauerverfechter Jack Jardine seine liberalen Prinzipien, aber am Ende besitzt auch er, wie die übrigen, ein Gewehr. Auf der anderen Seite, auf dem Grund der Schlucht und auf dem illegalen Arbeits- oder Sklavenmarkt, Candido und seine Geliebte América: Beide voller Hoffnung, im Gelobten Land ihr Glück zu finden, aber verfolgt vom Unglück, von der Immigrantenpolizei, vom Hunger, von einer Feuersbrunst, von der Verachtung der reichen Weißen, von der Bösartigkeit eigener Landsleute. Der Roman ist eine ziemlich wilde Achterbahnfahrt der Katastrophen und Peripetien, wechselweise erzählt aus der Perspektive des Oben und des Unten, geschrieben mit Zorn und Leidenschaft, die komische, bizarre Seite des Schlimmstmöglichen fast genußvoll ins literarische Kalkül ziehend.

T. C. Boyle war mit einem Gespräch sofort einverstanden. Der Tag, an dem ich losfuhr, es war Mitte März, erinnerte an das Ende des Romans, wo heftige Regenfälle einen Erdrutsch auslösen. Der Highway Nr. 1 zog an dem plötzlich dunkelgrau gewordenen Meer und seinen weißen Schaumkronen vorbei, und die Berge waren von nachtschwarzen Wolken verhüllt. Erst in Montecito, also kurz vor Santa Barbara, ließ der Regen nach. Ich folgte Boyles Wegbeschreibung, fuhr die Hot Springs Road ein Stück hoch und bog in den Seitenweg ein. Da war es: das wunderbare, von Frank Lloyd Wright erbaute Haus. Boyle zeigte es mir voller Stolz. Er hatte es von der Summe, die Alan Parker für die Filmrechte an *Willkommen in Wellville* bezahlt hatte, vor ein paar Jahren gekauft und wieder in den Originalzustand versetzt. Die feingliedrige, harmonische Fensterfront des quadratischen hohen Wohnraumes zeigte die alte, asymmetrisch mäandernde Sprosseneinteilung. Das ganze Haus war aus dunklem Edelholz erbaut, wirkte leicht, elegant, dabei zugleich irgendwie feierlich, was an der japanisierenden Architektur liegen mochte, die eine Aura von Teehaus und Tempel verströmte.

Wir sprachen zunächst über seinen Erfolg: Seine Bücher verkaufen sich stetig besser, und Boyle scheint sehr stolz darauf. Nicht nur im Scherz sagte er, daß er die Auflagenhöhe eines Steven King oder Michael Crichton gern noch erreichen würde. Aber leider sei es so, daß, relativ gesehen, die Auflagen in Europa viel höher seien. Ich fragte, woran das liegt.

Boyle: «Die Mittelschicht schwindet. Besonders in New York oder Los Angeles findet man eine Belagerungsmentalität wie in einigen Ländern Lateinamerikas, wo es einen winzigen Prozentsatz wohlhabender Leute gibt, die in eingezäunten Siedlungen leben und ihre eigene Polizei haben, und daneben eine riesige, verarmte, ungebildete Unterschicht. Die USA entwickeln sich immer mehr dahin, die Polarisierung nimmt zu. Kürzlich habe ich gelesen, daß das Lebensgesamteinkommen von jemandem mit College-Ausbildung 1970 um 50 Prozent höher lag als das Einkommen von jemandem, der nur eine High-School-Ausbildung hatte. Heute beträgt der Unterschied 100 Prozent. Der Graben wird tiefer und tiefer. Wir haben eine hochtechnische Gesellschaft, die qualifizierte Arbeit verlangt, und zugleich produzieren wir mehr und mehr unausgebildete Menschen, die nicht mal einen High-School-Abschluß haben.»

In Kalifornien sind nur etwa 15 Prozent der Arbeitnehmer Mitglieder der Gewerkschaft.

«Das ist genau das Thema, mit dem sich *América* befaßt. Los Angeles war immer eine konservative, rechtsgerichtete Stadt, immer ein Ort, der Gewerkschaften bekämpfte. Die Unternehmer wollten einen offenen, ungeregelten Arbeitsmarkt, damit sie die Löhne drücken konnten. Aber dieser Krieg ist längst entschieden, weil wir durch die legale wie die illegale Immigration ein Sklavenheer haben. Es gibt de facto keine Gewerkschaften. Wenn du nicht für drei Dollar die Stunde arbeiten willst – macht nichts, da sind sechstausend andere Leute, die den Job haben wollen. Sie stehen an den Straßen, bereit für alles. Die Agrarindustrie und die Bekleidungsindustrie leben von diesem Sklavenheer, sie sind nicht daran interessiert, die illegale Immigration zu stoppen, sondern Leute für ihre *sweat shops* zu kriegen. Was sie dabei vergessen, sind die Folgen für die Gesellschaft im ganzen. Früher glichen die Arbeiter aus Mexiko den Gastarbeitern in Deutschland, es waren ausschließlich Männer, die ihren Wohnsitz in Mexiko behielten, zur Erntezeit in die USA kamen, aber Bürger Mexikos blieben. Heute kommen ganze Familien, ganze Dörfer hierher, und sie bleiben hier wegen der sozialen Hilfsprogramme, wegen der besseren Ausbildungsmöglichkeiten für die Kinder. Aber die meisten Kinder kriegen eben keine gute Schulausbildung, denn ihre Eltern sind zumeist Bauern ohne die kulturelle Tradition, Bildung und Wissen zu erwerben, einen technischen oder wissenschaftlichen Beruf anzustreben. Diese Kinder sind amerikanische Staatsbürger, sie haben amerikanische Erwartungen, aber sie kommen nur bis zur zehnten Klasse. Was sollen die mit 30 tun, um ihren Lebensunterhalt zu verdienen? Keiner kümmert sich darum, keiner sieht das.»

Der Wandel Delaneys vom liberalen Demokraten zum Besitzer und Benutzer eines Gewehrs ist erstaunlich.

«Diese Entwicklung ist ganz logisch. Das Buch ist eine Anatomie des Rassismus. Auch wenn du grundsätzlich wohlmeinend bist, kannst du die Fassung verlieren, kannst du eine ganze Klasse von Leuten dämonisieren und hassen. Ich habe das Thema Rassismus in verschiedenen Kurzgeschichten behandelt und in meinem Roman *Der Samurai von Savannah*, aber das hier ist viel eher ein Buch, das dir ins Gesicht schlägt, es verstört dich, es zwingt dich, deine eigenen Ansichten zu überprüfen. Es hat eine Menge Leute wütend gemacht, es gab polemische Reaktionen, ich bin von allen Seiten des politischen Spektrums angegriffen worden. Die Konservativen sagten, ich sei zu nachsichtig mit den Mexikanern, die Vertreter der *political correctness*, die ja selber eine Art von Faschismus ist, sagten, ich hätte nicht das Recht, aus der Perspektive eines Mexikaners zu schreiben, weil ich ja keiner bin. Eine Rundfunkmoderatorin aus San Francisco rief mich an und nannte mich menschlichen Abfall. Ich habe mich für das Kompliment bedankt.» War es schwierig, in die Haut eines Mexikaners zu schlüpfen?

«Ein Schriftsteller ist doch dadurch definiert, daß er Vorstellungskraft besitzt, daß er dazu fähig ist, sich in jemand anderen hineinzuversetzen, damit die Leser seines Buchs über Dinge aufgeklärt werden, von denen sie vielleicht nichts wissen. Tolstoi war kein Bauer, aber er konnte aus der Perspektive eines Bauern schreiben. Das ist doch die Aufgabe der Literatur. So viele amerikanische Schriftsteller schreiben über Professoren, die sich in eine Studentin verlieben und scheiden lassen. Darüber zu schreiben habe ich keine Lust. Ich schreibe über alles, was mich interessiert. Ich glaube nicht, daß man dabei durch seine Erfahrung begrenzt ist. Es geht darum, die Vorstellungskraft zu trainieren. Das Buch, das ich gerade schreibe, *Riven Rock*, handelt von sehr reichen Leuten, einer von denen ist schizophren, und eine andere Hauptperson, seine Pflegerin, stammt aus der Arbeiterklasse.»

Das Ende von *América* bietet keinen Trost.

«Wir haben hier für bestimmte Filme den Ausdruck ‹*It's a feel good movie*›. Ich will nicht, daß die Leute sich gut fühlen, ich will, daß sie sich schlecht fühlen, ich will sie mit der Nase darauf stoßen, ich will sie provozieren. Ich glaube nicht, daß es für die Probleme, von denen mein Roman handelt, einfache Lösungen gibt. Es ist kein Zufall, daß Delaney ein Naturfreund ist. Wenn man seine Perspektive einnimmt, dann ist der Feind der Natur der Mensch. Umweltschützer und Naturfreunde, die normalerweise liberal sind, werden sehr reaktionär, wenn es um Immigration geht. Je mehr Menschen, um so mehr Gefahr für die Umwelt. Das Buch beschreibt, daß wir als eine tierische Spezies fortfahren, Stammeskriege zu führen, neue Territorien, nicht anders als die Kojoten, wegen ihrer Ressourcen zu besetzen. Nationale Grenzen sind irrelevant geworden. Das führt zur Verschärfung der rassischen Emotionen. Am Ende erinnert das Buch den Leser daran, daß wir, jenseits nationaler und ethnischer Unterschiede, eine einzige Spezies sind, und eine Spezies ist dadurch definiert, daß du dich mit jedem beliebigen Menschen auf der Welt paaren und lebensfähige Nachkommen zeugen kannst. Wir neigen dazu, das zu vergessen und eine ganze Klasse von Menschen zu dämonisieren, wie Tiere zu betrachten. Natürlich könntest du so leben, und du würdest es tun, wenn du müßtest. Es gibt in meinen Büchern keine *happy endings*, auch in diesem nicht. Immerhin, wenn man über das Ende des Buchs hinausdenkt, dann ist es doch so: Auch Delaney erfährt, daß er ein Objekt der Naturgewalten ist. Sein von einer Mauer umgebenes Haus ist ebenso verwundbar durch einen Erdrutsch wie Candidos Hütte. Er sitzt auf dem Dach des Hauses, aus dem Wasser gezogen von diesem Kerl, den er niederschießen wollte. Ich glaube, er wird sich nicht vollständig ändern, aber er ist auf dem äußersten Punkt.»

Der Roman ist sehr politisch und wirkt wie ein Beitrag zur aktuellen Debatte.

«Ja, es ist das am meisten politische Buch, das ich je geschrieben habe. Aber wenn die Leute erwarten, daß ich eine politische Position beziehe, dann machen sie es sich zu einfach. Ich ergreife nicht Partei, ich stelle etwas in Frage. Der Roman ist einfacher als meine anderen Bücher, ich wollte ihn zugänglicher machen, er ist wie eine Fabel.»

Die Fabel ist nicht sehr lustig.

«Aber sie ist ironisch. Delaney und seine Frau Kyra sind zwar mitfühlend porträtiert, aber nur bis zu einem gewissen Grad. Zugleich gibt es eine ironische Distanz. Für mich funktioniert das ganze Buch in den Mustern der Ironie. Delaney wandert mit seinem Schlafsack, um die Kojoten heulen zu hören und Natur zu erfahren, und kommt genau in den Canyon, wo die Mexikaner wohnen. Das ist so, dort leben Menschen wie in Flüchtlingslagern. Und Kyra ist Immobilienmaklerin, die sich um diese riesigen, leeren Villen kümmert, während andere kein Dach über dem Kopf haben. Aber es stimmt, das Buch ist nicht lustig.»

Was hält Boyle von der *affirmative action*?

«Ich glaube, die Idee der *affirmative action* wie auch die der sozialen Fürsorge sind im Grunde gut. Aber sie sind mißbraucht worden. Zum Beispiel *affirmative action*: Man kann keine Demokratie haben, in der jeder aufgrund seiner Ethnizität Privilegien hat. Daraus resultiert dann die lachhafte Situation, daß Asiaten als Minorität betrachtet werden. Sie schneiden in Tests so gut ab, daß sie keine Extrahilfe benötigen. Die Hälfte der Studenten in Berkeley sind Asiaten, obwohl die nur einen kleinen Prozentsatz der Bevölkerung ausmachen. In Los Angeles wiederum werden die Latinos als Minorität betrachtet, bilden aber die Mehrheit der Stadtbewohner. Man fragt sich, was ist eigentlich die Definition? Möglicherweise lautet sie: Jedermann, der etwas hat, was ein anderer nicht hat, ist eine Minorität. Es ist lächerlich. Es müssen also ein paar Korrekturen geschehen. Die Idee war gut, weil bestimmte Leute von bestimmten Berufen ausgeschlossen waren, gettoisiert waren, und *affirmative action* solchen Gruppen half, aber an einem bestimmten Punkt muß sich doch diese Gruppe sagen, wir sind keine Opfer, wir brauchen keine Extrahilfe, wir sind nicht inferior. Die Sozialfürsorge war vermutlich das übelste Experiment, das die USA jemals gemacht haben, besonders im Hinblick auf die schwarze Bevölkerung. Es hat eine Antigesellschaft produziert, die sich vom Realitätsprinzip befreit sieht und Arbeit als nicht lohnend betrachtet, ja nicht einmal daran denkt. Keiner hat einen Beruf, keine Familie hat einen Vater. Stellen wir uns vor: Wir beide würden dafür bezahlt, zu Hause zu sitzen und nichts zu tun, wir würden natürlich Crack rauchen. Warum sollte ein Mann eine Familie versorgen, wenn er sich davonmachen kann und weiß, daß die Regierung für seine Familie zahlt? Es war eine gute Idee, die falsche Resultate gebracht hat, und es wird eine lange Zeit brauchen, das zu ändern. Ich stimme nicht mit denen überein, die sagen, man solle die Sozialfürsorge unverzüglich abstellen und statt dessen nichts tun. Wir sollten ein Job Corps gründen, wie wir es während der Weltwirtschaftskrise gemacht haben. Manche sagen, eine Arbeitslosenrate von fünf Prozent sei akzeptabel, mag sein, aber wir zahlen in jedem Fall eine gewaltige Summe für die sozialen Kosten. Ich denke, wir sollten die Sozialfürsorge beschneiden und sagen, wenn einer nicht arbeiten will, dann soll er halt hungern. Die Alternative wäre: Jeder, der arbeiten will, soll das Doppelte des Mindestlohns und noch das dazu kriegen, was er von der Sozialfürsorge bekäme. Es würde wirklich die Gesellschaft grundlegend ändern. Es würde den Menschen die Würde zurückgeben und das Gefühl, daß sie mündig sind und am gesellschaftlichen Leben partizipieren. Manche Leute sehen die Regierung als eine Art Gott, und sie begreifen nicht, daß jemand dafür zu zahlen hat. Und wir haben eine gewisse Menge menschlichen Unrats akzeptiert und sagen: Bezahlt sie, vergeßt sie. So sollte die Gesellschaft nicht sein.»

Soll man die mexikanische Grenze dichtmachen oder nicht?

«Kein Land auf der ganzen Welt hat offene Grenzen. Gibt es die Verantwortung eines Landes, sich um die Bürger eines anderen Landes zu kümmern? Vielleicht gibt es eine humanitäre Verpflichtung. Aber es gibt nationale Souveränität. Und wenn es sie gibt, dann muß es Grenzen geben, Paßkontrolle. Wir sprachen über die mexikanische Immigration, aber wenn wir von der Immigration aus anderen Ländern, etwa aus den europäischen, reden: Alles, was man braucht, ist ein Visum und ein Rückflugticket, und man kann hier für immer bleiben, weil es keine Kontrolle gibt. Jeder kann hier jederzeit einwandern. Also muß etwas an den Flughäfen getan werden, es muß einen Personalausweis und ein Meldegesetz geben. Wir müssen uns entscheiden: Sollen wir Mexiko zu einem weiteren Bundesstaat machen? Mexiko hat, wie die USA, gewaltige Ressourcen, aber unglücklicherweise ist seine Regierung korrupt. Da gibt es ein Einparteiensystem, das seit der Revolution alles beherrscht, da gibt es eine sehr kleine Oligarchie, die den Rest des Volkes verachtet und im Luxus lebt. Ist das ein Problem, das Amerika lösen sollte? Ich weiß nicht.»

Sollte man also die Grenzen schließen und sagen, das Eigeninteresse der Gesellschaft geht vor?

«Jetzt, da das Immigrationsproblem, wie ich es in meinem Buch vorhergesagt habe, zu einem zentralen Diskussionsgegenstand wird, gibt es interessanterweise Umfragen, die zeigen, daß die *Mexican-Americans*, die hier leben, in überwältigender Mehrheit dafür sind, die Grenzen dichtzumachen und niemanden mehr hereinzulassen. Das ist schieres Eigeninteresse. Ich bin hier, und kein anderer soll kommen. Ich bin der Ansicht, daß die Grenzen kontrolliert werden sollten. Wenn es legale Immigration gibt, dann macht die illegale einen Witz daraus. Wir haben Firmen, die alles über die Kreditwürdigkeit einer Person ausfindig machen, die alles über mich wissen, wo ich Kaffee trinke und wo ich einkaufe – also müßte es möglich sein, die illegale Immigration zu stoppen, und es ist möglich. Aber genau das verhindern die Unternehmer. Natürlich hat die Sache zwei Seiten: Candido, in meinem Buch, hat das gleiche Recht zu leben wie jeder andere. Ihn ein Tier zu nennen, zu dämonisieren und ihn für die Probleme der Gesellschaft haftbar zu machen ist nicht in Ordnung. Der Grenzschutz zum Beispiel hat ein Profil von Leuten, die Drogenschmuggler sind, das ist vielleicht nicht sehr demokratisch, aber es beruht auf Erfahrung. Wenn Sie auf Highway Nr. 5 von San Diego kommen und nicht weiß sind, werden Sie angehalten und kontrolliert. Das ist diskriminierend. So auch bei der Immigration: Wer ein dunkles Gesicht hat, steht im Verdacht, illegaler Immigrant zu sein. Das ist nicht fair, das ist nicht richtig. Es gibt eine heftige Anti-Immigrationsstimmung im Land. Die Immigration war niemals so groß wie jetzt, nicht einmal im 19. Jahrhundert. Wir nähern uns der Zahl von sechs Milliarden Menschen auf der Welt – auch das war ein Grund für mich, *América* zu schreiben –, wo sollen die hin? Gut, unsere Wirtschaft basiert auf Wachstum, aber gibt es unendliches Wachstum? Soll jeder Quadratmeter auf dieser Erde mit

Häusern bebaut sein? Was für eine Art von Leben wäre das? Wir in den industrialisierten Ländern, in Deutschland, in Amerika, sind sehr selbstsüchtig. Statistisch betrachtet fügt ein amerikanisches Kind im Lauf seines Lebens der Umwelt einen 240mal größeren Schaden zu als ein in Indien geborenes Kind. Was bedeutet das? Worin besteht unsere Verantwortung? In der vorigen Generation hat die mexikanische Regierung den Kinderreichtum gefördert, mit dem Erfolg, daß nun jedes Jahr eine Million zusätzlich auf den Arbeitsmarkt kommt, und das in einem Land, dessen Arbeitslosenrate bei 40 Prozent liegt. Was sollen die Menschen tun – verhungern oder in die USA gehen? Und wer ist verantwortlich dafür?»

Funktioniert die amerikanische Utopie noch?

«Sie hat funktioniert, in einem unglaublichen Ausmaß, mit einer Demokratie, die blühte und immer noch blüht. Ja, Amerika war immer das Land der Immigranten, das alle diese verschiedenen Völker aufgenommen hat, auch meine irischen Vorfahren, und alle sind zuerst auch dämonisiert worden. Wollte man das Ganze optimistisch betrachten, dann könnte man sagen: Es wird auch in Zukunft funktionieren. Ich aber glaube, daß sich die Bedingungen geändert haben, und zwar wegen der Übervölkerung. Als John Steinbeck die *Früchte des Zorns* schrieb und voller Leidenschaft dafür plädierte, den Elenden zu helfen, war die Weltbevölkerung halb so groß wie jetzt. Wir selber sind der Feind, jeder von uns, da geht kein Weg dran vorbei. Die einzige Lösung, die es gibt, liegt außerhalb unserer Kontrolle. Wir erfahren ja, daß immer mehr Viren, Bakterien, Parasiten der Welt gegen ihre Behandlung resistent werden. Ich fürchte, es wird ein großes Sterben unter unserer Spezies geben. Wenn eine Spezies übermäßig wächst, stirbt ihre Umgebung ab. Die Bedingungen sind perfekt. Wir reisen überallhin. Sie können morgen einen bestimmten Virus nach Deutschland bringen, ohne es zu wollen. Es wird eine Katastrophe geben, und die einzige Hoffnung ist, daß wir aussterben. Was sonst soll passieren? Sechs Milliarden – wo sollen die hin? Der

Grund, weshalb ich Los Angeles verlassen habe, war, daß ich einfach den Druck der Massen nicht mehr ertragen konnte. Das Leben war nicht länger lebbar. Ich konnte nicht mehr ins Theater, ins Konzert, weil ich mich Stunden um Stunden durch das Verkehrschaos quälen mußte. Jetzt lebe ich in dieser kleinen Stadt, wo ich nachts von meinem Fenster die Milchstraße sehen kann, die man in Los Angeles wegen der Luftverschmutzung längst nicht mehr sieht, die Luft ist sauber, ich gehe hier ins Theater, ins Konzert, und alles ist sehr angenehm, weil es noch nicht so dicht besiedelt ist. Vielleicht wird es das bald sein – wohin dann? Ich glaube, wir müssen einen Weg finden, daß die Wirtschaft auch ohne das permanente Wachstum der Märkte und der Menschen funktioniert. Vielleicht geht das nicht.»

Kennt Boyle Malthus?

«Ja, und ich vermute, ich habe eine malthusianische Perspektive. Es ist auch eine darwinistische. Die Sozialfürsorge bedeutet ja nur eine Verzögerung, sie bewirkt nichts. Einige werden sterben, die Harten überleben, so ist es. Es war immer so. Die meisten Länder der Erde haben eine Gesellschaft wie im *Herr der Fliegen*, es ist wie bei den Jungens auf dem Spielplatz, der Starke übernimmt die Führung, und die andern folgen ihm. Demokratien wie hier sind eher selten, sie sind nie ungefährdet, und die Millionen, die über die Grenzen kommen, verstärken den Druck auf die Demokratie. Die Leuten hätten gern, daß ich ein Buch schreibe, in dem sie lesen können, daß alles in Ordnung ist, daß alle Menschen Brüder sind. Und das ist nicht notwendigerweise der Fall, oder? Wir reden jetzt schon fast eine Stunde, und alles, worüber wir reden, sind die politischen Implikationen meines Buchs. Das ist merkwürdig. Bei meinen anderen Büchern würde man hauptsächlich über literarische Fragen reden. Das Buch, das ich jetzt schreibe, ist völlig anders, es hat nichts mit Politik zu tun – obwohl es etwas mit Klassenkampf zu tun hat. Ich bin mir der Tatsache sehr bewußt, daß ich hier in der Oberschicht lebe, in diesem wunderschönen Haus, wohlhabend wie alle andern, aber ich komme aus der Arbeiterklasse, ich besaß nichts, ich verstehe die Gefühle derjenigen, die nichts haben. Ich kann ja nicht mit meinem neuen Auto hier herumfahren und ein Schild ans Fenster kleben: ‹Bin Arbeiterjunge, habe das mit meinem Schweiß und Grips verdient.› Das kümmert niemanden. Ich habe das Auto, und die haben es nicht, also versuchen sie, es zu klauen. Das ist einfach so.»

Hier fing Boyle laut zu lachen an, als amüsiere ihn die Vorstellung, daß Leute ähnlichen Herkommens wie er ihm sein Auto klauen könnten. Er hatte sich warm geredet. Die hagere, langbeinige Gestalt mit dem schütteren, rötlichen Kraushaar saß in entspannter Haltung, die Bierflasche in der Hand, in einem der schönen Art-déco-Sessel, wirkte zugleich aber wie auf dem Sprung, konzentriert, und seine wachsamen Augen blickten mich an. Draußen regnete es wieder. Ich fragte ihn, ob er nicht glaube, daß ein Mann wie Pat Buchanan (der zum Zeitpunkt unseres Gesprächs noch mit Bob Dole um die republikanische Präsidentschaftskandidatur konkurrierte und sich als Rechtsaußen präsentierte) über Boyles Ansichten froh sein könne.

Boyle: «Ich glaube nicht, daß er mit mir übereinstimmen würde. Er ist wie Jack Jardine in *América*, er ist die Figur, gegen die ich bin. Er ist absolut von sich selber überzeugt, er ist ein Demagoge, er will andere Rassen dämonisieren. Dagegen bin ich. Ich möchte sichere Grenzen, wie es praktisch jeder in Amerika will. Nein, ich glaube, er würde mit mir überhaupt nicht übereinstimmen. Außerdem bin ich Demokrat.»

Warum sind die meisten amerikanischen Schriftsteller Demokraten?

«Ich weiß es nicht. Ich weiß, warum ich einer bin. Als ich jung war, war ich ein Hippie, und ich war sehr beeinflußt durch Hippie-Ideale. Möglicherweise war das die Kehrseite meines Pessimismus, ich bin ein Pessimist, aber dennoch auf der Seite der Demokraten. Mit meinen Ansichten über die Sozialfürsorge oder über die Grenzkontrollen mag ich rechts scheinen, aber ich glaube nicht, daß dies notwendigerweise eine rechte Position ist. Sie geht quer durch die Gesellschaft, quer durch die Liberalen und die Demokraten. Noch mal: Ich schrieb dieses Buch, um die Liberalen mit sich selber zu konfrontieren. Es ist zu einfach zu sagen: Laß jeden kommen, gib ihm Unterstützung, sei kein Rassist. Wenn die Liberalen unter Druck geraten, wie etwa Delaney, und über ihre Prinzipien nachdenken müssen, dann fragt es sich eben: Werden sie die Prinzipien ändern? Sehen Sie, ich versuche, alle Seiten der Geschichte zu betrachten. Jack Jardine ist wie viele der älteren, weißen Kalifornier. Sie geben nicht vor, ihre mexikanischen oder thailändischen Mitbürger zu lieben, sie sind sich ihrer Sache sicher, sie wollen, daß die Mauer hochgezogen wird. Aber meine Frage lautet: Was wird da eingemauert? Haß, Krankheit, Niedergang. Die Sache ist zwiespältig, und auch der Leser soll zwiegespalten sein. Der Titel *Tortilla Curtain* spielt ja ironisch mit den Metaphern des Vorhangs: Es gab den Eisernen Vorhang, eine absolut solide Sache, es gibt den Bambus-Vorhang (ein Ausdruck, der unser Verhältnis zum kommunistischen China beschreibt), der ziemlich stabil ist, aber noch ein paar Durchblicke läßt. Und nun der Tortilla-Vorhang: Drei Drähte, auf denen Tortillas trocknen, und jeder kann durch.»

Was heißt es für Boyle, ein amerikanischer Schriftsteller zu sein?

«Die Frage kann ich nicht beantworten, da ich nicht die Gelegenheit hatte, ein anderer Schriftsteller zu sein. Die längste Zeit, die ich außerhalb Amerikas war, verbrachte ich in Irland, dreieinhalb Monate mit meiner Familie. Meine Tochter ging dort zur Schule. Und da ich Englisch spreche, konnte ich mich mit jedem unterhalten, das war sehr bequem. Ich könnte niemals ein Aussiedler sein, ich bin Teil dieser Kultur und Gesellschaft. Ich mußte nach meiner Rückkehr Nachhilfestunden in Baseball nehmen – ich konnte nicht länger in Irland bleiben. Und natürlich wäre es für mich noch schwieriger, in Deutschland oder Spanien zu leben – obwohl Spanisch die einzige Fremdsprache ist, die ich beherrsche. Amerikanischer Schriftsteller sein heißt: Ich bin Teil dieser

Kultur, dazu gehört auch Rock 'n' Roll und TV und das alles, so wie Sie Teil der deutschen Kultur sind, das ist unausweichlich. So kam ich zu *América* – irgendwo im weißen Rauschen dieser Kultur war dieses Ferment einer Idee, und ich reagierte nur darauf. Ähnlich war es beim *Samurai von Savannah* – in den späten Achtzigern gab es, besonders an der Westküste, ein heftiges antijapanisches Ressentiment. Es herrschte das Gefühl, daß die Japaner ganz Amerika aufkauften, die Studios, die Filme etc., daß sie sich uns überlegen fühlten, unsere Autoindustrie vernichteten. Die *Los Angeles Times* brachte fast jeden Tag einen Artikel über japanische Kultur, und als ich das Buch schrieb, hatte ich ununterbrochen Material über Japan. Ganz Amerika war von Japan fasziniert, so auch ich. Ich versuche, die Lebensbedingungen von Rassen zu erforschen. Das habe ich auch in *World's End* getan, das die Stadt zum Schauplatz hat, wo ich aufgewachsen bin: Peekskill, wo die Pogrome stattgefunden haben, wo es während der McCarthy-Zeit eine Menge an antikommunistischem, antisemitischem, antischwarzem Ressentiment gegeben hat. Auch das interessiert mich. Vorläufig bin ich ganz zufrieden, wer weiß. Ich werde im nächsten Roman zu einem Gegenwartsthema zurückkehren müssen, jetzt nach dem Roman *Riven Rock*, der historisch ist wie *World's End* oder *Wassermusik* oder *Willkommen in Wellville*. Ich fühle mich ganz gut mit diesem Rhythmus, abwechselnd ein historisches und ein gegenwärtiges Buch zu schreiben. Obwohl ich manchmal denke, wenn ich noch ein weiteres Buch schreibe, werde ich verrückt.»

Noch einmal: Was bedeutet die amerikanische Utopie?

«In meinem Fall wurde sie wahr. Ich kam aus einer armen Arbeiterfamilie, meine Eltern waren beide Alkoholiker. Meine Großeltern kamen aus Irland, mein Vater wuchs im Waisenhaus auf. Ich habe mich nie anderen unterlegen gefühlt, meine Freunde waren wohlhabender als ich, aber es waren eben Herzensfreunde, ich hab's überstanden und hatte am Ende Erfolg. Die amerikanische Verheißung gilt noch, mit einer einzigen Ausnahme, der

Rasse. Wenn ich in derselben Situation und dazu noch schwarz gewesen wäre, ich glaube nicht, daß ich so weit gekommen wäre.» Was ist der Grund für die besondere Situation der Schwarzen? «Der Grund ist, daß die Schwarzen als Sklaven hierherkamen. Das Kind, das heute geboren wird, mag das nicht wissen, aber die Gesellschaft weiß es. Du kannst nicht Teil des amerikanischen Traums sein, wenn du schwarz bist. Wenn du keinen Job kriegst, kein Haus im Vorort kaufen kannst, was machst du: Du strebst nach Stil, Mode, Musik, nach einem anderen Weg, im Leben Gratifikationen zu kriegen, und so entsteht eine Antigesellschaft, muß entstehen. Wenn Sie das schwarze, im Getto gesprochene Englisch hören, so unterminieren die Schwarzen permanent und bewußt das normale Englisch, sie wollen, daß sich ihres von unserem unterscheidet. Niemand in der Gesellschaft, in der wir beide uns bewegen, kann sich jemals einen grammatischen Fehler leisten, es wäre inakzeptabel. Es ist ein soziales Distinktionsmerkmal, es passiert nicht, kann nicht passieren. Aber die schwarze Gesellschaft ist umgekehrt: Würde man sprechen, wie ich spreche, wäre man ein Onkel Tom, ein Verräter. Es ist furchtbar für die Schwarzen, den Erfolg anderer Immigranten mit ansehen zu müssen. Der Konflikt zwischen den Koreanern und den Schwarzen beweist das. Davor gab es den Konflikt zwischen den Schwarzen und den Juden. Wo ist der schwarze Unternehmer? Die Schwarzen sind dazu gezwungen worden, eine andere Kultur auszubilden, über Hunderte von Jahren. Es ist ein für allemal illusionär, zur Mittelklasse gehören zu wollen, wenn einem das immer verwehrt wurde. Und die Sozialfürsorge hat das Problem verschlimmert. Es ist ein unlösbares Problem. Kennen Sie den Film *Hoob Dreams*? Ein Dokumentarfilm, der vor zwei Jahren herauskam und von zwei schwarzen Teenagern im Getto handelt, die sehr gute Basketballspieler sind – *hoob* heißt Basketball –, die sich darin steigern und dann im College aufgenommen werden. Es ist ein sehr bewegender Film, der die Augen öffnet. Für diese Kinder gibt es nur einen Weg aus dem Getto: Basketball. Das ist der Weg nach oben, zum Reichtum. Aber jedes

Team hat nur elf Spieler, und da sind Millionen. Da ist keine Einsicht, daß man eine Ausbildung haben muß, einen Beruf. Entweder du spielst Basketball, oder du verkaufst Drogen, sonst gibt es nichts, da ist kein Vater in der Familie, kein Vorbild, keiner, der arbeitet – wie soll man da eine Vorstellung davon kriegen, was es heißt, Mitglied der Gesellschaft zu sein?»

Gibt es rassische Unterschiede hinsichtlich der Mentalität, Intelligenz?

«Es wäre unklug, das zu sagen, und der Kodex der *political correctness* würde es einem nicht erlauben. Vielleicht stimmt es. Wir hassen ethnische Stereotype: der penibel alles kontrollierende Deutsche (übrigens sehen die Mexikaner genauso den weißen Amerikaner), der betrunkene, unzuverlässige Ire. Ich glaube, darin steckt eine gewisse Wahrheit. Natürlich sind wir eine Spezies, aber es gab isolierte Gruppen, die verschiedene Charaktere und Talente entwickelt haben – das ist offensichtlich so. Es bedeutet nicht notwendigerweise, daß eine Gruppe unterlegen oder überlegen ist. Aber die Geschichte des Kolonialismus kommt aus der Tatsache, daß einige Menschen eine fortgeschrittene Technologie früher als die anderen hatten. So mag es ethnische Unterschiede hinsichtlich bestimmter Fähigkeiten geben, einigen fällt etwa Mathematik leichter als anderen etc. So wie es Geschlechtsunterschiede gibt. Das ist so. Und vieles davon ist durch die kulturelle Tradition herausgebildet. Das sieht man an der Lage der armen schwarzen Bevölkerung in Amerika. Eine Menge davon ist kulturellen Ursprungs.»

Die Schwarzen machen in Kalifornien nur sieben Prozent der Bevölkerung aus.

«Und ihr Anteil schrumpft, denn der Anteil der Latinos ist gewaltig und steigt. Vor dem Immigrationsreformgesetz von 1986 hatten die Schwarzen einen stabilen Anteil an der Gesamtbevölkerung. Wegen der gewaltigen asiatischen und mexikanischen Zuwanderung sinkt dieser Anteil. Und in Kalifornien kommt hinzu, daß Weiße das Land verlassen und nach Oregon oder Washington ziehen oder Montana. Und das ist schlimm, denn da beginnt die Gesellschaft auseinanderzubrechen.» Michael Lind spricht von «*Brazilianisation*». «Das trifft zu. Warum soll ich, so fragt sich ein Bürger in Iowa, für die Immigranten in New York oder San Diego bezahlen? Ich glaube, das Land ist in Gefahr, auseinanderfallen, und das ist ein Argument, für jegliche Immigration ein Moratorium festzusetzen, also auch für die aus Europa, damit wir sehen können, ob sich die Gruppen ausbalancieren, stabilisieren und zu mischen beginnen, so daß wir nicht eine Stadt haben wie Los Angeles, die so voller Latinos ist, daß man sie zu Teilen für mexikanisch halten könnte. Aber die Mischung der Völker und Rassen braucht die Zeit von Generationen, und eine weiterhin unbegrenzte illegale Immigration verschärft das Problem. Ich stimme nicht mit Buchanan überein, aber auch nicht mit jenen, die eine Laissez-faire-Haltung dazu haben. Die Leute, die weit vom Schuß sind, entweder weil sie Geld haben oder weil sie im Mittleren Westen leben, wissen nicht, was hier los ist. Die Liberalen und fortschrittlich gesinnten Leute verweigern diese Debatte einfach und sagen, du bist ein Rassist. Aber ich bin kein Rassist, ich rede nicht über Rassen, sondern über nationale Souveränität und darüber, wie es möglich ist, das Land zu erhalten.»

Warum ist Boyle so böse auf die *political correctness*? «Wir sind niemals so nahe am Faschismus, nie so nahe am McCarthyismus gewesen. Im wesentlichen wollen diese Leute die Diskussion abwürgen, die Meinungsfreiheit beschneiden, und in meinem Fall die Freiheit, mich in meinen Büchern mit Dingen zu befassen, die ich für wichtig halte. Wie ich schon sagte: Die Linken wollten es mir verwehren, für die Mexikaner zu sprechen, weil ich keiner bin. Ich sage nur: *Fuck you*, ich schreibe, was ich will. Das ist mein Beruf. Diese Leute können nicht logisch denken.»

Affirmative Action

Unsere beiden Mädchen (sechs und zehn Jahre alt) in der Schule anzumelden war einerseits überraschend leicht, andererseits überraschend schwierig. Da es kein Meldegesetz gibt, wollte niemand einen Paß oder ein Visum sehen. Wir mußten lediglich glaubhaft machen, daß wir im zuständigen Bezirk der in Venice gelegenen öffentlichen Elementary School wohnten, und danach war die Schule verpflichtet, unsere Kinder aufzunehmen. Andererseits mußten erstaunlich viele Fragebögen beantwortet werden, vor allem über die Krankheits- und Impfgeschichte der Kinder, und da wurde die Schule plötzlich bürokratisch genau. Solange nicht alle Impfungen in penibel vorgeschriebener Reihenfolge und im gebotenen Zeitabstand ausgeführt und dokumentiert waren, gab es kein *enrollment*. Als dies geschafft war, galt es, eine *Emergency Information Card* auszufüllen, wozu seltsamerweise die genaue Angabe der Ethnizität und der Muttersprache zählte. Beides war wie folgt aufgelistet und mußte angekreuzt werden:

Student Ethnicity
1 *Hispanic*
2 *Black (not of Hispanic origin)*
3 *Filipino*
4 *Asian (please specify: Korean, Chinese, Vietnamese,
   Cambodian, Japanese, Laotian, Asian Indian, Other)*
5 *Pacific Islander (please specify: Samoan, Hawaiian,
   Guamian, Other)*

6   *White (not of Hispanic origin): (Please specify: Armenian, Persian, Iranian, Russian, Other)*
7   *American Indian (Tribe – please specify)*
8   *Alaskan Native*

Home Language
English, Spanish, Korean, Cantonese, Armenian, Vietnamese, Filipino (Tagalog), Farsi, Cambodian (Khmer), Hebrew, Thai, Japanese, Arabic, Mandarin, Russian, Other.

Mir ist nie klar geworden, wie sich diese Abfolge begründete. Nach der Häufigkeit? Dann kämen die Weißen quantitativ erst an sechster Stelle, was für Los Angeles generell nicht zutrifft, und für Venice schon gar nicht. Zwar entstammten die meisten Schulkinder offenbar Familien mexikanischen Ursprungs (vor allem der durchaus vorhandenen mexikanisch-amerikanischen Mittelschicht), aber es gab auch viele Weiße, und die Schwarzen waren deutlich in der Minderheit. Wie auch immer: Der Fragebogen zeigt, wie weit Europa von Kalifornien entfernt ist. Frankreich oder Französisch, Italien oder Italienisch kommt gar nicht vor. Wir als Deutsche konnten uns unter Punkt 6 (*white – other*) eintragen, und unsere Sprache kam an sechzehnter Stelle vor: *other*.

Interessanter aber ist die skrupulöse Differenzierung und Beachtung jeglicher ethnischer Minderheit. Das Resultat ist zwangsläufig Rassismus, wenngleich ein ausdrücklich positiver, nämlich ein staatlich gewollter und geförderter Minderheitenschutz-Rassismus. Er ist die logische Folge der *affirmative-action*-Politik, die mit der Bürgerrechtsbewegung in den sechziger Jahren entstanden war und heute von den Konservativen bekämpft und auch von den Liberalen immer mehr bezweifelt wird. Der Ausdruck *affirmative action* wurde von der Kommission für Chancengleichheit auf dem Arbeitsmarkt (*Commission on Equal Employment Opportunity*) geprägt, die Kennedy gegründet hatte. Diese Politik erreichte ihren Höhepunkt in Johnsons *Great Society* Ende der sechziger bis Mitte der siebziger Jahre. Die Zentralregierung zog immer mehr gesetzgeberische Kompetenzen an sich, indem sie die aus der Bundeskasse finanzierten Hilfsmaßnahmen mit Auflagen verknüpfte. Sie zwang die Banken, bei der Gewährung von Baudarlehen über die soziale und rassische Herkunft der Darlehensempfänger Rechenschaft abzulegen, sie zwang jene Firmen, die von Staatsaufträgen abhängig waren, ihre Einstellungspolitik an den Quoten der Rasse und des Geschlechts auszurichten. Und vor allem machte Washington (im Verein mit entsprechenden Gerichtsurteilen) die Gleichstellung für die staatlichen Schulen und Universitäten verbindlich. Dazu gehörte das heftig umstrittene *Busing*-Thema, also der Bustransport von Kindern in oft entlegene Schulen, um die ethnische Durchmischung zu gewährleisten. Die privaten Firmen und Institutionen beugten sich oft auch dann dem politischen Druck, wenn die Regeln formal auf sie nicht anwendbar waren.

Die weitgehend akzeptierte Idee der Chancengleichheit bedeutete in der Praxis eine gezielte Chancenverbesserung für diejenigen, die aus Gründen der Rasse (vor allem die Schwarzen, aber auch die Indianer) oder des Geschlechts (die Frauen) benachteiligt gewesen waren, und sie bedeutete zugleich eine Chancenverschlechterung für diejenigen, die bislang auf der Sonnenseite gestanden hatten. Der weiße männliche Bewerber, der verzweifelt nach einer indianischen Urgroßmutter sucht, um nicht gänzlich chancenlos zu sein, war immer mehr als nur ein konservativer Kneipenwitz.

Die Richter haben sich immer wieder mit dieser Problematik befaßt. 1978 argumentierte Lewis F. Powell, Richter am Supreme Court, in der oft zitierten «Bakke»-Entscheidung, daß rassische Diskriminierung illegal sei, daß also die Universitäten niemanden aufgrund seiner Hautfarbe ausschließen dürften (im gegebenen Fall den weißen Studenten Allan Bakke), daß sie aber generell die Rasse von schwarzen Studenten als «Plusfaktor» in Anschlag bringen dürften, um historisches Unrecht wiedergutzumachen und «*diversity*» in die Eingangsklassen zu bringen. 1996 entschied ein Bundesgericht (The 5th Circuit Court of Appeals), daß die University of Texas die weiße Bewerberin Cheryl J. Hopwood zum Studium zulassen müsse. Sie war abgelehnt worden, obwohl ihre Noten besser waren als die von 40 akzeptierten Schwarzen und besser als die von 52 akzeptierten Latinos.

Der Kampf um die richtige Abwägung zwischen dem formalen Recht auf Gleichheit vor dem Gesetz (*Fourteenth Amendment*) und dem inhaltlichen Recht auf Chancenverbesserung (*Civil Rights Act*) hat nie aufgehört, und er hat sich in den letzten Jahren immer häufiger zugunsten des formalen Gleichheitsprinzips entschieden. Das erklärt sich auch aus den teilweise bizarren Auswüchsen der Gleichstellungspolitik. Damit sie formal einsichtig sei, bedarf es einer genauen Quotierung, und die wiederum basiert auf einer exakten Definition dessen, was als Minderheit zu verstehen ist. 1973 setzte das *Federal Interagency Committee on Education* fünf Rassen fest: *American Indian or Alaskan Native, Asian or Pacific Islander, Black, White, Hispanic.* Und damit begann das, was Michael Lind das «Amerika der fünf Nationen» nennt und was im Alltag zu komplizierten und kuriosen Recherchen der rassischen Ursprünge einer Person führt.

Die Coeur d'Alene Elementary School in Venice bietet den Kindern zum Frühstück und zum Lunch preiswerte Mahlzeiten an. Dafür gibt es einen Wochenplan, dessen eine Seite englisch und die andere spanisch ist. In einer Ecke steht klein gedruckt: «*This is an equal opportunity program. If you believe you have been discriminated against because of race, color, national origin, age, sex, religion, or handicap, write to the Secretary of Agriculture, Washington D. C. 20250.*»

La Brea Avenue,
Gespräch mit Michael Chabon

Zu bestimmen, was Los Angeles eigentlich sei, ist fast unmöglich. Ein Amerikaner sagte mir, es handele sich nicht um eine Stadt, sondern um eine Ansammlung von Vororten, aber der Mann stammte aus San Francisco. Versucht man, die Stadt in ihrer ganzen Ausdehnung zu durchmessen, und anders als mit dem Auto geht das nicht, so erkennt man, daß sie aus einer einzigen Idee, die unendlich vervielfacht wurde, gewachsen ist: Das singuläre Haus (oder das Häuschen oder die Villa oder das palastähnliche Anwesen) mit Rasen, Blumen und Palmen, vielleicht noch, je nach Größe, mit Pool und Mauer, in jedem Fall mit Garage (für ein oder mehrere Autos) ist der Kern, das Haus, das so tut, als stünde es für sich, die amerikanische Variante des Wüstenrot-Traums, die, eben weil amerikanisch und kalifornisch, viel üppiger, phantastischer, phantasievoller ausfällt, als je ein Wüstenrot-Sparer träumen könnte. Nirgends sonst habe ich eine so lebendige, spielerische, kühne, einfallsreiche Architektur gesehen. Immer drückt sie eine schrankenlose (und nur durch die Finanzmittel begrenzte) Selbstverwirklichungs- und Selbstdarstellungslust aus, und immer wurzelt sie in der Phantasie vom Paradies des ewigen Frühlings, im individualanarchistischen Traum des Einzigen und seines Eigentums an der Sonne und im Licht. Fährt man also beispielsweise auf dem Highway Nr. 10 von Santa Monica nach Osten, so erlebt man die Realisierung dieses Traums in der scheinbar endlosen Wiederholung, mal prachtvoll, mal heruntergekommen, mal neu gegründet, mal aufgelassen und aufgegeben: Der immer weiter und weiter hinausgeschobene Stadtrand, das immer weiter ausgedehnte, in den Hauptsträngen immer wieder verstärkte Netz der Straßen, die zwischen den immerzu ehemaligen Paradiesen eine Art Drainage bilden, mündend in die acht- oder zehnspurigen Ströme der Tangenten und Axialen, an denen entlang die Tankstellen, Autohändler, Werkstätten, Drive-In-Läden angesiedelt sind und an deren Kreuzungen die riesigen Einkaufszentren stehen, mit Supermärkten, Post-Office, Banken, Reisebüro und Restaurants. Und während der stundenlangen Fahrt, vorbei am Auf und Ab der Siedlungen und Märkte, vorbei an totem, zerstörtem Gelände mit eingestürzten Dächern und niedergesunkenen Werbemasten, einer Fahrt durch das gleißende Licht, die erst hinter den San Gabriel Mountains die Wüste und die ersehnte Leere erreicht, überkommt den Neuling eine furchtbare Depression, die nicht ganz ohne Wahrheit ist: Das ist die ausgebrannte Erde der Zivilisation, das urbane Brandrodungsprinzip, die Raumvernichtung als blindes Gesetz. Was aber anfangs abstoßend gleichförmig wirkt, zeigt sich bei näherer Kenntnis als der potentiell unendliche Reichtum der Variation, nicht nur wegen der Unterschiede der Klasse und der Kasse, sondern auch wegen der dramatischen und immerzu rasch sich ändernden Geschichte, die sich den Quartieren ablesen läßt. Wo einstmals Stadtrand war und wo die Wohlhabenden wohnten, ist nun dichtes Gebiet, in das Gewerbe eingezogen ist und wo andere Ethnien (die Koreaner, die Mexikaner) ihre Lebensgewohnheiten fortsetzen. Dann gibt es plötzlich keine europäischen Schriftzeichen mehr, oder Straßenmärkte versperren den Weg. Vom Hollywood-Observatorium aus sieht man, wenn auch nur einen kleinen Teil davon, den Ozean Los Angeles, der erst am pazifischen haltmacht, und man sieht, daß er grün ist, überragt nur an wenigen Stellen von den Hochhäusern in Downtown oder Century City, eine Gartenstadt mit großen Parks, mit palmengesäumten Boulevards, mit grasgrünem Rasen vor jedem Hauseingang.

Michael Chabon hatte mir als Treffpunkt den «Tales Bookshop» angegeben: La Brea Avenue, einen halben Block östlich vom

Wilshire Boulevard. Ich fand eine Kneipe, halb Buchladen mit neuen und alten Büchern, darunter fast keine Non-fiction, sondern vor allem Lyrik, Anthologien erotischer Art, Filmfreakiges, alles nach einem sehr speziellen Geschmack, der etwas Literarisch-Bohemehaftes hatte, zugleich ein Kino mit Leinwand hinten hoch über dem Tresen, wo offenbar vor allem *films noirs* der Fünfziger und Vierziger gezeigt werden. Mein Erstaunen darüber, was alles in dieser riesigen Stadt zugleich da ist: Hier, auf einem Boulevard mit all den Erscheinungen dieser konsumistischen, vorteilsbesessenen Stadt plötzlich eine Ecke mit zwei Werkstätten für Antiquitäten und diese Literatenkneipe, auch eine Antiquität, wo mittags ein paar Nachbarn zum Lunch vorbeistreunen – zwei schwarze Ladies, die Tagessuppe löffelnd, ein anderer Schwarzer vor seinem Sandwich, ein junges weißes Paar, später zwei weiße Handwerker, die die Kühltruhe reparierten.

Ich war eine halbe Stunde zu früh, nervös wie immer, Chabon 20 Minuten zu spät, er hatte sein Saab-Cabrio aus der Werkstatt geholt (Benzinpumpe kaputt). Er sah ganz anders aus als auf dem Foto des deutschen Verlags, das einen Schönling mit Kußmund zeigt: Kein Beau, nicht groß, sondern gedrungen mit schwarzem Lockenhaar, kaum merklichem Silberblick und dem Hauch eines Stotterns. Er war völlig unarrogant, eher bescheiden, darum bemüht, gut zu antworten und zu gefallen, aber nachdenklich, intelligent und angenehm.

Michael Chabon, Jahrgang 1963, erzielte gleich mit seinem ersten Roman *Die Geheimnisse von Pittsburgh* einen erstaunlichen Erfolg. Es geht darin um die Irrungen und Wirrungen einer jugendlichen Großstadtschickeria, die sich mit Sex und Drogen über das Problem, erwachsen zu werden, hinwegtröstet. Der Roman ist sehr sprachgewandt und amüsant erzählt, pendelt zwischen Witz und Melancholie. Auf der Oberfläche scheint er nichts sonderlich ernst zu nehmen, aber man spürt, daß dies nur eine Art ist, die Dinge anders ernst zu nehmen, und diese Schreibhaltung wurde als Stimme einer neuen, jungen Generation verstanden.

Wonder Boys ist, nach dem Erzählungsband *Ocean Avenue*, Chabons drittes Buch, und es verrät insofern Intelligenz, als es die ganze Thematik von «Schreiben und Leben» oder «Kunst und Handwerk» ebenso leichtfüßig wie hintergründig behandelt.

Held der Ich-Erzählung ist ein nicht unsympathischer, aber völlig bekiffter und versoffener Schriftsteller, der mit seinem Opus magnum, dem Roman «Wonder Boys», ebensowenig zu Rande kommt wie mit seinen diversen Liebschaften. Er unterrichtet *Creative Writing* an der Universität in Pittsburgh, ist verheiratet mit einer jüdischen Koreanerin, hat ein Verhältnis mit der Rektorin und hätte gern eins mit seiner Lieblingsstudentin. Er leidet, wie es einmal heißt, an der «Mitternachtskrankheit», auch «emotionale Schlaflosigkeit» genannt, an jenem Zustand also, wo die Fähigkeit des Beobachtens und Mitempfindens in einen peinigenden Zwang umschlägt.

Das wilde Potpourri aus Scherz, Ironie, Satire und nicht sehr tiefer Bedeutung beginnt, als der Lektor des Schriftstellers, ein überdrehter Schwuler mit einem Transvestiten im Schlepptau, aus New York einfliegt, um am «WordFest» teilzunehmen, einem lokalen Autorentreffen mit Lesungen, Parties und allerlei Affären. Zu den Höhepunkten zählt ein erschossener Hund, dessen Leiche unablässig für die peinlichsten Zwischenfälle sorgt.

Der Roman beginnt mit hohem Tempo, gewinnt seinen Reiz durch die Verspottung des intellektuellen Milieus auf dem amerikanischen Campus, durch die satirische Brechung literarischer Probleme, die sich als Lebensprobleme entpuppen, die wiederum literarische Probleme sind, aber nach einer Weile werden Autor und Leser des Dauerwirbels müde. Der Roman verrät, daß Chabon hochbegabt ist, aber auch, daß er sein großes Thema noch sucht.

Ich frage Michael Chabon zunächst nach der Entstehungsgeschichte des Romans *Wonder Boys*.

Chabon: «Ich habe versucht, eine literarische Figur zu erfinden, die sich in vielerlei Hinsicht von mir unterscheidet. Ich hatte mich nämlich fünf Jahre in ein Buch verrannt, das ich schließlich aufgeben mußte. Als ich derart in Schwierigkeiten steckte, fielen mir Schriftsteller ein, die ich kannte und die 10, 15, ja 20 Jahre an einem Roman schreiben und ihn nie fertig kriegen und immer sagen, ich habe es so gut wie geschafft. Ich habe mir eine Art Strohmann aufgebaut, ein Totem, dem man alle Beschwernisse auflädt und das man dann in den Fluß schmeißt. Ich wollte eine entgegengesetzte Figur erfinden, um mir selber zu zeigen, daß ich nicht so war.»

Der Schriftsteller in *Wonder Boys* ist älter als Chabon.

«Er kommt aus einer anderen Generation, er ist beeinflußt von Autoren wie Kerouac und dieser Zen-Hippie-Kultur. Ich komme aus einer späteren Generation, und mich hat die experimentelle Literatur von Coover oder Barth oder Pynchon oder die der Minimalisten wie Carver oder Ann Beattie immer mehr interessiert als die von Kerouac oder die der Beat Generation.»

Gehört Chabon der postmodernen Generation an?

«Ja, obwohl der Begriff so abgenutzt ist und so unterschiedlich definiert ist – er bedeutet in der Architektur etwas anderes als in der Kunst und wieder anderes in der Literatur – und obwohl ich zögere, von meiner Generation zu sprechen, weil das eine unscharfe Bezeichnung ist, bei der ich nie weiß, wen sie ein- oder ausschließt. In meinem Fall würde postmodern bedeuten: sich mit jenen Formen und Traditionen der Vergangenheit vertraut, befreundet zu fühlen, die von der vorigen Generation der Modernisten als erschöpft betrachtet wurden, die gesagt haben, damit ist es vorbei, die traditionellen Formen sind tot, wir müssen alles neu erfinden und mit der Vergangenheit brechen. Postmodern würde bedeuten, sich die Vergangenheit wieder anzueignen, zu den älteren Formen zurückzukehren und zu sagen, da gibt es immer noch etwas zu entdecken, und dies vielleicht mit einer leicht ironischen Distanz zu tun, also nicht vorzugeben, man könnte wie Dickens schreiben – das wäre eine für mich angemessene Definition von postmodern.»

Wie ist sein Verhältnis zur Generation der sechziger Jahre?
«Ich bin 1963 geboren und aufgewachsen unter denen, die gegen den Vietnamkrieg protestiert hatten. Später guckten Leute meines Alters sich die Protestgeneration näher an, und wir fragten uns, was haben sie erreicht, und wir haben gesehen, daß aus diesen Protestierern genau das geworden ist, wogegen sie einst protestiert hatten. Ich glaube, daraus resultiert die politische Desillusionierung meiner Generation. Wir sahen, daß einige aus dieser Protest-Generation gutbezahlte Jobs in der Werbebranche und der Unterhaltungsindustrie angenommen hatten und die Lieder und die Musik, die dem Protest und dem Widerstand gedient hatten, dafür benutzten, Schuhe zu verkaufen. Mir scheint, ich bin in die zynischste Generation der amerikanischen Geschichte hineingeraten, abgesehen von der nächsten Generation, die vielleicht noch zynischer sein wird. Ich bin aufgewachsen mit der Zeitschrift *Mad*, deren Ziel es war, Löcher ins Gebäude der amerikanischen Gesellschaft zu schlagen und klarzumachen, daß jedermann einen dauernd anlog, daß jeder nur darauf aus war, Knete zu machen. Und zugleich erfuhr ich die Gewalt der amerikanischen Konzerne mit ihren Marketing-Strategien und Werbefeldzügen, die zunehmend alles mit allem in Zusammenhang bringen, so daß ein Frühstücks-Cereal zugleich ein Schuh oder sonstwas ist, und meine Tochter, die 16 Monate alt ist, wird nicht mehr zwischen einem Spielfilm und einem Werbefilm unterscheiden können. *Mad Magazine* und die populäre Gegenkultur haben mich dazu erzogen, all das mit höhnischen, kritischen Augen anzugucken und zu fühlen, daß alles schon gesagt und getan war, und politischen Aktivismus und die Überzeugung, daß Politik etwas wäre, mit dem man die Gesellschaft verändern könnte, generell in Frage zu stellen.»
Gibt es eine *intellectual community*?
«Ich wüßte nicht, daß es hier eine gäbe – vielleicht in jener literarischen Szene, die mit der Welt der Musik und des Punk, der Werbung und des Films zu tun hat. Aber etablierte seriöse Schrift-

steller, die zusammenträfen und redeten – nein. Ich habe einige Freunde, die Drehbuchautoren sind.»

Und jenseits von Los Angeles, in den USA insgesamt?

«Nein, das Land ist zu groß. Wahrscheinlich in New York. Mir scheint, daß sich die Schriftsteller in New York alle untereinander kennen und sich häufiger begegnen. Aber das ist die Ausnahme. In der Öffentlichkeit haben die amerikanischen Schriftsteller abgedankt, und das hängt damit zusammen, daß keiner mehr in diesem Land Bücher liest. Schriftsteller haben Einfluß, wenn sie gelesen werden, aber hier werden sie nicht gelesen. Tut mir leid, das sagen zu müssen, aber Literatur ist zu einer marginalen Kunstform geworden. Schriftsteller werden nicht mehr, wie früher, für wichtig gehalten, man geht eben ins Kino oder sieht fern. Ich glaube bestimmt, daß das vor der Epoche des Fernsehens und des Films anders war, da gab es diese Konkurrenz nicht. Eine Figur wie Mark Twain, der als Schriftsteller eine nationale Autorität war, ist heute unvorstellbar. Noch in den Dreißigern gab es Dutzende einflußreicher Zeitschriften, die literarische Texte druckten und die gelesen wurden. Literatur war eine populäre Kunstform, damals, als es noch eine Mittelschicht gab, die es wichtig fand zu lesen. Das waren überhaupt keine Intellektuellen, aber sie waren davon überzeugt, daß an Büchern etwas Gutes, Nützliches sei, und sie hatten Bücher. Das ist vorbei. Es gibt diese Mittelschicht nicht mehr, nur noch eine kleine Oberschicht und eine riesige Unterschicht. Leute mit einer durchschnittlichen Intelligenz fühlen sich nicht mehr verpflichtet zu lesen, sie sagen, ich habe einfach zuwenig Zeit dafür, bin zu müde. Geht man in das Haus solcher gut verdienenden und intelligenten Leute, dann sieht man, daß sie überhaupt keine Bücher haben, aber natürlich Fernseher und Computer.»

Was fragen die Zuhörer, wenn Chabon öffentlich liest?

«Die einzige politische Frage, die derzeit alle Amerikaner interessiert, ist die Rassenfrage und *affirmative action*. Darüber regen sich alle auf. Ich glaube, es wäre ein Fehler, *affirmative action* abzuschaffen, aber sie sollte sich mehr an ökonomischen als an rassischen Kriterien orientieren. Arme Studenten sollten bevorzugt werden. Die Frage der Klasse sollte eine größere Rolle spielen als die der Rasse. Der einzige Politiker, der in den letzten 10, 15 Jahren das Wort Klasse in den Mund genommen hat, ist Jesse Jackson. Er hat versucht, arme Leute zu gewinnen, auch weiße. Es gibt noch einen: Steve Forbes, der versucht, die reichen Leute zu gewinnen, auch das ist ein Klassenstandpunkt.»

Ist Chabon an Politik interessiert?

«Es ist merkwürdig: Ich persönlich bin sehr interessiert an Politik, ich lese Zeitungen, politische Magazine und versuche, mir ein Bild von der politischen Lage zu machen, aber ich habe keine Ahnung, wie ich das in mein Leben integrieren könnte, es scheint, als ob die Ausdrucksformen, die es dafür gibt, nicht zu mir passen oder daß ich sie nicht beherrsche. Ich sehe dafür keinen Platz in meinem Schreiben. Und immer, wenn ich versuche, in politischem Sinn zu schreiben, klingt es falsch, es dringt nicht an mein Ohr. Meine entschiedensten politischen Ansichten haben mit Umweltschutz zu tun, und in dem Roman, den ich dann aufgegeben habe, war die Hauptfigur eine grüne Aktivistin im Sinne von Greenpeace. Ich mochte sie nicht, obwohl ich von allem überzeugt war, was sie sagte und tat, aber als Romanfigur taugte sie nichts. Sie war eine der größten Schwächen des Buchs, weil ich nicht vermitteln konnte, was ich empfand. Vielleicht besitze ich einfach nicht die Fähigkeit, politische Dinge in meinen Büchern auszudrücken. Ich habe starke politische Empfindungen, und ich scheue mich nicht zu sagen, daß ich ein Linker bin. Aber ich könnte mir nicht vorstellen, einen politischen Kommentar zu schreiben. Da kommt mein Zynismus ins Spiel, Protest dieser Art kommt mir letztlich wirkungslos vor. Und ich glaube, niemanden würde es interessieren, was ich dazu zu sagen hätte. Vielleicht stimmt das gar nicht. Aber es gibt verschiedene Wege, Menschen anzusprechen. Ich habe Briefe und E-mail von Leuten gekriegt, die *Die Geheimnisse von Pittsburgh* gelesen hatten und mir davon erzählten, wie sie ihre sexuelle Identität finden mußten, wie verwirrt und deprimiert sie waren, bis sie sich zu sich selber bekennen konnten, wie sie mein Buch gelesen und sich danach viel besser gefühlt hätten, weil sie daraus erfahren hätten, daß man homosexuell oder bisexuell *und* glücklich sein kann. Ich weiß nicht, ob das politisch ist, aber es berührt Menschen. Ich merkte, daß meine Literatur einen Effekt hat, der mehr als nur literarisch oder ästhetisch ist. Das gefällt mir.»

Ist die Schwierigkeit, sich als Schriftsteller politisch zu äußern, ein generelles Problem?

«Ich weiß es nicht. Ich kann mich an keinen guten, erfolgreichen Roman erinnern, der entschieden politisch gewesen wäre. Vielleicht *Fegefeuer der Eitelkeiten* von Tom Wolfe, der versucht hat, das ganze Spektrum der amerikanischen Gesellschaft zu schildern, und das hatte sicherlich eine starke politische Komponente. Ich mag den Roman nicht sehr. Einige der Figuren sind nicht gut entwickelt, und ich verspürte große Ungeduld, das ganze Ding zu Ende zu lesen.»

Hat Chabon schon einmal einen politischen Text geschrieben?

«Gerade vor ein paar Wochen war ich sehr wütend über Pat Buchanan. Ich begann, etwas über ihn zu schreiben, meinen Zorn in Worte zu fassen, aber es gelang nicht. Es klang unwahr. Ich habe es aufgegeben. Es kam mir vor, als hätte das ein anderer geschrieben. Ich gehe wählen, ich habe schon Briefe ans Weiße Haus, an den Kongreß, an Senatoren geschrieben, ich spende Geld für Sachen, an die ich glaube. Ich bin Demokrat, ich kann's nicht ändern. Es gibt dazu keine gute Alternative. Es gibt fast keine rechten oder republikanischen Autoren.»

Weshalb sind die meisten Schriftsteller links?

«Schriftsteller sein heißt auch, der Sympathie und der Einfühlung fähig zu sein, in anderer Leute Schuhe zu schlüpfen. Wenn deine Vorstellungskraft ausgebildet ist, dann kannst du dir auch das Leid anderer Menschen vorstellen, und das bedeutet eher, links oder liberal zu sein. Ich glaube, um ein Konservativer, ein Republikaner zu sein, muß man ein bißchen hartherzig sein, sein eigenes Interesse im Auge haben, und das ist was anderes, als sich umeinander zu kümmern.»

Die amerikanische Verfassung spricht vom Streben nach Glück. Bedeutet das nicht ein Recht auf Selbstverwirklichung?

«Ja, sie spricht vom Streben nach Glück, und das ist das Fundament des Individualismus, aber sie spricht eben auch von der Förderung des Allgemeinwohls. Der alte Streit zwischen Individualismus und Kommunitarismus ist letzthin wieder sehr lebendig geworden, und zwar auf beiden Seiten. Nehmen wir Buchanan: Er ist nicht so sehr ein Ideologe des Individualismus, er setzt vielmehr auf gemeinschaftliche Werte und Verpflichtungen. Und jemand wie der Republikaner Phil Gramm redet fast wie die *Libertarians* im Sinne von ‹Halte dich aus meinem Leben raus, ich habe mein eigenes Gewehr›. Auch auf der Linken: die Leute, die an individuelle Rechte glauben wie etwa – in der Frage der Abtreibung – an das Recht der Frau, über ihren Körper bestimmen zu können. Ich glaube, daß der Individualismus in Amerika nie allesbeherrschend war, er war immer umkämpft. Man sieht es ja im Text der Verfassung: Der Streit zwischen dem Recht des einzelnen und dem Gemeinwohl war von Anfang an da.»

Was fragen amerikanische Journalisten?

«Amerikanische Journalisten stellen nie politische Fragen. Es sind also nicht nur die amerikanischen Schriftsteller, die sich nicht öffentlich zur Politik äußern, es sind auch die Medien, die daran nicht interessiert sind. Es würde nie passieren, daß ein Reporter einen Schriftsteller fragt, was er von dem oder jenem hält, es sei denn, der Autor wäre ein Schwarzer oder ein Asiate und er würde darüber befragt.»

Es könnte ein Vorteil sein, daß die Autoren in den USA nicht dauernd befragt und dadurch gestört werden.

«Ich habe nie darüber nachgedacht. Ich weiß gar nicht, wie es wäre, derart gefragt zu sein, so daß ich auch nicht weiß, wie es wäre, sich dadurch gestört zu fühlen.»

Was wäre, wenn CBS oder ABC Chabon einladen oder be-

fragen würden zu irgendeinem literarischen oder politischen Thema?
«Ich wäre absolut überrascht – warum laden die mich ein? Aber das würde nicht passieren, nicht mal in tausend Jahren. Wenn ich ein Buch über den Simpson-Fall oder so etwas geschrieben hätte, dann vielleicht, vielleicht, aber so?»

Was hält er von dem Streit über *political correctness*?

«Es gibt Übertreibungen, sicherlich. In der Hauptsache geht es doch darum, Sensibilität gegenüber den Gefühlen anderer zu entwickeln, also zum Beispiel Menschen mit dem Namen zu benennen, mit dem sie benannt werden wollen, und nicht mit dem Namen, den du dir ausdenkst. Wenn einer *African-American* genannt werden will, dann nenn ihn eben *African-American*, das ist eine Frage des Anstands, der Höflichkeit, der guten Manieren. Es hat einige unglückliche Mißgriffe im Namen von *political correctness* gegeben, das ist wahr, aber diejenigen, die sich dauernd über *political correctness* beklagen, sind doch zumeist die, die ein Interesse daran haben, alles unter Kontrolle zu halten. Das sind die, die den Diskurs bestimmen wollen. Wenn du bestimmen kannst, wie Leute genannt oder bezeichnet werden, dann hast du Macht.»

Hinter dem Streit steht die Frage, ob Amerika eine multikulturelle Gesellschaft sein will und welcher Bildungskanon verbindlich sein soll.

«Ich glaube, das ist eine Übergangsperiode, die sich früher oder später beruhigt, übergeht in den breiten, etablierten Kanon dessen, was dann verbindlich ist. Ich glaube erst einmal, daß es gut ist, Autoren asiatischer oder schwarzer oder indianischer Herkunft ins Curriculum aufzunehmen, aber wenn es darauf hinauslaufen sollte, die europäische Tradition auszugrenzen, dann wäre das ein schrecklicher Fehler. Auf die Dauer wird es eine Annäherung geben. Wenn die Zäune aufgemacht werden, laufen die Kühe eine Weile herum, aber dann kommen sie wieder zurück. Wenn ich verantwortlich wäre für die Erziehung und Bildung in diesem

Land, dann würde ich daran arbeiten, daß es ein einziges einheitliches Curriculum gibt, das alle wichtigen Errungenschaften aller jener Gruppen enthält, aus denen diese Gesellschaft besteht. Und jeder müßte das lernen. Die Stärke dieses Landes bestand lange Zeit darin, daß es eine gemeinsame Vision der Geschichte gab – selbst wenn sie voller Lügen war –, und alle, die hierherkamen, mußten dasselbe lernen, dieselbe Sprache, und das gab ihnen eine Kraft, auch wenn ihnen das nicht immer bewußt war. Ich glaube, das sollte man wieder tun, in einer umfassenderen, aufgeklärteren Weise. Es gibt Menschen einen Halt, wenn sie ein gemeinsames Erbe, eine gemeinsame Geschichte haben. Wenn damals Leute aus Italien, aus Schottland, Schweden, aus Bessarabien hierherkamen und etwas über George Washington lernen mußten, zu dem sie überhaupt kein Verhältnis hatten, dann ist es auch heute legitim, daß die Menschen aus aller Herren Länder hier dasselbe lernen. Also sollten Chinesen nicht nur etwas über chinesische Kultur lernen. Multikulturalismus kann man auf verschiedene Weise definieren: So, daß jede Gruppe die andere ausschließt, oder so, daß jede Gruppe gezwungen ist, alle anderen Gruppen einzuschließen. Ich ziehe den alten Topos des *melting pot* dem neuen des Mosaiks bei weitem vor.»

Die Schwarzen machen nur sieben Prozent der kalifornischen Bevölkerung aus, aber jeden Tag steht etwas über sie in der Zeitung.

«Die Juden machen nur drei Prozent der Bevölkerung aus, und dennoch steht in der Zeitung jeden Tag etwas über Israel. Und Israel ist ein winziges Land, objektiv betrachtet. Man kann da keinen Zahlenproporz anlegen, so etwas hat mit Geschichte, mit Emotionen zu tun.»

Ist Chabon mit Schwarzen befreundet?

«Ich kenne wenige, verglichen mit Washington, wo ich viele schwarze Freunde hatte. Ich bin aufgewachsen in Columbia in Maryland, in einer Siedlung, die als rassisch integrierte Gemeinde geplant war, 1968, und es funktionierte: Die Hälfte meiner

Freunde war schwarz. Jetzt lebe ich in einer vorwiegend weißen und koreanischen Gegend.»

Hat Chabon gemischte Gefühle gegenüber bestimmten Ethnien?

«Ich bin schon so daran gewöhnt, daß mir solche Dinge nicht auffallen. Ich war immer sehr an Subkulturen interessiert, so daß mein Grundgefühl eher das der Neugier ist. Um ehrlich zu sein, ich hatte nie Anlaß, jemanden deshalb abzulehnen. Die Leute, mit denen ich zusammenkomme, sind mehr oder weniger wie ich. Ich habe, über eine flüchtige Bekanntschaft in einem Laden hinaus, keine nähere Berührung mit anderen Ethnien. Die meisten unserer Freunde haben irgendwie mit dem Filmgeschäft zu tun. Einige sind Rechtsanwälte wie meine Frau. Die meisten sind weiß und jüdisch. Ich bin Jude. Der Name Chabon ist ukrainischen Ursprungs und bedeutet Schäfer, *chaban*. Die Großeltern meines Vaters kamen etwa 1919 in die USA, die meiner Mutter etwas früher. Mit der jüdischen Religion fühle ich mich sehr verbunden, wenn auch auf meine Weise, nicht im Sinne der Orthodoxen. Meine Frau wurde in einer sehr zionistischen, quasi sozialistischen Familie aufgezogen, die sich immer stark mit Israel verbunden fühlte. Ihr Vater war der Gründer eines Kibbuz. Was jüdisch ist? Darüber sind die Juden selber uneins. Einige sagen, es ist die Religion, andere, die Kultur, andere, die Rasse oder die Ethnie. Ich glaube, es ist ein bißchen von allem. Vielleicht sollte man diese Kategorien in Frage stellen. Für mich ist es eine religiös-kulturelle Mischung. Und ein kulturelles Erbe, das in meinem Fall natürlich sehr amerikanisch ist. Es hat mit dieser Einzigartigkeit der Juden zu tun, was ein Problem ist, weil niemand weiß, wie er damit umgehen soll.»

Empfindet er, daß Amerika etwas Besonderes ist, anders als alle anderen Länder?

«Ja, das tue ich. Im Guten wie im Schlechten. Es gibt Dinge hier, die offensichtlich nach Veränderung schreien. Auf der anderen Seite ist die Verheißung, die Amerika für die Menschen anderer

Länder bedeutet hat, immer noch in Kraft – nicht daß dieses Versprechen in jedem Fall eine großartige Sache wäre, es ist zumeist eine Frage des materiellen Wohlergehens – und Menschen aus der ganzen Welt kommen hierher, und sie finden es.» Was bedeutet es, ein amerikanischer Schriftsteller zu sein?

«Es muß schon etwas Besonderes bedeuten, weil es etwas völlig anderes wäre, ein französischer oder deutscher Schriftsteller zu sein. Diese Kultur, diese Gesellschaft sind einzigartig. Zum Beispiel *Wonder Boys* – es ist schwer vorstellbar, daß sich diese Geschichte anderswo ereignen könnte. Etwa eine solche Schriftstellertagung. Oder eine jüdische Familie mit adoptierten koreanischen Kindern. Für mich bedeutet es, literarische, erzählerische Möglichkeiten zu haben, die ich nirgendwo anders hätte. Trotz all der schrecklichen Dinge in diesem Land, etwa der Rassenfrage, die wohl niemals gelöst wird, eher immer schlimmer wird, oder der Klassenfrage und der ökonomischen Benachteiligung oder des Antiintellektualismus oder der Umweltverschmutzung, was mich alles sehr traurig macht, bin ich doch stolz auf Amerika, stolz auf die guten Seiten des Landes und seiner Geschichte, auf die Arbeiterbewegung, von der Jahrhundertwende bis in die Dreißiger, und ihre großen Kämpfe, an denen auch meine Großeltern und Urgroßeltern beteiligt waren. Und wenn ich nur daran denke, daß meine Vorfahren mit nichts hierherkamen, bei Null anfingen und unmittelbar einer Generation von Doktoren und Rechtsanwälten das Leben schenkten, so ist das ein unglaublicher Gewinn, und auch darauf bin ich stolz. Wenn man zwei Jahrhunderte der Geschichte eines Landes verfolgt, etwa die deutsche, die faszinierend und reich ist, so ist die amerikanische doch die erstaunlichste, voll von Umstürzen, Veränderungen, Höhen und Tiefen. Solange Englisch die Lingua franca ist, wird die amerikanische Kultur dominant sein. Aber nichts dauert ewig.»

Wie fühlt Chabon sich in Los Angeles?

«Ich bin hier, weil meine Frau eine Stelle als Pflichtanwältin bekam. Nun unterrichtet sie Jurisprudenz. Ich kümmere mich um den Haushalt, ums Einkaufen und das Baby, das heißt, da sie auch öfter zu Hause sein kann, machen wir es eigentlich zusammen. Los Angeles ist ein sehr vibrierender, lebendiger Ort, aber für mich keiner, an dem ich für immer leben möchte. Ich würde lieber in einer kleineren Stadt wohnen. Vielleicht gehe ich zurück in den Osten, wo meine Schwiegereltern leben, oder nach San Francisco, wo meine Mutter lebt. Wir würden gerne irgendwohin gehen, wo wir Verwandte, Familie haben.»

Westend

Michael Chabons Bedürfnis nach Heimat, das in Los Angeles ungestillt bleibt – hat es mit der Stadt zu tun, mit ihrer Formlosigkeit, Ungezähmtheit? Die in den Westen reisenden Europäer lieben am meisten San Francisco, das gedrängte Hügelauf und Hügelab der zierlichen, mit Simsen und Säulen geschmückten Reihenhäuser, die Durchblicke auf die blaue Bay, die europäisch überschaubaren Perspektiven, den urbanen Zusammenhang der Plätze und Gassen. Aber das ist nur das alte San Francisco. Landeinwärts und um die Bay herum breitet sich ganz amerikanisch jenes Konglomerat der Siedlungen und Städte aus, das man überall im Land findet, mit dem Unterschied freilich, daß ihm das Naturtheater der Bay Area fehlt, die mit der Golden Gate Bridge einen perspektivischen Fluchtpunkt einzigartiger Schönheit anbietet.

Auch in Los Angeles fehlt dieser Halt, denn die San Gabriel Mountains sind zu weit entfernt, die Bucht ist zu groß, und die Santa Monica Mountains sind nur ein Querriegel, über den das Häusermeer längst hinwegschwappt. Der erste Eindruck, den die Stadt bietet, ist in hohem Maß irritierend, und es ist nicht leicht, die Ursache zu beschreiben. Vermutlich liegt es ganz einfach an den Größenverhältnissen. Die Straßen sind zu breit und zu lang, die Häuser sind zu niedrig und stehen zu weit auseinander, die dünnstämmigen Pinselpalmen schwanken am blaßblauen Himmel. Das Auge findet keinen Halt, die Szenerie wirkt zentrifugal, als zerrte ein extremes Weitwinkelobjektiv das Gesichtsfeld auseinander, und nicht einmal der Himmel, der in Mitteleuropa einen verläßlichen Wolkendruck erzeugt, vermag das Bild zu rahmen, denn hier ist er von permanenter, diffuser, verschieden gefärbter Helligkeit. In diesem Licht erscheinen die mit großer Phantasie und Unbekümmertheit erdachten Fassaden der Häuser wie Kulissen, die man jederzeit wegschieben könnte. Sie haben ja auch nicht die steinerne Festigkeit unserer Gebäude. Oft sind es nur Holz- oder Leichtmetall-Rahmen, mit ein bißchen Dämmstoff ausgefüllt und dann mit Sperrholzplatten vernagelt, denen der Fassadenschmuck appliziert wird. Mehr braucht es ja nicht, wo kein Frost und kein Regen an der Bausubstanz nagt und wo die Frist, für die ein Hausbau gedacht ist, allenfalls die eigene Lebensstrecke umgreift. Denn die Stadt erscheint hier nicht als der festgefügte Ort der Geschichte, der schon immer da war und der unverrückbar ist – wie etwa, um das europäischste Gegenbeispiel zu nennen, Rom, das klaftertief in der Erde verankert ist und an grauen Tagen die Last der Jahrhunderte sichtbar aus den schwarzen Steinen schwitzt.

Los Angeles, und darin gleichen ihm die meisten amerikanischen Städte, abgesehen von den alten im Osten und ein paar anderen im Süden, wirkt leicht und leichtgewichtig und fast so, als könnte es ebensogut nicht da sein. Es wirkt, ungeachtet seiner Ausgedehntheit, provisorisch, unverbindlich. Das aber macht, daß man sich ungeahnt frei fühlt, sobald sich die inneren Koordinaten auf das zentrifugale Bild eingestellt haben, was je nach Mentalität ein paar Wochen dauert oder länger. Das Auge gewöhnt sich an die Weite, es vermißt die Haltepunkte nicht mehr, und das ungewohnte, unbeschränkte Licht erfüllt den Zugewanderten mit einer Tatkraft, deren Ausmaß ihm erst richtig bewußt wird, wenn er in den dunklen Osten zurückkehrt, wo er alsbald wieder die alten Reibungsverluste verspürt. Im Westen gleiten die Menschen reibungslos aneinander vorbei. Es gibt fast keine Schlangen, weder im Supermarkt noch auf der Post, und bildet sich doch eine, so hält man größeren Abstand voneinander als in Europa, wo, vor allem im Süden, Tuchfühlung die Regel ist. Formen der Gemütlichkeit, des kneipenhaften Sichaneinanderdrängens und Aufeinanderhockens, sind folglich selten, und das, was wir unter urbaner Verdichtung verstehen, ergibt sich allenfalls als ungewolltes Produkt städtischer Nichtplanung oder Fehlplanung, als Verdichtungschaos mit horrenden sozialen Problemen, denen jeder entflieht, der kann – wie es T. C. Boyle im Gespräch von sich selber erzählt.

Noch immer ist der Westen, abgesehen von den wenigen alten Städten und den wenigen seßhaften und reichen Familiendynastien (von denen Joan Didion berichtet), der Ort des Ankommens und Abreisens. Vor Jahren, als ich mit dem Motorrad durchs Land fuhr, traf ich auf einem Campingplatz in Utah, der den sprechenden Namen «Welcome Valley» trug, ein älteres Ehepaar, das sich, nachdem die Kinder selbständig geworden waren, von den Ersparnissen einen riesigen Wohnanhänger samt Zugmaschine gekauft hatte und nun den Rest des Lebens mobil verbrachte, sommers in den Nationalparks des Nordens, wo sie sich für Gelegenheitsarbeit verdingten, winters auf den Straßen und an den Stränden des Südens. Unser Gespräch ergab sich zwanglos und rasch, denn alle waren wir unterwegs: ich von West nach Ost, sie von Süd nach Nord. Auf dem fast leeren Platz, der seinen Namen trug, weil er an einer Oase in der Wüste lag, wo es Wasser gab und Bäume und Viehweiden und einen Truck Stop mit Lastwagen brüllenden Viehs und einem Restaurant, in dem Fernfahrer *Ham and Beans* mit Budweiser verzehrten, hatten wir uns gesehen, wie Gestalten einander wahrnehmen, die am Horizont sichtbar werden – so frei von Menschen und Häusern war es dort. Die Szene erinnerte mich an eine der Widmungen in den *Grashalmen* von Walt Whitman. Unter dem Titel «An Dich» heißt es da: «Fremdling, wenn du mich im Vorbeigehen triffst und hast ein Verlangen, zu mir zu reden, warum solltest du nicht zu mir reden? / Und warum sollte ich nicht reden zu dir?»

Unterwegs zu sein ist in Amerika fast der Normalfall, und die amerikanische Literatur hat ja dafür (ebenso wie der Film) eine eigene Gattung entwickelt, deren berühmtestes Beispiel Jack Kerouacs Roman *Unterwegs* (*On the Road*) ist und für die es bis in die Gegenwart zahllose Beispiele gibt, etwa *Überholspur* von Jayne Anne Phillips oder *Blue Highways* von William Least Heat Moon oder *Amerika landeinwärts* von Robert Olmstead – und eben auch Paul Austers Roman *Die Musik des Zufalls*, dessen Ostküstenheld in einem dezisionistischen Akt alle Brücken hinter sich abbricht und mit seinem Saab (einem typischen Ostküsten-Auto) so lange durch den Kontinent fährt, bis der Wagen wertlos und das Geld aufgebraucht ist.

Das Leben vieler Schriftsteller scheint ebenfalls von einer Musik des Zufalls beherrscht: T. C. Boyle, der aus dem Waisenhaus kam, der in den sechziger Jahren als Hippie durch das Land flippte, der eigentlich schon überall gelebt und alles gemacht zu haben scheint und dessen jüngste Seßhaftigkeit im schicken Haus in Montecito ihn selber auf eine Weise verblüfft, die den Gedanken nahelegt, er sei durchaus imstande, den Ort jederzeit zu verlassen und sich woanders anzusiedeln; Michael Chabon, den der Zufall nach Los Angeles verschlug und der bald wieder weg will; Joan Didion, die zwischen Ost- und Westküste pendelt; Richard Ford (mehr über ihn im nächsten Kapitel), der im Süden aufgewachsen ist, in Montana und New York und sonstwo gelebt hat und jetzt zur einen Hälfte in New Orleans wohnt, zur andern auf dem Land in Missouri.

Natürlich ist die Lebensform eines Autors nicht entscheidend für die Art seines Werks (es gibt ja genügend Gegenbeispiele der Seßhaftigkeit, etwa Doctorow), und doch kann man fragen, ob nicht die reale Mobilität eine geistige miterzeugt: Die Fähigkeit, sich in Fremdes hineinzuversetzen (weil es eine für die Selbsterhaltung notwendige Tugend ist oder werden kann), fremde Stimmen nachzuahmen und ihnen Sprache zu verleihen, schließlich, sich schreibend eine heimatliche Topographie zu verschaffen, deren man realiter verlustig gegangen ist. Und dann und vor allem: Ob nicht diese Beweglichkeit zur Folge hat, daß man, öfter zum Beispiel als in den eingesessenen Provinzen Europas, dem Ortsfremden begegnet, selber öfter zum Ortsfremden wird und sich deshalb leichter kommunikative Tugenden aneignet, deren literarische Ausdrucksform kolloquial ist, sich der Alltagsrede bedient und um Verständlichkeit bemüht.

Im Westen jedenfalls begreift man leichter, was das ganze Land, bis hinein in die traditionsverhafteten Neu-England-Städte, bestimmt: die latente Ungeschütztheit des Lebens, die dann in verschiedenster Form akut werden kann, als Heimatlosigkeit oder gar Obdachlosigkeit, als tatkräftige Eigeninitiative, als Nomadentum, als unkonventionelle, groteske Erfolgskarriere. Los Angeles ist auch die Stadt, in der diese Mobilität zur Ideologie geworden ist, zur Ideologie des *Anything Goes,* der Gleichzeitigkeit des Ungleichzeitigen, der Möglichkeit des anderswo Unmöglichen, der universalen Verfügbarkeit kultureller Ressourcen und Leitbilder. Das Abbild dessen ist das Getty-Museum, das die Schätze Europas von der Antike bis zum Mittelalter im Replikat einer pompeijanischen Villa beherbergt. Als könnte die pazifische Küste Kultur und Klima der antiken Hochkultur mittels einiger Ölmilliarden simulieren: Die Suggestion hat ihren Reiz. Und die Maschine dieser Ideologieproduktion ist nicht die Literatur, denn in der gigantischen Stadt leben nur wenige Schriftsteller von Rang (wenn wir die Drehbuchautoren außer acht lassen), sondern Hollywood, dessen weiße Buchstaben oberhalb des Observatoriums kürzlich frisch angemalt wurden.

Das kennt man ja. Aber Hollywood könnte nicht wirksam sein, wäre nicht darunter die reale Basis der Erfahrung, daß hier vieles geht, was anderswo nicht geht. Diese Erfahrung haben, auf ebenso wunderbare wie traurige Weise, die deutschen Emigranten gemacht, die auf der Flucht vor den Nazis an dieser Küste landeten oder strandeten. Lion Feuchtwanger etwa, dessen Haus am Paseo Miramar ich besuchte: eine prachtvolle Villa im spanischen Stil mit grandiosem Blick in die Bucht, herab von den Bergen auf die sanft gekrümmte Linie der Küste bis hinüber nach Santa Monica und Marina del Rey und weiter noch. Der Anblick des Pazifiks – der Anblick der Unendlichkeit und des Endes. Hier war Schluß des Wanderns, Eroberns, Urbarmachens, Ausplünderns, und das Ende der Flucht. Der Horizont im glasklaren Abendlicht wirklich gekrümmt – die Erde eine Kugel. Und dann die kalifornische Transformation dieses Endes in das permanente virtuelle Transit des *Global Village*.

Andererseits aber die verzweifelte Geschichte eines Mannes wie die des emigrierten Schriftstellers Leonhard Frank, von dem berichtet wird, er habe immer des Abends auf einer Bank an der Pacific Avenue in Santa Monica gesessen und sehnsuchtsvoll hinaus auf den Ozean und in die untergehende Sonne geblickt. Gefragt, warum er da sitze, habe er geantwortet: «Weil dort Europa liegt und ich mich von Europa nicht trennen kann.» Als der mitleidlose Frager ihn darüber aufklärte, daß dort Asien liege, Frank also in die falsche Richtung schaue, sei dieser traurig aufgestanden und nie wieder an der Stelle gesehen worden.

Und es ist gut denkbar, daß die Luftigkeit der westamerikanischen Lebensweise Ursache dieser merkwürdigen ideologischen Überkreuzungen ist: daß ein «alter Linker» wie Boyle plötzlich quasi konservative Positionen übernimmt und ein junger Postmoderner wie Chabon, trotz aller politischen Skepsis und trotz seiner Vorwürfe gegen die Hippie-Generation Boyles, auf einmal ziemlich hartnäckig die guten, alten liberalen Werte verteidigt. Hier, in der heiteren kalifornischen Luft und in dieser hypermobilen Gesellschaft, sind politische Positionen nicht so stabil wie im Osten oder gar in Europa – wobei «liberal» in den USA die Bedeutung von «links» hat, folglich unter Verdacht steht, und «konservativ» nicht diesen pejorativen Beigeschmack, den wir aus Deutschland kennen. Der politische Pendelschlag der Generationen allerdings erinnert durchaus an europäische Zustände: Der ältere, durch die Gezeiten des Protests hindurchgegangene T. C. Boyle entdeckt auf seine alten Tage die Fragwürdigkeit scheinbar fortschrittlicher Positionen und wendet sich gegen den Bequemlichkeitsliberalismus der Weggefährten, und der fast eine Generation jüngere Chabon, der den Weltveränderungsenthusiasmus der Älteren immer skeptisch betrachtet hat, gewinnt nun Zuversicht beim Gedanken an die Traditionen der amerikanischen Aufklärung. Daß aber beide, Chabon wie Boyle, aus dem Osten kommend, im Westen gelandet sind, mag zu ihrer ideologischen Beweglichkeit etwas beigetragen haben, denn der Westen ist kein Ort, wo Glaubenssätze ewigen Bestand haben.

Westend – Eric Claptons alte Platte *461 Ocean Boulevard* mit den Palmen auf dem Cover kommt mir in den Sinn und weckt die entspannende Empfindung, daß alle diese Dinge von begrenzter Wichtigkeit sind, wenn die gleißende Hitze überm Land liegt und die Wellenreiter am Malibu Beach oder Zuma Beach den lieben langen Tag auf die eine glückverheißende Brandungswelle warten und dann, nach ihrem grandiosen Ritt auf dem Kamm, mit bleichen, ausgezehrten Gesichtern an Land kommen und die muskulösen, gebräunten Körper aus dem Anzug schälen, mit einer Haltung, die besagt: Seht her, das ist Arbeit, ein Tagwerk ist vollbracht.

Am Lagerfeuer

Bainbridge Island

David Gutersons Karriere ist erstaunlich und fast eine Variante des alten amerikanischen Mythos vom Tellerwäscher, der zum Millionär wird. Guterson ist zwar kein Tellerwäscher, sondern Lehrer an einer High-School auf Bainbridge Island unweit von Seattle, aber er lebt mit seiner Frau und drei Kindern in sehr bescheidenen Verhältnissen. Sieben Jahre schrieb er an seinem Roman *Schnee, der auf Zedern fällt*. Er hatte einige Erzählungen veröffentlicht, Aufsätze, Rezensionen, und es gab ein paar Leute, die große Stücke auf ihn hielten. Aber das Romanmanuskript wollte zunächst keiner haben, und als es endlich gedruckt wurde, lief der Verkauf nur mittelmäßig. Erst die Paperbackausgabe wurde zum großen Erfolg. Der Verlag Vintage Books meldete, der Roman sei das am besten verkaufte Buch in der Verlagsgeschichte. Seitdem ist Guterson tatsächlich auf dem Weg zum Millionär, wenn auch nur zu dem der Auflage. Das Buch erreichte große Verbreitung in England, wurde in zehn Sprachen übersetzt und stand in Deutschland viele Wochen lang auf der Bestsellerliste.

Schnee, der auf Zedern fällt ist eine auch für die USA seltene Mischung aus U- und E-Literatur, aus spannender Unterhaltung und philosophischem Anspruch. Verräterisch oder verlockend, je nach Geschmack, schon der Titel. Er riecht nach Kolportage, und in der Tat kocht Guterson mit den vertrauten Zutaten des Schmökers. Ein Mordprozeß, der den Rahmen abgibt. Ein Schneesturm, der die Geschworenen in Finsternis und Kälte versetzt. Lachsfischer bei Nacht und Nebel im Sund. Männergeschichten und Krieg und Tod. Unschuldige Liebesspiele im Unterholz. Aber man müßte ein abgebrühter Leser sein, um nach der Lektüre nicht erschüttert und belehrt zurückzubleiben – und voller Nachgedanken darüber, wie falsch es wäre, ästhetische Theorien höher zu achten als den unwillkommenen Anwendungsfall. Die Unverschämtheit oder Kühnheit Gutersons besteht darin, daß er, anders, als die Theorie es will, noch einmal ganz von vorne beginnt, als wollte er sagen: «Hier sitze ich und kann nicht anders, als die Sache der Reihe nach zu berichten, möglichst genau und ohne Hast.» Guterson schreibt mit schwerer und sicherer Hand, eine Geschichte und nichts als eine Geschichte erzählend, deren Kraft aus ihrer Unerhörtheit kommt und nicht aus der Gewitztheit des Profis.

Die Geschichte: ein Mordprozeß. Zeit: 1954. Schauplatz: der Gerichtssaal von Amity Harbor auf der Insel San Piedro vor der Nordwestküste Amerikas. Angeklagt ist Kabuo, der japanische Lachsfischer. Er soll seinen Kollegen, den deutschstämmigen Carl Heine, ermordet haben. Motiv: Rachsucht. Der Sheriff und sein Gehilfe haben den Leichnam gefunden: im Netz des Fischerbootes, eine klaffende Wunde am Schädel. Der Fall ist klar. Genußvoll läßt der Staatsanwalt seine Zeugen aufmarschieren. Die Zuschauer, gekleidet wie zum Kirchgang, verfolgen respektvoll das Tribunal. Der Richter scheint müde und einem Schläfchen nicht abgeneigt. Der Angeklagte schweigt und wirkt maskenhaft starr. Die einzige Überraschung kommt vom Verteidiger, einem greisenhaft alten Mann, der nur noch auf einem Auge sieht. So tatterig er auch scheint: Seine umständlichen Kreuzverhöre verraten einen Scharfsinn, der bald den ganzen Fall unklar macht.

Der Mordprozeß wird zu einem Verfahren, das die Beteiligten, und das sind letztlich alle 5000 Inselbewohner, zur unliebsamen Erinnerung zwingt. Zum Beispiel an die Zeit, als nach der Vernichtung der amerikanischen Flotte durch die Japaner (Stichwort Pearl Harbor) der notdürftig verborgene Haß auf die «Japse» sich Bahn brach, und zwar nicht nur gegen die Bewohner des feindlichen Staates, sondern auch gegen freundliche Nachbarn, mit denen man noch im letzten Jahr das Erdbeerfest gefeiert hatte. Die

Inselbewohner leben nicht nur vom Lachsfang, sondern auch von den Erdbeerplantagen. Ihre Besitzer sind die zuerst Angekommenen: die Amerikaner englischen, irischen, deutschen und skandinavischen Ursprungs. Sie sind die Grundeigentümer, und sie beschäftigen die zuletzt zugewanderten Japaner als billige Arbeitskräfte. Daß die Japaner anders aussehen als das euroamerikanische Establishment, daß ihr Arbeitsethos und ihre Kultur sich unterscheiden, das spielt erst eine Rolle, als sie sich zum sozialen Aufstieg anschicken, Land erwerben und amerikanische Staatsbürger werden wollen – was ihnen eine Zeitlang per Gesetz untersagt war. Und dann, nach dem Angriff auf Pearl Harbor, bricht der latente Rassismus los, und die japanischen Amerikaner, die ausdrücklich ihre Parteinahme für die USA erklärt und deren Söhne sich freiwillig an die Front gemeldet hatten, werden entrechtet, deportiert und in Internierungslager verbracht, wo nicht wenige sterben.

Pearl Harbor brachte den entscheidenden Beweggrund für den Eintritt der USA in den Zweiten Weltkrieg – und damit auch für die Befreiung von Auschwitz. Das ist der historische Hintergrund von Gutersons Roman. Er ist nicht bloß historisch. Die Fakten, von denen er handelt, gehören zum Verdrängungsgut der amerikanischen Geschichte. Im April 1996 erschien in der *Los Angeles Times* ein Bericht zum andauernden Konflikt über das in der Wüste gelegene Lager Manzanar, in dem während des Krieges 110000 Amerikaner japanischer Abstammung interniert gewesen waren, umgeben von Stacheldrahtzäunen und Wachtürmen. Der Kongreß hatte das Lager zum historischen Denkmal erklärt, eine Tafel am Eingang spricht von «*concentration camp*». Dagegen richtete sich zunächst der Protest der in der Region lebenden Anwohner. Der Bericht erwähnt die anhaltenden antijapanischen Ressentiments und schildert die Anstrengungen einer Bürgerinitiative, den historischen Sachverhalt zu leugnen – etwa mit dem Hinweis, der Stacheldraht habe dem Schutz vor wilden Tieren gedient.

Das Tableau der Geschichte und die Schauplätze des Krieges, das Panorama der Landschaften, das Ensemble der menschlichen Verhältnisse, die feinen Abstufungen sozialer Hierarchie und ethnischer Herkunft, die allmähliche Herausbildung einer amerikanischen Identität über Differenzen der Kultur und Rasse hinaus, das unerbittliche Eichmaß der Weltgeschichte, das jedem einzelnen Bewohner dieser kleinen Insel die Skala seiner Erfahrung vorschreibt – all das entwickelt David Guterson aus dem dramatischen Kern dieses Mordprozesses. Und er tut das in der ausgeruhten, kenntnisreichen, erfahrungsgesättigten Sprache des allwissenden Erzählers, er nutzt ein Verfahren, das so alt ist wie die Literatur.

Mein Interesse, mit Guterson zu sprechen, war also groß, und ich rief ihn an. Er schien erbaut von dem Vorschlag, war aber im Begriff, nach Amsterdam und Paris aufzubrechen, und so verabredeten wir uns einige Wochen später. Er beschrieb mir den Weg zur Fähre und versprach, mich abzuholen. An einem warmen und sonnigen Tag Ende März flog ich in Los Angeles ab, sah im klaren Licht die unendlichen Agrarfabriken des Central Valley, die Berge von Yosemite, den Crater Lake in Oregon, den Mt. Rainier und dann die weitverzweigte, grün umwaldete Seenlandschaft von Seattle, tausend Meilen weiter nördlich. Es war kühl, der Frühling, der im kalifornischen Süden die wildeste Farbenpracht hervortrieb, war hier erst im zarten Anfang. Forsythien blühten, sicheres Anzeichen ungemütlicher Klimazonen. Mit dem Taxi zum Terminal, Fähre 13.15 ab Seattle, an Bainbridge Island Winslow 13.45 Uhr. Grandioses Panorama von *downtown* Seattle, gewaltiges, das Schiff und die Bucht erschütterndes Tuten, Fahrt durch die Bay hinüber in eine kleine Bucht. In der Ferne schneebedeckte Gipfel, schon Kanada, die Bay seltsame Mischung aus See und Meer, nordische Atmosphäre, kalter Wind an Deck, über den Bänken Infrarotstrahler.

Guterson in Stiefeln, dunklen Jeans, grünblau kariertem Holzfällerhemd, darüber in denselben Farben eine ausgefranste Jacke,

154

groß, schlank, dunkles Haar, jungenhaft sympathisch, Typ guter Kumpel, intelligentes Gesicht mit melancholischen Augen, führte mich zu seinem Auto, einem riesigen International, fast 30 Jahre alt, halb Pickup, halb Van, mit gewaltigem Schalthebel, klappernd, röhrender Motor. Wir aßen etwas in einem kleinen Restaurant, wo ein Mann Gutersons Buch las. Ihn berühre das seltsam, sagte Guterson, aber vor allem freue er sich, wenn die Jungen ihn läsen, seine Schüler. Er war bis vor kurzem Lehrer für Englisch und *Creative Writing* an der örtlichen High-School. Geht er über die Straße, so kriegt er immer wieder Zurufe und Winke von seinen ehemaligen Schülern – etwa später an der Tankstelle, wo drei Mädels ihn anhimmelten, oder in der Kneipe, wo ein Junge ihn ansprach, von dem er später im Auto sagte, der sei begabt, er habe ihn zum Schreiben ermutigt, aber der Junge arbeite nicht an seinen Texten, sitze nur in Kneipen herum und rede gerne übers Schreiben. Der liebe es, sich als Schriftsteller zu fühlen, aber darauf komme es nicht an, man müsse arbeiten.

Wir fuhren über die Insel, immer wieder stille Buchten, dichter Wald (auch Zedern, eher unbeeindruckend), Häuser (zumeist bescheiden), alles ländlich-dörflich, aber relativ dicht besiedelt. Guterson zeigte mir ein paar Schauplätze seiner Jugend, einen Tümpel im Wald, wo sein Ältester fischt, einen Bauplatz mit schönem Blick auf den Sund, den er aber nicht kaufen will, da der Besitzer zuviel Geld will und außerdem das Grundstück zu klein ist (ihm ist nicht der Blick in erster Linie wichtig, sondern die Größe, die ihn unabhängig macht von den Nachbarn), eine schöne Villa (fast wie ein Amtsgebäude), die er immer habe besitzen wollen, dann an der Inselspitze den neuen Country Club mit englischem Rasen und dicken Schildern, die Fremden die Einfahrt untersagten, was Guterson genußvoll ignorierte. Er sagte, die Mitglieder müßten, nur um Mitglied zu sein, 1000 Dollar im Jahr zahlen, was er offenbar grotesk fand. Vorbei an edlen, durch Buschwerk und parkähnliche Anlagen nur erahnbaren Villen zumeist mit Seeblick, auf schmalen, gewundenen Asphaltwegen mit Schwellen, über die der

Wagen polternd hinwegächzte, als wären wir ein Handwerker-Team, unterwegs zu einem Reparaturauftrag, dann unten am Strand die neuen Häuser, irgendwie städtisch. All das zeigte er mir quasi im Zeitraffer, halb anekdotisch und kritisch mit dem Blick dessen, der immer hier war (die Insel lebt längst nicht mehr von Erdbeeren oder Fischfang, alle fahren mit der Fähre hinüber nach Downtown), halb im Habitus des prospektiven Haus- und Grundstückskäufers, denn nun will er ein Grundstück kaufen und ein Haus bauen für sich, seine Frau und seine drei Kinder. Wir fuhren zu dem Haus, in dem er zur Miete wohnt, bescheiden und eng, in einem waldigen Areal gelegen und von anderen Häusern umgeben, ein für hiesige Verhältnisse eher kleines Grundstück, dick blühende Kamelien und ein Rasen, auf dem, neben einem Benzinkanister, der Motormäher stand, den die Frau offenbar vergeblich in Gang zu setzen versucht hatte, das Haus aus Holz, abblätternd, im Innern schief getreten, abgenutzt, einerseits sauber, anderseits etwas heruntergekommen, enger Aufstieg hinter der Küche zum Obergeschoß, wo der Dichter eine winzige Klause hat, eine Dachbodenkammer mit wenigen Büchern, einem Computer, neuerdings Fax und Anrufbeantworter.

Gespräch mit David Guterson

Ich fragte Guterson, wie er sich nach diesem großen Erfolg fühlt. Was hat sich für ihn verändert?

«Der einzige Unterschied besteht darin, daß ich mehr damit zu tun habe, alles auf die Reihe zu kriegen. Es sind eine Menge Briefe zu beantworten, Interviews zu geben, viele Dinge dieser Art. Abgesehen davon mache ich meine Arbeit auf die gewohnte Weise. Ich reserviere mir den Vormittag bis 12 Uhr ausschließlich fürs Schreiben, stelle das Telefon ab und konzentriere mich nur darauf. Manchmal kommt es vor, daß ich mir eine Woche für die Beantwortung der Briefe nehme. Es ist bloß eine Sache der Einteilung. Wenn ich in guter Form bin, stehe ich um sechs auf und schreibe bis zwölf. Aber das variiert. Es gibt Tage, an denen ich bis in den Abend schreibe. Für *Schnee, der auf Zedern fällt* habe ich sieben Jahre gebraucht. Aber es gab eine Menge Unterbrechungen. Ich war ja Lehrer, und das verschlang viel Zeit, ich war auch Journalist, schrieb Essays und Kritiken, und so mußte ich die Arbeit am Buch immer wieder unterbrechen.»

Wie ist es entstanden?

«Durch das Leben hier. Vieles in diesem Buch ähnelt den Dingen, die sich hier ereignet haben. Es gibt eine Menge japanischer Amerikaner auf dieser Insel, die alle während des Krieges interniert waren. Wenn man hier lebt, dann weiß man das. Und man denkt über die literarischen Möglichkeiten nach, die in der Geschichte des Ortes stecken.»

Womit fing es an, mit der Liebesgeschichte, mit dem Mordfall?

«Wirklich begonnen hat es mit einem Schmerz. Als ich mit dem Buch anfing, war ich Ende Zwanzig, und mir ging allmählich auf, daß das Universum uns gegenüber total gleichgültig ist, was ich vorher, als ich noch jung war, nur auf eine abstrakte Weise verstanden hatte. Aber wenn man Dreißig wird, dann wird das konkreter, wirklicher. Ich hatte plötzlich die Empfindung, daß mir das Leben ins Gesicht starrte. Die totale Apathie des Universums. Ich sah, daß auch die anderen meines Alters damit kämpften.»

Eine Lebenskrise?

«Ich hatte keine Depressionen, aber ich dachte eine Menge darüber nach. Wenn man die Zeit des Heranwachsens verläßt, dann sagt man sich: Ich habe noch einige Jahre vor mir, bislang habe ich nur herumgespielt, war ein Kind, und man fragt sich: Wie soll ich leben? Davon handelt das Buch. Es stellt die Frage: Wie soll man in einem gleichgültigen, unergründlichen Universum leben? So hat das Buch angefangen.»

Glaubt er an Gott?

«Nein. Ich habe eine Affinität zum Buddhismus. Die buddhistische Erkenntnis, daß diese Welt eine Täuschung ist, daß die Dinge unbeständig sind, daß das Leben Leiden ist, daß das Leiden der Sehnsucht benachbart ist – diese Dinge haben eine Wahrheit für mich. Obwohl ich kein praktizierender Buddhist bin, sind mir doch die grundlegenden Einsichten des Buddhismus vertraut und wichtig. In unserer Nachbarschaft lebte eine Familie tibetanischer Buddhisten. Ich freundete mich mit einem der Söhne an. Anfangs war ich bloß neugierig auf sein Denken. Er wurde ein guter Freund, und ich begann von ihm zu lernen, schon als Teenager. Ich wußte also manches über den Buddhismus, als ich mit dem Buch begann.»

Hat es einen solchen Mordprozeß auf der Insel gegeben?

«Nein, den habe ich erfunden.»

Wie hat Guterson Rassismus erlebt?

«Meine Erfahrungen damit gehen zurück auf die Zeit, als ich in Seattle auf öffentliche Schulen ging und der Staat damals die rassische Integration erzwingen wollte. Schwarze Kinder wurden in Busse gesteckt und in andere Schulen gebracht, damit überall verschiedenste Rassen vertreten wären. Es gab eine Menge Gewalt und Feindseligkeit. So bin ich mit dem Problem des Rassismus und des Vorurteils aufgewachsen. Für die Dauer meiner Schulzeit dort, also sechs Jahre, habe ich keine Besserung entdecken können. Integration der Rassen ist eine gute Sache, solange sie freiwillig geschieht. Aber es ist schlecht, Menschen durch Regierungsbeschluß zu irgend etwas zwingen zu wollen. Es ist antidemokratisch, Leute gegen ihren Willen in einen Bus zu stecken und in irgendeine andere Schule zu bringen. Es ist etwas anderes, wenn jemand von sich aus in eine solche Schule will, wie damals in den Sechzigern, als die Gerichte schwarzen Kindern den Weg in die Schule frei machten.»

Was hält Guterson von *affirmative action*?

«Die Grundidee von *affirmative action* besteht darin, daß die Nation, weil es eine lange Geschichte des institutionalisierten

Rassismus gibt, das Spielfeld für jedermann ebnen muß. Einige Minderheiten waren versklavt, in jeder Weise benachteiligt. Und der einzige Weg, die Benachteiligung aufzuheben, besteht darin, diesen Menschen einen Vorteil zu geben. Im Prinzip ist das in Ordnung. Es müssen historische Korrekturen angebracht werden. Die Frage ist nur, ob man jetzt, nach mehr als zwanzig Jahren dieser Politik, einen Erfolg verbuchen kann oder nicht. Aus dem zu schließen, was ich weiß, kann ich nur sagen: Nein, es hat nicht funktioniert. Man muß also nach einem anderen Weg suchen, dieses Unrecht wiedergutzumachen. *Affirmative action*, so wie sie jetzt praktiziert wird, scheint nicht der richtige Weg. Was das Quotensystem für Universitäten betrifft, so habe ich gemischte Gefühle. Das Prinzip sollte sein, daß man aufgrund seiner Qualifikation zugelassen wird, nicht wegen der Hautfarbe. Mir ist der Gedanke sympathischer, daß jeder Bewerber gleich ist und gleich behandelt wird. Aber wieder haben wir die Frage des historischen Unrechts und wie man es ausgleichen kann. Soll man den Benachteiligten gewisse Vorteile gewähren? Ja, ich glaube, man sollte es.»

Gibt es Unterschiede der Rassen?

«Sie meinen, daß zum Beispiel die Japaner, die hierherkamen, sich erfolgreich in die amerikanische Kultur eingelebt haben, während das den Schwarzen oder Latinos nicht in derselben Weise gelungen ist? Ich vermute, daß das statistisch gesehen zutrifft. Und wenn man auf alle die Gruppen guckt, die in die Vereinigten Staaten gekommen sind, auf ihre unterschiedlichen Erfolge, dann kann man sich fragen, wie diese Unterschiede mit ihrer Ethnizität zusammenhängen. Es ist schwer, darauf zu antworten. Klar, daß historische und kulturelle Faktoren eine Rolle spielen. Welche kulturellen Werte und Mentalitäten bringen die verschiedenen Gruppen mit? Und sind diese Werte, bezogen auf die amerikanische Gesellschaft, von Vorteil oder nicht?»

Ist diese Gesellschaft multikulturell?

«Die Vorstellung, daß Amerika in seinen Ursprüngen ein europäisches Amerika war, ist ein historischer Trugschluß. Schon als Kind erlebte ich, daß Amerika in Wahrheit der Ort war, wo Leute verschiedenster Herkunft und Ethnizität aufeinandertrafen. Die Geschichte des amerikanischen Westens ist nicht allein die Geschichte der Europäer, die in den Westen aufbrachen, sondern ebenso die der Asiaten und der Lateinamerikaner. Es ist sicherlich wahr, daß die politischen Traditionen dieses Landes von den Euroamerikanern stammen, die das Land eroberten und kolonisierten, die Verfassung und die politischen Strukturen schufen. Aber die Geschichte des Landes vom Anfang bis in die Gegenwart ist wirklich multikulturell. Multikulturalismus ist nichts Neues, wir sind immer multikulturell gewesen, vom Beginn des 19. Jahrhunderts an, als die Einwanderer in Wellen ins Land strömten. Erst seit kurzem beginnen wir, die multikulturelle Tradition zu beargwöhnen.»

Folgt daraus, daß alle Kulturen und Traditionen das gleiche Recht haben?

«In der akademischen Szene hat in den letzten zehn Jahren das politisch Korrekte eine immer größere Bedeutung gewonnen, ebenso der Multikulturalismus, und diese Positionen haben vieles beherrscht. Es gab auf dem Campus sehr aggressive und feindselige Debatten zwischen den Konservativen und den Liberalen über diese Thematik. Ich glaube, daß die Liberalen und die Radikalen für eine Weile im Aufstieg waren und die Konservativen auf dem Rückzug. Seit kurzem gibt es eine Wende, eine Neubewertung des multikulturellen Konzepts. Meine persönliche Ansicht ist, daß daraus eine Ideologie geworden ist, eine Tyrannei, eine Gedankenzensur, eine Zensur des Schreibens und des künstlerischen Ausdrucks, eine Revision der Geschichte, eine Revision literarischer, intellektueller Traditionen auf der Basis politischer und ideologischer Wertsetzungen. Frei heraus gesagt: Das hat mich sehr gestört, und deshalb freue ich mich über die Neubewertung dieser Problematik.»

Hat er selber solche Zensur oder Ähnliches erfahren?

«Während meiner Zeit als High-School-Lehrer führten wir endlose Curriculum-Debatten. Alles drehte sich um die Themen des Multikulturellen und des politisch Korrekten. Sollte man schwarze, asiatische, lateinamerikanische Schriftsteller dem Kanon hinzufügen? Und was sollte man wegnehmen? Shakespeare? Tolstoi? Dante? Wer soll weg und warum? Man kann nicht alles haben. Darüber hatten wir hitzige Debatten. Je mehr man die multikulturellen Aspekte im Unterricht berücksichtigt, um so mehr nimmt man von der europäischen, westlichen Tradition weg. Es war aufregend, an diesem Streit teilzunehmen.»

Wie würde er entscheiden?

«Zuallerst, in den ersten vier High-School-Jahren, braucht man einen breiten Gesamtüberblick der amerikanischen Kultur. Das Konzept sollte alles einschließen, also nicht nur die Literatur der weißen männlichen Amerikaner. In diesem Teil muß man rasch voranschreiten, er sollte ein umfassendes Bild liefern. Man sollte wissen, was wohin gehört und was sich in der Geschichte der amerikanischen Literatur ereignete. Danach aber sollte es für die jungen Leute Wahlmöglichkeiten geben, etwa die asiatisch-amerikanische oder die afrikanisch-amerikanische Literatur genauer zu verfolgen oder die von Frauen geschriebene, was immer man will. Das heißt nicht, daß die europäisch-amerikanische Tradition ausgelassen werden darf – auch sie muß eine Option bleiben. Der Überblickskurs soll die Schüler zu den Möglichkeiten hinführen. Auf diese Weise habe ich unterrichtet. Meine Antwort lautet: Nehmt nichts weg, sondern fügt hinzu, mehr Autoren, andersartige Autoren, und geht dort, wo ihr wirklich interessiert seid, in die Tiefe. Ich bin im Grunde ein sehr mäßigender Typ, der auf Kompromisse aus ist, die alle Seiten zufriedenstellen. Für mich haben beide Seiten irgendwie recht, ich kann das multikulturelle Konzept nicht vollständig über Bord werfen, aber den westlichen Kanon eben auch nicht. Beides ist legitim. So bin ich für eine Lösung, die Verbreiterung und Einschluß erlaubt, nicht Ausschluß gebietet.»

Hat er beim Schreiben des Buchs an diese Debatte gedacht?

«Es gibt Schriftsteller, die ein politisches Programm haben, eine Ideologie, bestimmte kulturelle Werte, die sie mittels der Literatur transportieren möchten. Das will ich nicht. Es sei denn, ich schreibe einen Essay. Wenn sich moralische oder politische Imperative aus einem Roman ergeben, so ergeben sie sich implizit aus der Geschichte, die du erzählst. Aber du beginnst nicht mit den Imperativen, um dann eine Geschichte und Personen darum herum zu bauen. Du beginnst mit den Individuen, ihrer Situation, und die kulturellen, politischen Themen wachsen daraus hervor. Denn jedes Individuum lebt in einem politischen Kontext. Ich wollte mit diesem Buch eine universelle Geschichte schreiben, die von Menschen aller Kulturen verstanden werden könnte. Bestimmte Themen der neunziger Jahre, etwa Multikulturalismus oder *political correctness*, anzusprechen, fände ich auch deshalb falsch, weil diese Dinge ephemer sind. In zwanzig, fünfzig, hundert Jahren wird eine gute Geschichte immer noch Bestand haben, während dieser Streit längst vergessen ist und nur noch im Lexikon steht. Ich schenke den gegenwärtigen Debatten wenig Beachtung, mich beschäftigen die ewigen menschlichen, universellen Konflikte.»

Was bedeutet für ihn die Unsterblichkeit eines Werks?

«Ist ein Schriftsteller an Unsterblichkeit interessiert? Nicht mehr als jeder andere auch. Ich als Buddhist – vielleicht sollte ich mich nicht so nennen – oder als einer, der eine buddhistische Perspektive hat, weiß, daß nichts Bestand hat, nicht nur mein Körper nicht, auch dieses Buch, dieser Text nicht. Es kann sein, daß in zehn Jahren noch Leute dieses Buch lesen, vielleicht in hundert, aber früher oder später wird es aufhören zu existieren. Es gibt keine Unsterblichkeit, irgendwann wird sich niemand mehr daran erinnern. An welche Dinge erinnern wir uns? Von der ägyptischen Kultur gibt es keine einzige Geschichte mehr, wenige Geschichten überdauern ein paar Jahre, noch weniger hundert Jahre, noch weniger tausend. Alles ist vergänglich. Sich um Unsterblichkeit zu bemühen ist völlig sinnlos. Das ist wirklich nicht mein Punkt. Aber ich glaube daran, daß junge Menschen durch das Lesen dieser Geschichte geformt werden, daß das, was aus ihnen wird, durch dieses Buch mitbestimmt wird, und für mich ist das genug.» Glaubt er an Erziehung durch Literatur?

«Absolut. Sie ist das wichtigste Erziehungsmittel überhaupt. Ich habe das über zehn Jahre gelehrt, ich kenne die Macht von Geschichten. Wenn wir in der Schule ein literarisches Werk lesen und uns vielleicht vier Wochen damit beschäftigen, dann erfahren die Kinder eine Veränderung ihres Selbst, ihres Denkens und Empfindens, ihres Lebens. Zu den mächtigsten Mitteln, die Menschen für ihre Bildung haben, gehören Geschichten.»

Aber es gibt auch die Literatur eines de Sade oder Bataille.

«Das ist wahr, es gibt auch Literatur, die keinen Beitrag zur Humanisierung leistet. Und es gibt große Kunstwerke, die andere ästhetische Intentionen haben und einen solchen Beitrag ebenfalls nicht leisten. Das heißt nicht, daß sie nicht dazugehören. Sie gehören zum Korpus menschlicher Erfahrung und Erkundung. Ich will nicht die Leute kritisieren, die mein Hoffen und Trachten als Schriftsteller nicht teilen. Ich versuche, die Kultur und Gesellschaft, in der ich lebe, als einen kleinen Stamm von Menschen zu betrachten und zu verstehen. Ich kann beim Schreiben nicht an 260 Millionen Amerikaner denken, aber an 50 Leute. Und ich empfinde mich als Erzähler, der diesen Menschen Geschichten erzählt. Wenn wir uns nachts am Lagerfeuer versammeln und es an mich kommt, etwas zu erzählen – welche Geschichte soll ich erzählen? Das ist meine Frage. Alle sind da, gucken auf mich, hören mich: Was soll ich erzählen? Und mit welchem Ziel? Was kann ich für diese 50 Leute tun? Wenn es gute Zeiten sind, wenn jeder es warm hat, es jedem gutgeht, dann kann ich Geschichten erzählen, die die Leute unterhalten und amüsieren. Ein paar Stunden Unterhaltung, bevor sie schlafen gehen. Aber was, wenn schlechte Zeiten herrschen? Wenn es kalt ist, einige krank sind, Hunger haben, draußen die Feinde lauern, die Lage schwierig ist – welche

Geschichte soll ich dann erzählen? Wie erfülle ich meine Verpflichtung als Geschichtenerzähler in dieser Situation, diesen Menschen gegenüber? Doch nicht dadurch, daß ich sie bloß unterhalte. Wenn sie das Lagerfeuer in dieser Nacht verlassen, dann sollten sie etwas gehört haben, das ihnen hilft zu überdauern, den nächsten Tag anzugehen und zu ertragen, und das Beste, was in diesem Stamm steckt, sollte durch meine Geschichte ermutigt werden. Welche Mythen es auch gibt, meine Verpflichtung besteht darin, die Dilemmata im Angesicht der Menschen in eine Geschichte zu bringen. Das ist meine Rolle, mein Ziel als Schriftsteller.»

Warum fühlt er diese Verpflichtung? Viele Schriftsteller empfinden überhaupt keine; warum sollten sie?

«Ich weiß, viele sagen, der Schriftsteller ist ein Outlaw, ein Künstler, der entfremdet ist, außerhalb steht, der die Gesellschaft kritisiert, korrigiert. Kann sein, daß Verpflichtung das falsche Wort ist. Aber ich schätze mich glücklich in dieser Rolle. Daß ich eine sozial bedeutungsvolle Aufgabe zu erfüllen habe, belastet mich nicht.»

Warum ist er Lehrer geworden?

«Ich habe das Schreiben immer als meine eigentliche Aufgabe empfunden. Offen gesagt wollte ich gar nicht Lehrer werden. Ich wurde es, weil ich von irgend etwas leben mußte. Dann erst entdeckte ich die Möglichkeiten, die im Lehrerberuf stecken. Ich fühlte mich nie schlecht dabei. Aber jetzt bin ich stolz, diese Rolle spielen zu dürfen, eine Arbeit zu tun zu haben, an deren Bedeutung ich glaube. Es macht Spaß, das zu tun. Und es ist motiviert, inspiriert durch Schönheit. Ich liebe die Schönheit der Worte.»

Handelt es sich dabei nicht auch um Narzißmus?

«Wenn man am Ende einer Geschichte ist, all die Schwierigkeiten überwunden hat, dann ist man befriedigt. Meine Befriedigung besteht darin, meine Aspirationen als Schriftsteller erfüllt zu haben.»

Erwarten die Menschen noch, daß Geschichten erzählt werden? Die amerikanische Literatur hat an Bedeutung verloren.

«Niemand, der die jetzige Gesellschaft anguckt, kann die Tatsache übersehen, daß unsere zentralen Geschichten nunmehr auf der Leinwand erzählt werden, daß die Geschichten, von denen die Amerikaner am meisten berührt sind, über die sie am meisten sprechen und mit denen sie am meisten vertraut sind, vom Film erzählt werden. Der Film ist das machtvollste Genre, um in die Köpfe und Herzen der Menschen zu dringen. Aber wie wir alle wissen, wird Hollywood dieser Rolle nicht gerecht. Man verkauft nur Unterhaltung, und das ist schade, denn diese Leute sind in einer derart starken Position, daß sie viel Nützlicheres tun könnten. Aber die Tatsache, daß Hollywood existiert, bedeutet nicht, daß der Schriftsteller peripher ist oder marginalisiert. Er spielt immer noch eine zentrale Rolle in unserer Gesellschaft. Romane sind immer noch wichtig für die Kultur. Wir sollten das nicht unterschätzen. Zum Teil haben sich die Schriftsteller seit den sechziger Jahren vom Geschichtenerzählen abgewendet. Sie haben keine große Leserschaft. Die Intellektuellen haben sich für die Avantgarde und für das Experiment interessiert, aber man sollte nicht erwarten, daß sich das Publikum in seiner Breite dafür interessiert. Wenn die Literatur dieses Landes peripher geworden sein sollte, dann hat es auch mit der Literatur zu tun, die geschrieben wird.»

Für wen schreibt Guterson?

«Wenn ich schreibe, dann habe ich im Hinterkopf, daß meine Schüler es lesen und damit etwas anfangen können sollten. Jeder kann den Roman *Schnee, der auf Zedern fällt* lesen und verstehen, auch ein Sechzehnjähriger, er kann ihn empfinden und begreifen, und genau das will ich. Er ist nicht für Intellektuelle, für Gebildete gedacht. Es macht mir überhaupt nichts, wenn irgendwelche Zeitungskritiker oder Akademiker sagen, das Buch sei zu simpel, zu traditionell, zu konventionell, es mangele ihm an artistischem Reiz. Das ist in Ordnung. Aber ein Sechzehnjähriger kann es lesen und verstehen.»

Oft herrscht ein Abgrund zwischen U- und E-Literatur.

«Aber immer wieder gibt es Bücher wie meines, die den Spalt zwischen Massenliteratur und anspruchsvoller Literatur überbrücken. Ich weiß nicht, warum das der Fall ist. Wir reagieren auf Bücher danach, wer wir sind und wie wir leben. Es gibt viele Menschen auf dieser Welt, deren Leben so beschaffen ist, daß ihnen dieses Buch ärmlich vorkommen muß. Ihre Lebenslage kann chaotisch sein, die Werte, an die sie glauben, können so verschieden sein, daß sie kein Verhältnis zu dem Buch gewinnen können, sondern es sentimental finden, gemessen an den Bedingungen ihres eigenen Lebens. So viele Menschen es gibt, so viele Reaktionen auf das Buch sind vorstellbar. Ja, das Buch erzählt eine sehr simple Geschichte, es ist nicht *Finnegans Wake*. Es ist auch nicht selbstreferentiell, es geht darin nicht um den Autor.»

Es hat eine altmodische Erzählperspektive.

«Ja, aber erinnern Sie sich an das Bild vom Lagerfeuer: Es kommt darauf an, die Zuhörer von ihrem Ort wegzubewegen, so daß sie das Feuer nicht mehr sehen und in eine andere Welt transportiert werden. Wenn du auf dir selber bestehst, dich in den Vordergrund rückst, dann gucken sie auf dich als den Geschichtenerzähler und können nicht transportiert werden. Ich versuche einen Traum zu schaffen, der so machtvoll ist, daß du von ihm weggeschwemmt wirst und nicht hinauskannst. Wie kann ein Traum so wirken, wenn derjenige, der den Traum webt, dauernd sichtbar ist und dich beim Zuhören beobachtet? Deshalb nehme ich mich heraus, ich bin nicht da, denn alles, was ich sein könnte, wäre Ablenkung. Es geht aber nicht um mich, es geht um die Geschichte.»

Das ist eine post-postmoderne Schreibweise.

«So könnte man sagen. Ich glaube, die avantgardistische, postmoderne, experimentelle Literatur war eine vorübergehende Periode. Wir kehren jetzt zurück zu den fundamentalen, grundlegenden Geschichten, zu jenen Geschichten, die der Mensch benötigt. Diese Geschichten haben die Jahrhunderte überdauert, weil sie etwas ansprechen, was die Menschen brauchen. Die postmoderne, avantgardistische Literatur hat sicherlich wichtige ästhetische Funktionen. Für mich ist die Ästhetik das zentrale Mittel, aber nicht das Ziel.»

Unterschiede zur europäischen Literatur?

«Die europäischen Erfahrungen des zwanzigsten Jahrhunderts sind so voll von Blut und Horror, daß eine Art von Verzweiflung darin eingeschlossen ist, und diese Verzweiflung führt zum Nihilismus, und der wiederum zu einer Literatur, in der das kohärente, chronologische, folgerichtige Geschichtenerzählen keinen Sinn mehr ergibt. Das kommt aus den Erfahrungen der Kriege. Es ist schwer, nach all diesen Erfahrungen an das traditionelle Geschichtenerzählen zu glauben. Die intellektuelle Tradition derjenigen, die in den Sechzigern und Siebzigern auf die Universität gingen, war der Glaube an den Dekonstruktivismus; das Ziel war, das nüchterne, rationale Gebäude niederzureißen, aus dem der Holocaust und die Atombombe hervorgegangen waren. Man sagte: Die Vernunfttradition des Westens hat dazu geführt. Also müssen wir sie niederreißen. Ich glaube, dies war völlig mißgeleitet. Die Kritik der westlichen Tradition ist notwendig, aber die Vorstellung, daß Dekonstruktivismus die richtige Antwort sei, scheint mir falsch. Im Holocaust hat die westliche Tradition ihre eigenen Werte verraten, aber deshalb müssen wir sie doch nicht wegwerfen. Wir müssen diese Tradition stärken, damit sie die Gegenkräfte überwältigen kann, und deshalb brauchen wir das Geschichtenerzählen, denn die Erzählung ist ein Mittel, das Beste in uns zu stärken. Hat einer dieser Robbe-Grillet-Romane dazu irgendeinen Beitrag geleistet? Sie stehen auf dem Regal und sind vergangen. Kein Sechzehnjähriger wird je einen dieser Romane lesen.»

Welche Schriftsteller liebt er?

«Ich liebe Garcia Marquez, er erzählt wirkliche Geschichten, die farbenprächtigsten, reichsten und tiefsinnigsten. Der Mann ist eine Genie, ich habe alles von ihm gelesen.»

Wie steht es mit den Amerikanern?

«Ich bin mit den Klassikern aufgewachsen, Sie sehen sie hier in meinem Buchregal, Faulkner, Hemingway, Steinbeck, Fitzgerald, das sind die Bücher, die wir in der Schule gelesen haben. Ich fand sie großartig. Aber als ich älter wurde und meinen eigenen Lesegeschmack entwickelte, wurde Jane Austen einer meiner Favoriten. Wenn Sie überlegen, wer Austen war und wie sie schreibt, dann sehen Sie, daß es da Ähnlichkeiten mit mir gibt. Ich bin wirklich ein Austen-Fan, und ich war es schon vor dem gegenwärtigen Austen-Boom. Ich lese gerade ihre Romane zum drittenmal. Ich liebe Dostojewski, Tolstoi, Tschechow, und ich liebe Raymond Carver, ich denke, er ist der feinste Schriftsteller, den Amerika in den letzten zwanzig, dreißig Jahren hervorgebracht hat. Aber er ist sehr amerikanisch, und wahrscheinlich muß man Amerikaner sein, um sein Werk wirklich schätzen zu können.»

Gefällt ihm die Verfilmung von *Verstand und Gefühl*?

«Ich mochte den Film. Das meiste, was aus Hollywood kommt, ist derart infantil, lächerlich, langweilig, daß mir ein Film wie dieser, der wirkliche Personen zeigt, über die man nachdenken kann, eine große Erleichterung verschafft. Der Film ist an den Menschen interessiert, es gibt eine ganze Reihe schön beobachteter und fein gezeichneter Individuen. Aber ich gebe zu: Es ist ein handwerklich sehr gut gemachter, aber nicht herausragender Film. Und sicherlich hat er die Filmkunst nicht weitergebracht.»

Interessieren sich amerikanische Schriftsteller für Politik?

«Sehr, und das geht ja auch gar nicht anders. Ich hätte meinen Roman nie schreiben können ohne politisches Interesse.»

Aber die Schriftsteller werden nicht um ihre Meinung gefragt.

«Sie haben vollkommen recht. Keiner fragt sie. Die Schriftsteller sind für die politische Szene dieses Landes endgültig irrelevant geworden. Denken wir zum Beispiel an Tschechien, wo ein Schriftsteller Präsident ist. Das könnte hier niemals passieren. Schriftsteller haben hier keine Möglichkeit, keine Macht, niemand vermag es sich vorzustellen, daß ein Schriftsteller das Land führen könnte. Die Leute sehen keine Verbindung zwischen Politik und Literatur, sie glauben nicht, daß Schriftsteller politisch bedeutsam sein könnten. Sie nehmen vielleicht wahr, daß ein Schriftsteller einen politischen Kommentar schreibt, aber sie glauben nicht, daß dieser Kommentar eine Bedeutung für die politische Szene haben könnte. Nehmen Sie Tom Wolfes Roman *Fegefeuer der Eitelkeiten*, der wirklich eine politische Herausforderung war. In jeder anderen Kultur hätte man erwarten können, daß dieses Buch auch politische Wirkungen gehabt hätte. Nicht so hier. Man hat es gelesen, man hat darüber geplaudert, aber es hat keine Wirkung gehabt.»

Weshalb?

«Warum sind die Amerikaner für Literatur derart unzugänglich? Ich habe nicht darüber nachgedacht, es ist eine gute Frage.»

Ist das Land zu groß?

«Zu groß und zu kompliziert.»

Gibt es eine Gemeinschaft der Intellektuellen, der Schriftsteller?

«Als ich jetzt in Paris war, hatte ich die Empfindung, daß es dort eine kohärente intellektuelle Gemeinschaft gibt, die man definieren könnte. Das Land ist kleiner, und Paris ist die kulturelle Hauptstadt. Die Dinge geschehen an einem Ort, und sie haben eine kulturelle Definition. Die USA sind zu diffus, zu disparat, zu vielfältig. Es gibt verschiedene Sphären des politischen Einflusses, aber kein Zentrum. Washington ist wichtig für die Politik, New York für Zeitungen und Verlage, Los Angeles für Film und TV.»

Könnte es sein, daß der Puritanismus die Ursache dafür ist?

«Möglicherweise. Es gibt eine Art religiöser Furcht vor der Kunst. Der Künstler ist ein Sünder, die Einbildungskraft ist eine Gefahr. Das gehört bestimmt zur puritanischen Tradition dieses Landes. Geschichten sind gefährlich, sie entzünden die Leidenschaften.»

Hat er Kontakte mit anderen Schriftstellern?

«Der einzige Schriftsteller, mit dem ich häufiger rede, ist der schwarze Autor Charles Johnson. Ich habe viel von ihm gelernt, und ich halte ihn für einen bedeutenden Schriftsteller. Auf dieser Buchmesse in Paris, zu der ich eingeladen war, waren einige amerikanische Autoren, und ich war überrascht, wie viele sich untereinander kannten. Es gibt akademische Zirkel. Die Leute, die an Universitäten arbeiten und Romane schreiben, kennen einander. Aber ich habe das Gefühl, daß ihr Verhältnis, obwohl sie eine Kameraderie pflegen und über gemeinsame Dinge reden können, ziemlich gespannt ist. Danach geht jeder nach Hause, es gibt keine weiterführenden Kontakte. Das ist sehr amerikanisch, wir sind ganz schön privat.»

Gibt es eine literarische Szene in Seattle?

«Es gibt wohl eine. Aber ich gehöre nicht dazu. Ich bin nicht so sehr daran interessiert, mit anderen Schriftstellern zu reden und zu trinken und in Kneipen zu sitzen.»

Früher war er unbekannt, das hat sich geändert.

«Ich begreife jetzt, daß ich in einer Position bin, die Dinge beim Namen nennen zu können. Ich weiß, was ich vorhin über die Literatur und übers Geschichtenerzählen gesagt habe, ist bei manchen Leuten nicht sehr populär. Aber ich bin wirklich dieser Ansicht. Jetzt kann ich das sagen, ich bin nun in der Position, daß Leute mich fragen. Aber ich bin kein Radikaler, ich sehe mich im Hauptstrom der Tradition, das ist alles. Ich habe kein Interesse daran, daß mich die Leute für einen interessanten Burschen mit viel Flair halten, ich brauche keine Ohrringe, keinen weißen Anzug, keine Pfeife. Es geht um Bücher, nicht um Personen. Als ich in Paris auf diesen Empfängen war, einer in der amerikanischen Botschaft, ein anderer beim Bürgermeister, sah ich alle diese Leute, die sich mit irgendeiner Besonderheit markiert hatten, und ich wußte: Das ist der Schwarzer-Anzug-und-T-Shirt-Typ, das ist der Pfeifenraucher-Typ, das ist der Typ mit Hut und geblümtem Hemd, und es kam mir vor, als wären wir am Hof des Königs. Ich denke, man sollte seine Eigenart in seinen Büchern ausdrücken und nicht in der Garderobe.»

Ich erwähne die europäische Diskussion über den jugoslawischen Krieg, etwa die Debatte über eine Intervention, an der auch viele Schriftsteller teilgenommen haben. Wäre so etwas in Amerika denkbar? «Wir hatten eine solche Diskussion während des Vietnamkrieges. Die Schriftsteller haben daran teilgenommen, Mailer, Vonnegut, viele andere, und sie spielten eine wichtige Rolle in der nationalen Debatte. Wenn die Umstände danach sind, wenn eine Krise da ist, dann können die Schriftsteller jederzeit wieder öffentliche Figuren mit einer politischen Botschaft werden.» Würde er an einer solche Debatte teilnehmen? «Sicherlich. Aber warum würde man mich fragen? Doch nur, weil ich schreibe. Ohne mein Schreiben bin ich nichts. Solange mein Schreiben gut ist, kommen die Leute und fragen mich. Also ist das Schreiben der Anfang von allem.» Warum soll man Schriftsteller fragen? «Was qualifiziert einen Schriftsteller, eher gefragt zu werden als irgend jemand sonst? Warum ist die Meinung des Gemüsehändlers oder Taxifahrers von geringerer Bedeutung? Die Leute denken, daß jemand, der Geschichten erzählen kann, bedeutungsvoller, sein Geist entwickelter ist, daß er, weil er die Sprache beherrscht, ein besserer Kommentator ist. Stimmt das? Ich weiß es nicht. Es ist Teil der mystischen Qualität des Erzählens. Wir können zu der Allegorie des Stamms zurückgehen: Der Stamm hat den Kriegsführer, er hat den Medizinmann, er hat den Geschichtenerzähler. Sie tragen nichts zur Lebensversorgung bei, aber sie sind mystische Figuren, und sie arbeiten an der Mystifizierung ihrer Rolle. Wenn der Schriftsteller nicht gut erzählt, wenn er nicht dafür sorgt, daß man ihn für wichtig hält, kriegt er nichts zu essen, und er hat ausgespielt.»

Nach dem Gespräch brachte mich Guterson zurück zur Fähre. Auf meine etwas späte Frage nach seiner Herkunft antwortete er, daß seine Vorfahren ukrainische Juden seien. Niemand wisse, woher der skandinavisch klingende Name komme. Vielleicht, daß schwedische Vorfahren in die Ukraine ausgewandert seien, von dort in die USA. Er sei geboren in Seattle, sein Vater Jurist. Seine Eltern seien Juden, aber nicht religiös praktizierend. Für ihn bedeute das Judentum nichts. Vielleicht aber, so sagte er, als wir schon an der Fähre waren, wäre es ihm auch so ergangen wie vielen deutschen Juden: daß er erst durch die Nazis darauf aufmerksam geworden wäre, daß er Jude sei, und dann hätte Jude sein wollen.

Seattle,
Gespräch mit Charles Johnson

Mit Charles Johnson müsse ich unbedingt sprechen, hatte David Guterson mir gesagt und bereitwillig einen Kontakt zu ihm hergestellt. Ich mußte zugeben, daß ich von dem Mann nie etwas gehört hatte. Seine Bücher haben mit der Geschichte und der Erfahrung der amerikanischen Schwarzen zu tun, von der Sklaverei bis zum alltäglichen Rassismus, von der Bürgerrechtsbewegung bis zur Entstehung einer schwarzen Mittelschicht. Die Kühnheit, mit der Johnson seinen philosophischen Diskurs in phantastische, abenteuerliche Handlungen einbettet, wirkt manchmal fast halsbrecherisch, immer aber belebend und aufregend. Dabei scheut er nicht davor zurück, bei großen Werken der amerikanischen Literatur für seine Zwecke Anleihen zu machen. So etwa in dem Roman *Die Überfahrt* (*Middle Passage* – der englische Titel bezieht sich auf den mittleren Teil des Dreiecks Europa–Afrika–USA, das die Sklavenhändlerschiffe in der Regel fuhren). Offenkundig ist Kapitän Ahab aus Melvilles *Moby Dick* das Vorbild für seinen Kapitän Ebenezer Falcon, der, eine ebenso kleinwüchsige wie brutale Mischung aus Genialität und Wahnsinn, das Sklavenschiff *Republic* von Afrika nach New Orleans und in den Untergang steuert. Wir schreiben das Jahr 1830 und erfahren die Geschichte aus dem Tagebuch von Falcons Gegenspieler: Rutherford Calhoun, ein junger, eben freigelassener Schwarzer, der die väterlichen Ermahnungen, die religiösen, auf Thomas von Aquin und Jakob Böhme fußenden Unterweisungen seines Herrn, des Reverend Chandler, in den Wind schlägt, nach New Orleans geht, Straßendieb wird, vor seinen Schulden und vor seiner wild auf die Ehe versessenen Geliebten flieht, sich als blinder Passagier auf die *Republic* schleicht und an jener Reise teilnimmt, deren wahren Zweck er erst auf See erkennt. Falcons Herrenmenschenphilosophie einerseits, das kulturelle Erbe der auf dem Schiff eingekerkerten schwarzen Allmuseri andererseits stürzen den jungen Rutherford in die tückischsten Konflikte, konfrontieren ihn mit der Frage, auf welche Seite er, der freigelassene Sklave und amerikanische Schwarze, eigentlich gehört. Zu den nicht wenigen Pointen des wilden Romans zählt, daß Rutherfords Gläubiger in New Orleans, ein schwarzer Gangsterboß und Immobilienbesitzer, Teilhaber der *Republic* ist und also Nutznießer des Sklavenhandels.

Johnsons erster Roman *Faith and The Good Thing* (1974) erzählt die Geschichte der jungen schwarzen Faith, die nach dem Tod ihrer Eltern mittellos und arglos nach Chicago reist, vergewaltigt wird, auf den Strich geht, schließlich den schwarzen Karrieristen Maxwell heiratet und einer schwarzen bürgerlichen Existenz entgegensteuert. Ebenso wie Rutherford, und zugleich ganz anders, ist sie auf der Suche nach der schwarzen Identität. Die gegensätzlichen Optionen, zwischen denen sie schwankt, sind einerseits Maxwells Mittelstandssehnsucht, die materielles Wohlergehen erzielt und den Preis eines unwürdigen Opportunismus entrichtet, andererseits jene religiöse Kultur des Südens, in der sie aufgewachsen ist, die aber dem Druck der neuen Zeit nicht mehr standhält. Zentrale Figur für Faith ist die Swamp Woman, eine schwarze Hexe, die weise und gemein ist, allwissend und dumm, die zaubern kann wie ein Urwaldschamane und zugleich in der abendländischen Philosophie zu Hause ist – ein groteskes Fabelwesen, eine Baba Jaga der Südstaaten, eine Allegorie schwarz-

amerikanischer Heimatlosigkeit und Multikultur. Die Virtuosi-
tät, mit der sich Johnson die traditionellen Formen des Entwick-
lungs- und Bildungsromans, des Seefahrerstücks und des Schel-
menromans, des sozialen Realismus und des phantastischen Ani-
mismus aneignet, sie vermischt, reflektiert, philosophisch bricht
und sprachlich reanimiert – sie ist erstaunlich und erklärt vielleicht seinen großen Erfolg in den USA.

Charles Johnson, geboren 1948 in Evanston bei Chicago als
einziger Sohn von Schwarzen, die aus dem Süden zugewandert
waren, ist Professor an der Washington University und lebt in
einem der ausgedehnten Villengebiete von Lake City, nördlich
von Seattle. Er hat an diesem Tag (23. April) Geburtstag, an
Shakespeares Datum, wie er mir lachend sagt. Er ist eine ein-
drucksvolle Erscheinung, gekleidet in schwarze Stiefel mit Metall-
beschlägen, schwarze Jeans, schwarzes Seidenhemd, Pfeffer-und-
Salz-Jackett, schlanker, muskulöser Körper, groß gewachsen, die
Haut mittelschwarz, die Haare wie ein krauser Halbmond mit
hohem Silberanteil. Intelligent, stolz, unaufdringlich eitel, sehr
freundlich, burschikos, entspannt, unkompliziert, zugleich seiner
selbst bewußt und kontrolliert. Wir sitzen im Living Room, sehr
gediegen und aufgeräumt, Schachspiel auf dem Tisch (die einzelnen Felder in der Höhe abgestuft, so daß König und Dame am
höchsten stehen und und es zum Schlachtfeld in der Mitte abwärts
geht), der Raum über zwei Geschosse mit hohem Fenster, davor
dunkle Tannen.

Ich berichte von einem Streitgespräch zwischen dem Schwarzen
Cornel West, Harvard-Professor für *African-American Studies*,
und dem *Hispanic-American* Jorge Klor de Alva, Professor für
Ethnologie in Berkeley, abgedruckt in *Harper's Magazine* (April
1996), wo es um das Verhältnis der Rassen zueinander und um die
Rolle der Schwarzen angesichts der massiven mexikanischen Einwanderung geht. Ich zeige ihm das Heft, das ich im Flugzeug gelesen habe. Johnson liest den Titel «Ist Cornel West schwarz?» und
sagt stirnrunzelnd: «Warum stellt er diese Frage?» Klor de Alva

meine damit, so erläutere ich, daß Cornel West nicht schwarz sei, sondern ein Anglo, denn die amerikanische Tradition sei für die Schwarzen die entscheidende, sie hätten keine andere nationale Tradition, wie sie etwa die Mexikaner oder die Koreaner besäßen. Stimmt das?

«Das stimmt. Ich denke, daß die *African-Americans* oder die Schwarzen, historisch betrachtet, sehr amerikanisch sind. Die ersten Schwarzen kamen 1619 hierher. In jedes bedeutende Ereignis der amerikanischen Geschichte waren Schwarze involviert, ob es der Revolutionskrieg war, ob es der Bürgerkrieg war, der auch um die Sklaverei ging – wir sind Teil des Gewebes dieser Nation in einem Ausmaß, wie es wohl für niemanden sonst zutrifft, ausgenommen die Abkömmlinge derer, die mit den Pilgrims kamen. Es ist wichtig zu betonen, daß wir Amerikaner sind und Teil dieses andauernden Experiments der Demokratie. Es gibt viele Schwarze, die aus der afrozentrischen Bewegung kommen und einen kulturellen Nationalismus pflegen, die gerne nach Afrika zurückblicken und eine Identifikation damit suchen. Aber Afrika ist keine Nation, sondern ein Kontinent, der aus 30 Nationen besteht, und einige davon haben zwei oder drei Stämme und Sprachen. Wenn einer sagt, ich bin Afrikaner, muß er angeben, ob er Guinea oder Nigeria oder Ruanda meint. Das ist nicht so einfach wie für jemanden, der aus Korea oder aus Mexiko kommt, überhaupt nicht. Und außerdem gab es einen ganz schön heftigen Bruch zwischen den Afrikanern, die durch die *Middle Passage* herüberkamen und an das amerikanische Leben auf diesem Boden akklimatisiert wurden, und ihren Vorfahren. Das meiste der afrikanischen Herkunft ist aus der Erinnerung verschwunden. Ein paar wenige Dinge, die wir als afrikanisch erkennen können, haben sich erhalten, in der Sprache, in manchen Ritualen des Südens. Aber das ist noch keine kulturelle Vision. Die ging verloren, innerhalb einer Generation, nachdem die Afrikaner angekommen waren. Tatsache ist, daß den Schwarzen, die etwas über ihre Herkunft wissen wollten, gar nichts anderes blieb, als sich den ethnologischen Studien und Untersuchungen zuzuwenden, die weiße Wissenschaftler Ende des 19. und zu Beginn des 20. Jahrhunderts im Zusammenhang mit dem britischen Kolonialismus angefertigt hatten. Der Versuch, eine afrikanische Identität zu finden, ist zweischneidig, wenn es in Wahrheit mehr als genug ist, ein Amerikaner zu sein. Die meisten sind sich nicht einmal der amerikanischen Geschichte bewußt. Das ist ja einer der Kämpfe an unseren Schulen: Lehren wir amerikanische Geschichte so, wie wir es sollten? Amerika ist ein junges Land, verglichen mit Deutschland oder anderen europäischen Ländern, es ist 200 Jahre alt, es sollte also nicht allzu schwer sein, unsere eigene Geschichte zu studieren. Aber zum größten Teil wird diese Geschichte nicht gewußt. Und das ist eins der wichtigsten Dinge, die wir Erzieher zu tun haben. Denn es gibt eine sehr besondere und ausgeprägte amerikanische Identität. Und die hat mit der Hautfarbe nichts zu tun.»

Warum nennt er sich schwarz? Er ist Amerikaner.

«Ich war kürzlich auf einer Konferenz schwarzer Autoren, auf der wir leidenschaftlich diskutiert haben, was amerikanische Identität bedeutet und was es heißt, ein schwarzer Schriftsteller zu sein. Viele, auch ich, haben gesagt: Fraglos gibt es die amerikanische Identität. Die Bürgerrechtsbewegung zum Beispiel hat an den Sinn der Amerikaner für Demokratie und für Gleichheit appelliert, wie es in den grundlegenden Dokumenten, etwa der Unabhängigkeitserklärung und der Verfassung, dokumentiert ist. Da finden wir eine starke Betonung der individuellen Rechte, der Integrität des Individuums. Zur amerikanischen Identität gehört weiterhin der Pragmatismus – wir haben einen sehr pragmatischen Zugang zu Problemlösungen, und der Pragmatismus ist die einzige Philosophie, die Amerika der Welt geschenkt hat, alles andere ist ja importierte Philosophie. Dazu gehört schließlich die religiöse Frömmigkeit. Immerhin hat das Land mit den Kolonien der Pilgerväter begonnen, und 80 Prozent aller Amerikaner sagen in Umfragen, daß sie an ein höheres Wesen glauben, was immer das sein mag. So gibt es also bestimmte allgemeine Überzeugungen, unabhängig von rassischen Zugehörigkeiten. Das macht uns zu Amerikanern, diese wirklich starke, verpflichtende Hingabe an die genannten Werte, die ja fast eine Obsession ist, was natürlich auch eine Menge Probleme verursacht. Wir fragen uns dauernd: Sind wir fair zu anderen Menschen? Und schlagen uns an die Brust, wenn wir es nicht sind. Martin Luther King bezog sich auf dieses Gefühl für Anstand und Gleichberechtigung. Er sagte, er hätte das, was er erreichte, in kaum einem anderen Land erreichen können. Er konnte das öffentliche Bewußtsein, das sich auf diese Ideale beruft, herausfordern und deshalb Erfolg haben. Ich schreibe gerade an einem Roman, der die letzten zwei Jahre von King vor Augen führt und der versucht, sich dem Wesen von Kings Vision zu nähern, indem er alle biographischen Details aufarbeitet, die, nebenbei gesagt, nicht sehr bekannt sind. Es gibt ja eine Menge Studien über King, aber keiner nimmt sie zur Kenntnis. Was mich am meisten an King interessiert, ist der Philosoph. Wo steht er als philosophischer Denker? Welche Einflüsse haben auf ihn eingewirkt? Da war nicht nur ein liberales Christentum, sondern auch ein sehr starkes Interesse an Ghandis Ethik, und Ghandi wiederum war sehr beeinflußt durch Thoreau – da kommt vieles aus der westlichen und der östlichen Tradition zusammen. Kings Idee der Gemeinschaft gefällt mir sehr, die Betonung der Integration, der Liebe, einer bestimmten Form der Liebe, der Agape – all das sind Dinge, die wir in unserem öffentlichen Diskurs verloren haben.»

Wie kam Johnson zur östlichen Philosophie?

«Ich habe in Chicago Konfuzius studiert, und das führte mich zum Studium des Hinduismus und des Taoismus. Die meisten meiner Philosophielehrer hatten davon keine Ahnung. Aber es gab zum Beispiel einen Gastprofessor aus Japan. Mir hat das immer viel bedeutet. Kurz bevor Sie kamen, habe ich meditiert. Auch das ist ein Weg, meinen Geburtstag zu begehen.»

Was bedeutet *affirmative action* für die Erfahrung der Schwarzen?

«Es gibt keine monolithische schwarze Erfahrung. Das ist eines der Probleme, wenn man sich darüber verständigen will. Diese Politik ist einfach verordnet worden, Ende der sechziger, Anfang der siebziger Jahre. Es gab keine öffentliche Praxis, kein Vorbild dafür. Man hatte eine Menge guter Absichten, und das Ergebnis war insofern gut, als Schulen und Arbeitgeber nicht aus eigenem Antrieb ihre Tore für Schwarze geöffnet hätten. Deshalb mußte es eine Initiative geben, einen aggressiven Willensakt, das zu erzwingen. Ich glaube, es war eine unvollkommene Idee, die unvollkommen verwirklicht wurde. Sie hatte positive Auswirkungen auf den Arbeitsmarkt, auf die Schulen und Universitäten. Schwarze Arbeiter und Studenten sind dadurch vorangekommen. Und die Frauen haben davon erheblich profitiert, denn *affirmative action* wurde über das Kriterium der Rasse hinaus auf das des Geschlechts ausgedehnt. Insgesamt aber habe ich gemischte Gefühle. Es ist ein bißchen, wie Clinton sagt, wie Bohnenzählen, wir haben soundso viele rote Bohnen, braune, schwarze, weiße Bohnen. Unser Quotensystem ist hypertroph, und ich sage Ihnen, warum. Viele Universitäten hätten gerne einen Schwarzen in jeder Abteilung. Meine Universität hier in Washington hat über 2000 Fakultätsmitglieder, aber die Gesamtzahl aller Schwarzen ist schätzungsweise 20, vielleicht 25, und die Frage ist, warum? Die Antwort: Wir haben einfach nicht genug Promovierte produziert. Um eine angemessene Proportion zu kriegen, müssen wir viel früher damit anfangen, Menschen heranzuziehen, die solche Aufgaben erfüllen können, und zwar schon in der Mittelschule und Grundschule. Es gab und gibt eine Menge sozialer Regierungsprogramme, die vor allem Schwarze beschäftigen. Einige dieser Jobs werden wahrscheinlich verschwinden, wegen der Sparpläne. Und einige sind sicherlich im Zusammenhang mit dem geschaffen worden, was man *civil rights industry* nennt.»

Verletzt ein solcher Bonus nicht den schwarzen Stolz?

«Ich habe darüber ziemlich oft nachgedacht. Ein schwarzer Leichtathlet hat das mal sehr gut formuliert: *affirmative action* ist kränkend, aber notwendig. Und ich bin nicht mal sicher, ob es immer noch notwendig ist. Das Gefühl, daß jemand einen Zugang, eine Stelle, eine Beförderung oder was immer aufgrund seiner Rasse erhält und nicht aufgrund seiner Verdienste, muß diese Person in ihrer Selbstachtung, in ihrem Selbstvertrauen verletzen. Gerade vor zwei, drei Nächten habe ich mir darüber den Kopf zerbrochen.

Es ganz zu eliminieren, wie es jetzt der kalifornische Gouverneur Pete Wilson tut, wäre aber falsch, denn wenn ein Student nicht die entsprechenden Punkte und Noten hat, aber Zugang zum College bekommt, kann es doch sein, daß er sich gut eingewöhnt, gute Leistungen erbringt, Leidenschaft entwickelt – ohne dieses Türöffnen hätte er nie diese Möglichkeit gekriegt. Man darf die Evolution, die *affirmative action* bewirkt hat, nicht übersehen. Manche Studenten sind Spätzünder, haben Hemmnisse erfahren, die sie erst überwinden müssen.»

Sollte man nicht besser soziale Kriterien anwenden?

«Ja, um *affirmative action* ein bißchen fairer zu machen, sollte man anstelle rassischer Kriterien ökonomische anwenden. Das wäre sehr sinnvoll, um den Armen zu helfen. Das Ideal ist, und es war Kings Ideal, die Menschen nach ihrem Charakter und ihren Fähigkeiten zu beurteilen und nicht nach der Farbe ihrer Haut, nach ihren Leistungen und nicht nach ihrer Rasse. Es ist schwer, das zu verwirklichen, denn Amerika ist nicht farbenblind, aber bevor wir nicht dahin kommen, wird die Demokratie nicht in der Weise funktionieren, wie sie es sollte. Menschen nach ihrer ökonomischen Lage zu beurteilen ist ein etwas besserer Weg. Er würde weiße Studenten mit guten Noten nicht ausschließen, würde auch armen *Hispanics* helfen.»

Johnson zieht eine Packung Zigaretten aus der Tasche und fragt, ob es mich störe, wenn er rauche. Ich sage, er sei der letzte Raucher – ich hätte in den USA noch nie einen getroffen. Er lacht herzlich und sagt:

«Die Europäer sind, was die Wertschätzung des Tabaks betrifft, viel fortschrittlicher als die Amerikaner. Wir sind sehr puritanisch, das kommt von unserem Pilgrim-Hintergrund, wir suchen andauernd nach Sünden. Aber fahren Sie fort mit Ihren Fragen, die ja eigentlich mehr politisch als literarisch sind.»

Er ist doch ein politischer Autor, oder?

«Ich glaube, das sind wir alle, alle sind wir in irgendeiner Weise engagiert, das ist unausweichlich.»

Sind amerikanische Schriftsteller in die öffentliche Debatte involviert?

«Ja, sicherlich. Aber was ist der effektivste Weg für einen Schriftsteller, politisch zu sein? Doch wohl sein Schreiben, seine Kunst. Vielleicht noch Vorträge oder Mitarbeit in Organisationen. Aber ich glaube, die amerikanischen Schriftsteller sind politisch sehr interessiert.»

Aber die Öffentlichkeit nicht an den Schriftstellern.

«Sie ist interessiert an ganz bestimmten Schriftstellern. Aber Politiker sind, infolge ihres Berufs, keine sehr literarischen Menschen. Sie haben keine Zeit zum Lesen. Es sind Non-fiction-Autoren, die andauernd Themen von öffentlichem Interesse behandeln, kommentieren, beurteilen und von daher einflußreich sind.»

Gibt es das auch bei Fiction-Autoren?

«Kaum.»

Französische, deutsche Schriftsteller werden zum Thema Bosnienkrieg gefragt. Wäre das in den USA möglich?

«In Amerika gibt es das ebenfalls. Ich war auf vielen Konferenzen über die Rolle des schwarzen Intellektuellen, des Schriftstellers in der Gesellschaft. Aber ich glaube, Frankreich und Deutschland haben eine bestimmte intellektuelle Tradition, die Amerika nicht hat: politische Ideengeschichte, die in die Politik hineinwirkt. Das amerikanische politische Leben ist völlig antiintellektuell. Aber die Schriftsteller reagieren sehr oft, ich selber habe schon viele politische Beiträge geschrieben.»

Warum ist Amerika antiintellektuell?

«Das hat eine lange Geschichte. Sie geht zurück auf die Zeit, als man sich von England abwendete und Europa für dekadent hielt, und die Ideen eines dekadenten Landes wehrt man ab. Dieser Antiintellektualismus ist im 19. Jahrhundert noch gar nicht mal so stark, als einige unserer größten Schriftsteller gelebt haben, Melville, Hawthorne, Poe, aber er wächst Ende des 19., Anfang des 20. Jahrhunderts, als auch Schriftsteller nicht notwendigerweise mehr Intellektuelle sind. Und dafür gibt es viele Gründe: Etwa der Grundverdacht gegen Theorie, die bei Deutschen und Franzosen immer geachtet war. Wir haben keine philosophische Tradition, was eine große Schande ist. Deshalb schreiben die Schriftsteller andauernd über ihre Erfahrungen, über die Unmittelbarkeit von Erfahrungen, aber normalerweise reflektieren sie diese Erfahrung nicht philosophisch. Es gibt ein paar Ausnahmen. Mein früherer Lehrer John Gardener war ein philosophischer Schriftsteller, William Gass ist ein geübter Philosoph, aber es ist keine sehr tief verankerte Tradition. So geht also die Politik ihren Weg, und die Literatur geht ihren Weg.»

Gibt es Unterschiede zwischen schwarzen und weißen Schriftstellern?

«Es gibt die sehr solipsistischen Schriftsteller einer bestimmten minimalistischen Tradition, beginnend in den späten Siebzigern, endend in den späten Achtzigern, es gibt nach innen gewendete Schriftsteller, die sich nicht öffentlich engagieren, es gibt die Literatur im *New Yorker*, wo die Autoren vor allem über ihre persönlichen Probleme und ihr privates Leben schreiben. Damit hat sich die schwarze Literatur nie aufgehalten, sie war immer sozial engagiert und politisch interessiert, seit der Sklaverei, von Anfang an. Sie hat sich immer in Beziehung gesetzt zum Verhältnis von Schwarz und Weiß, zu den Bürgerrechten, zu sozialen Fragen. Das Soziale in irgendeiner Weise nicht zu beachten ist unmöglich, wenn man ein schwarzer Schriftsteller ist. Das heißt nicht, daß schwarzes Schreiben sich ausschließlich damit zu beschäftigen hätte, es schließt genauso das Persönliche ein – so wie es Sartre in seinem Essay *Was ist Literatur?* fordert. Wenn ein Schwarzer seinen Stift aufs Papier setzt, weiß er ungefähr, worum es gehen soll, daß es eine Bedeutung für unser gemeinschaftliches Leben haben soll. Es muß für ihn oder für sie bedeutsam, substantiell sein.» Ist Johnson ein Angehöriger der schwarzen Mittelschicht? Er lacht schallend: «Ja, bin ich wohl, aber ich war es nicht in meiner Jugend.» Wie ist das Verhältnis der schwarzen Mittelschicht zur armen, schwarzen Unterschicht? «Das will ich Ihnen sagen. Ich habe mich rund zehn Jahre mit den Statistiken beschäftigt. Schwarze Amerikaner bilden 12 Prozent der Bevölkerung, das sind rund 30 Millionen. Ein Drittel davon ist eingesperrt in die Innenstädte. Die Gründe: Als ich ein Junge war, in Chicago, hatte mein Vater einen Volksschulabschluß und verdiente, was der Durchschnitt der Schwarzen in Chicago verdiente: 4000 Dollar im Jahr. Das war 1965/66. Als die Bürgerrechte allmählich Wirklichkeit wurden, waren die Schwarzen, die eine bessere Ausbildung hatten, imstande, diese ärmliche Umgebung zu verlassen, und die meisten taten es, aber zehn Prozent blieben zurück. Die Jobs, mit denen man 4000 Dollar verdienen konnte – Nachtwächter, Straßenarbeiter, Fabrikarbeiter – gibt es entweder nicht mehr, oder sie werden von den neuen Immigranten gemacht. So bleibt nur noch die schlechtbezahlte Arbeit bei McDonald's oder sonstwo. Aber wenn die jungen Schwarzen in den Innenstädten in Teilzeitarbeit Drogen verkaufen, verdienen sie 25000 Dollar, und wenn sie es als vollen Job betreiben, dann fangen sie mit 40000 an. Es gibt also einen Grund, warum junge Schwarze sich den Drogen zuwenden. Vorher gab es eine zusammenhängende schwarze Gemeinschaft mit berufstätigen Schwarzen und armen Schwarzen, die einander halfen, es gab schwarze Unternehmer, die schwarze Angestellte beschäftigten, es gab die Kirche. Diese Milchflasche hier stammt aus der Molkerei meines Onkels, das einzige, was davon geblieben ist. Die Molkerei gab er in den Vierzigern auf, gründete eine Baufirma und baute Kirchen und Häuser in der Gegend, in der ich lebte. Mein Vater war nach

Norden gegangen, um bei ihm zu arbeiten, deshalb kam er nach Chicago und begegnete dort meiner Mutter. Es gab also in den Vierzigern und Fünfzigern schwarze Unternehmer und eine schwarze Gemeinschaft, und das gerade wegen der Rassentrennung, denn die Schwarzen konnten ja nirgends sonst arbeiten. Und das brach mit dem Ende der Segregation zusammen, die Menschen gingen auseinander. Jetzt sind die Übriggebliebenen in die Innenstädte eingesperrt. Leute wie meinen Onkel gibt es dort nicht mehr, sie sind woandershin gegangen. Die schwarze Mittelschicht stellt sich dauernd die Frage: Was tun wir und was können wir tun, wie können wir diesen Menschen helfen? Ich glaube, daß die Nation darauf noch keine richtige Antwort weiß. Mein Onkel, der keine Ausbildung hatte, sagte immer zu mir, obwohl er erfolgreich war: Sieh zu, daß du eine gute Ausbildung kriegst! Wir wissen, daß es keinen anderen Weg gibt, die Leute aus den Innenstädten und der Armut herauszuholen, als ihnen eine gute Ausbildung zu geben, und die muß eine neue Art von Industrie einschließen, die noch nicht existiert. Die Fabriken sind tot, es muß neue technische Jobs geben. Das ist der einzige Weg. Die Regierung mag zwar Arbeitsplätze schaffen können, aber die sind immer schlecht bezahlt. Deshalb gibt es gegenwärtig die große Debatte: Ob unser Erziehungssystem dem öffentlichen Bedürfnis so dient, wie es sollte.»

T. C. Boyle sagte mir gegenüber, die schwarze Frage sei unlösbar.

«Was meint er damit? Was ist daran unlösbar? Ich kenne ja alle die Zahlen über Arbeitslosigkeit, über die Zahl der unehelichen Kinder, die übrigens offenbar zurückgeht. Wenn wir all das aus der Distanz angucken, dann können wir die Perspektive umdrehen und sagen: Wenn einer von drei Schwarzen im Alter zwischen 17, 18 und Anfang 30 im Gefängnis sitzt oder in Untersuchungshaft, dann ist das schrecklich, und in Kalifornien sind es sogar 40 Prozent. Aber es bedeutet zugleich, daß zwei von drei Schwarzen dieses Alters nicht im Konflikt mit dem Gesetz sind und 60 Prozent in Kalifornien ebenfalls okay sind. Ist das Glas halb voll oder halb leer? Die Statistiken scheinen nahezulegen, daß es halb leer ist und keine Hoffnung besteht. Aber wenn man es als halb voll betrachtet, dann bekommt man ein völlig anderes Bild. Dann gibt es zum Beispiel 600 000 schwarze Unternehmer in Amerika. Alles kommt darauf an, wie man die Zahlen interpretiert. Mein Vater ist im Süden aufgewachsen, mitten in der Depressionszeit. Und in den Sechzigern war er der erste, der sagen mußte: Es hat einen Fortschritt gegeben. Er hat ja die Zeit von den Dreißigern bis zu den Sechzigern wirklich erlebt. Und seitdem hat es sogar noch mehr Fortschritte gegeben, obgleich es sicherlich noch nicht genug ist und man noch mehr tun müßte. Aber kann man ein solches Dilemma, das über hundert Jahre alt ist, über Nacht lösen? Ich selber schwanke ja oft genug, denke manchmal, daß das Glas halb voll ist, manchmal, daß es halb leer ist, aber ich möchte doch den Fortschritt nicht übersehen, den es gegeben hat und gibt.»

Ist Johnson ein Optimist?

«Ja, ich neige dazu, optimistisch zu sein. Wenn man die Geschichte der Schwarzen kennt, dann sieht man, daß die *African-Americans* hier etwas erreicht haben, was eine Inspiration für die ganze Welt bedeutet. Ich habe gerade mit jungen Südafrikanern gesprochen und gemerkt, wie sehr sie von der schwarzen amerikanischen Literatur beeinflußt waren. Oder sehen Sie Nelson Mandela, dessen Autobiographie ich gerade rezensiert habe: Er war ungeheuer beeindruckt und beeinflußt durch die amerikanische Bürgerrechtsbewegung. Was wir getan haben – natürlich nicht ich, denn ich war zu jung, sondern meine Vorgänger und Vorfahren – war doch, daß wir der Nation bewußt gemacht haben, daß sie ihren zentralen und fundamentalen Idealen nicht gerecht wurde, und diese historische Leistung war eine Wohltat für jede andere Gruppe in diesem Land, ob wir nun an die Frauen denken, an die *Hispanics* oder an die Asiaten, alle profitieren sie von dem Blut, das wir vergossen haben.»

Aber die anderen, vor allem die Asiaten, sind oft erfolgreicher.

«Insgesamt ja, und daran ist nichts Geheimnisvolles. Wenn Sie wissen wollen, warum die Asiaten in der Schule besser sind, darüber gibt es Untersuchungen: Für sein Examen bereitet sich ein asiatischer Student etwa sechs Stunden täglich vor, ein weißer Student vier Stunden und ein schwarzer zwei Stunden. In Japan ist es üblich, daß sich die Mutter dasselbe Buch kauft wie ihr Sohn und es mit ihm zusammen durchgeht und paukt, während sie die Wohnung putzt. Da gibt es einen starken Bildungsdrang und ein hohes Leistungsbewußtsein. Und natürlich sehr starke Familienbande. Das ist ungeheuer wichtig. Die jungen Leute müssen erfolgreich sein, um ihren Eltern keine Schande zu machen. Und sehr oft, weil dort eine konformistische Kultur herrscht, gehen sie dann nicht in die Künste, wohin sie vielleicht gerne gingen, sondern in die Wissenschaft oder die Ökonomie, in die lukrativen Berufe. Und das ist ein Problem, mit dem die Asiaten sich auseinandersetzen müssen, mit dem Bedürfnis, sich individuell verwirklichen zu können, anstatt etwas zu tun, was für die gesamte Gruppe gut ist. Das ist es: Sie studieren mehr, arbeiten mehr und sind darauf innerlich besser vorbereitet. Eines der Dinge, die in der schwarzen Bevölkerung passieren müßten, wäre, Wissen und Kenntnis höher einzuschätzen. Wir müssen unsere Studenten mehr herausfordern. Und Schule ist ja nicht viel mehr als die Ausdehnung und Erweiterung der Persönlichkeit, die zu Hause herangebildet wird, beides muß zusammenwirken. Für diese Differenz gibt es also kulturelle Gründe. Und die kann man angehen, und sie werden angegangen.»

Was hält er von der Diskussion über die Sozialfürsorge?

«Die Mehrheit der Fürsorgeempfänger ist weiß. Das ist ja auch klar: Die Schwarzen machen 12 Prozent der Bevölkerung aus, und davon leben 30 Prozent von der Fürsorge. Es gibt Schwarze, die schon in der dritten Generation davon leben. Und das ist das Problem. Was kann man tun, um aus dieser Abhängigkeit herauszukommen und sie nicht zu perpetuieren? Einige Staaten fangen damit an, die Dauer der Zuwendungen zu limitieren, in Michigan etwa: Du mußt nach zwei Jahren eine Arbeit finden, und der Staat hilft dir. Sogar Clinton sagt, daß die Fürsorge, so wie wir sie kannten, an ein Ende kommen muß, und ich glaube, daß da viel dran ist. Die Fürsorge war als Sicherheitsnetz gedacht und nicht als eine ständige Lebensform. Denn dann beraubt sie die Menschen ihrer Fähigkeit, selbstverantwortlich zu sein, beraubt sie ihrer Selbstachtung. All das ist ein großes Durcheinander.»

Was ist der schwarze Beitrag zur amerikanischen Gegenwart?

«Wenn Sie an den Sport denken, an Unterhaltung, Musik, Tanz, Jazz, Schauspielkunst, dann ist der schwarze Beitrag riesig. Aber was heißt schwarz? Schwarze haben sich mit den Weißen im Süden in einem solchen Ausmaß vermischt, daß fast jeder Südstaaten-Weiße schwarzes Blut in seinen Adern hat. Wenn Sie die Schwarzen in diesem Land angucken: Die Schwarzen repräsentieren verschiedene Rassen. In unserem Blut ist auch weißes Blut. Es gibt keine reinen Schwarzen und keine reinen Weißen in Amerika. Sobald die Menschen in rigiden Kategorien denken, ist es schwierig, sich dieser Vielfalt bewußt zu sein. Eines der Merkmale der amerikanischen Erfahrung ist ihre Beweglichkeit und Offenheit. Gerade habe ich gelesen, daß 60 Prozent der Juden Nichtjuden heiraten. Das gilt ebenso für die Asiaten: Die meisten heiraten Nichtasiaten. Die Vermischung in Amerika ist sehr groß.»

Ausgenommen die Schwarzen. Die rassisch gemischten Ehen sind selten.

«O nein, sie sind häufig, da bin ich sicher. Auf der Tagung, die ich kürzlich besucht habe, waren drei schwarze Schriftsteller, die mit weißen Frauen verheiratet waren. Auch in meiner Familie gibt es zwei weiße Frauen. Das ist überhaupt nicht ungewöhnlich. Gucken Sie auf meine Straße: Mein Nachbar da hinten ist schwarz, da drüben lebt ein lesbisches Paar, nebenan lebt ein Ehepaar, schwarz und weiß. Die Freunde meiner Tochter sind teils weiß, teils Asiaten, sie schläft mal bei denen, mal schlafen die bei uns. Das ist der Normalfall. Meine Nachbarn haben kürzlich geheiratet. Auf der Hochzeitsfeier waren Schwarze wie ich und meine Frau, es waren Weiße da, und der Priester, der sie traute, war Japaner. Ich dachte: Das ist Amerika. All diese Leute aus den verschiedensten Gegenden, verschiedensten Herkommens gemeinsam auf dieser Hochzeitsfeier. Ich liebe Hochzeiten, weil die Tatsache, daß sich zwei Menschen vor den Augen einer Gemeinschaft das Jawort geben, mich immer, auch für meine Romane, interessiert hat, und in diesem Fall war es eine rassisch gemischte Gemeinschaft. Das kommt mir in den Sinn, wenn ich an das alltägliche Leben in Amerika denke. Und das zerreißt diese Kategorien. Wenn der Sohn, ein Mulatte, einen Fragebogen ausfüllen muß, ob er schwarz oder weiß sei, dann wird er sagen: beides. Das erschüttert das ganze Konzept einer originären rassischen Natur. Wenn man tief genug in den familiären Hintergrund von Menschen guckt und fünfzig Generationen zurückgeht, fünfzig, dann findet man, daß sie einen gemeinsamen Vorfahren haben. Neulich las ich in *Time* einen Aufsatz über Jesus. Wissenschaftler haben die Bevölkerung seiner Zeit geschätzt: Sie kamen auf 170 Millionen in der ganzen Welt. Die Durchmischung der Menschen ist gewaltig. Wir beide finden einen gemeinsamen Vorfahren, wenn wir nur weit genug in die Geschichte zurückgehen. Die Idee reiner Rassen ist künstlich, ist eine Vorstellung des 19. Jahrhunderts, und sie widerspricht der menschlichen Erfahrung.»

Die *affirmative-action*-Politik weist einen dauernd auf die eigene Rasse hin.

«Deshalb sage ich ja: Es war eine sehr unvollkommene Politik, die mit sehr künstlichen Kategorien gearbeitet hat, sie hatte gute Absichten, aber sie hat mehr Animosität und mehr Polarisierung verursacht, als man sich vor dreißig Jahren hätte träumen lassen. Das ist das Problem. Die Absicht war, die Integration in Amerika zu beschleunigen, und man dachte, das wäre ein guter Weg. Bis zu einem gewissen Punkt war es auch ein guter Weg. Es hat funktioniert. 1966 ging ich aufs College mit einer ganze Welle schwarzer Studenten, die in ihrer Familie die ersten waren, die jemals aufs College gegangen sind. Das hat allerdings nachgelassen. Wenn man sich die neuesten Zahlen ansieht: Der Prozentsatz der

Schwarzen, die aufs College gehen, ist heute etwa so groß wie in den Sechzigern. Die höchsten Zahlen findet man in den Siebzigern. Die Tragödie ist: Mehr Schwarze sind im Gefängnis als auf dem College.»

Erlebt er Rassismus im Alltag?

«Die Frage ist, wovon genau wir reden.»

Ich erwähne einen Bericht der *Los Angeles Times* über die wenigen Schwarzen, die in Beverly Hills leben und andauernd von der Polizei schikaniert werden.

«Das stimmt. Ein Freund von mir lebt dort und könnte es bestätigen. Sicherlich. Niemand will schikaniert und drangsaliert werden, und man kann sich darüber aufregen. Aber ich kann mir vorstellen, was die Polizei denkt: Daß Schwarze in einer solchen Nachbarschaft leben, ist nicht gut, und deshalb stoppen sie Schwarze. Ich lebe hier seit 16 Jahren, und in dieser Zeit gab es zwei Einbruchsversuche. Bei einem hörte ich ein Geräusch am hinteren Fenster, und als ich den Vorhang zurückzog, war die Hand, die sich durch das Fenster streckte, schwarz. Ich brüllte, und der Mann rannte so schnell er konnte auf die Straße hinaus und verschwand. Die Schwarzen haben ein großen Anteil an der Kriminalitätsrate, und bevor das nicht aufhört, kann man die Leute nicht von solchen Generalisierungen und Stereotypen abbringen. Wenn Sie unter Rassismus verstehen, daß die Leute auf der Straße meine Hautfarbe wahrnehmen: Ja, natürlich tun sie das. Was auch daran liegt, daß derzeit ein jeder jede Hautfarbe wahrnimmt. Aber daß jemand deswegen außer Kontrolle gerät? Ich glaube es nicht. Natürlich, wenn ein Weißer in eine schwarze Nachbarschaft kommt, kann es Ärger geben. Oder wenn man in den falschen Pool oder den falschen Fitness Club geht, das schon. Aber das ist überall so. Gehen Sie mal in eine Gegend. wo nur *Hispanics* oder nur *Asians* wohnen: Sie sind fremd dort, sehen anders aus, man kennt Sie nicht, Sie stehen unter einer Art von Verdacht. Das ist eine traurige Seite des amerikanischen Lebens. Aber ich bin nicht sicher, ob das jemals anders war.»

Glaubt er an die Idee des *melting pot*?
«Er ist immer noch ein Ideal, aber es hat sich verändert. Ich glaube, daß die Amerikaner sich ihrer ethnischen Identität übermäßig bewußt sind, die letzten dreißig Jahre haben dem ein zu großes Gewicht gegeben. Trotzdem: Damit Amerika funktionieren kann, geht es nicht ganz ohne. Der Respekt vor dem Individuum ist notwendig, man muß jeden zuerst als Individuum wahrnehmen. Wir haben einen politischen Prozeß, für den die ethnische Erbschaft und der kulturelle Hintergrund wichtig sind. Das ist Amerika.»

Erfährt er Kritik von Schwarzen, er sei nicht radikal genug?

«Ich bin ein Integrationist, in der Tat. Ich bin so aufgewachsen. Meine Familie und ihre Freunde, alle waren sie für die Integration. Ich war als Kind auf einer integrierten High-School, auf derselben, die schon meine Mutter besucht hatte. Ich erinnere mich an Weiße, die ich in unserer schwarzen Kirche gesehen habe. Was Martin Luther King zur Zeit der Bürgerrechtsbewegung sagte, hat mir immer eingeleuchtet. Ich glaube, daß die Mehrheit der Amerikaner an der Integration zutiefst interessiert ist. Nur eine Minorität, eine radikale Gruppe am Rand der Gesellschaft kämpft dagegen. Louis Farrakhan und seine muslimische Nation etwa, auf der anderen Seite die weißen Suprematisten. Diese Leute repräsentieren überhaupt nicht die Mehrheit der Amerikaner. Die meisten Schwarzen sind für die Integration und gegen Farrakhan. Vielleicht sieht man das nicht in den Medien, denn die Leute, die den meisten Lärm machen, kriegen die meiste Aufmerksamkeit. Die Reporter gehen zu denen, die am unzufriedensten und am wütendsten sind. Aber der durchschnittliche Schwarze wie der durchschnittliche Weiße urteilt nicht nach der Hautfarbe, sondern nach dem, was jemand ist.»

Kennt er seine Leser?

«Ja, es sind natürlich viele schwarze Leser, aber auch sehr viele Weiße, auch Asiaten. *Die Überfahrt* wird in Schulen und auf Colleges gelesen. Ich rede viel mit Studenten darüber. Meine Leser kommen nicht aus einer bestimmten rassischen Gruppe, und das wäre auch nicht meine Intention. Ich bin nur daran interessiert, etwas für Leute zu schreiben, die daran interessiert sind, etwas Interessantes zu lesen. Wir haben ohnehin zu viele Leute in Amerika, die nicht lesen können.»

Hat die amerikanische Literatur noch ihre Bedeutung? Ist eine Figur wie Mark Twain heute vorstellbar?

«Daß jeder Amerikaner Mark Twain gekannt hat – nein, das glaube ich nicht. Viele konnten ihn schon deshalb nicht kennen, weil sie Analphabeten waren. Noch heute ist der Prozentsatz der Analphabeten sehr hoch. Aber etwas anderes spielt eine ebenso große Rolle, jedenfalls für mich, und das ist die enorme Zahl der Buchclubs und der Lesezirkel, wo sich Leute wöchentlich treffen und über ein gemeinsam gelesenes Buch diskutieren. Das ist gerade auch unter schwarzen Lesern sehr verbreitet. Ich bin schon oft von weißen Buchclubs eingeladen worden, zusammen mit meiner Frau, manchmal zum Abendessen, wo man dann über meine Bücher sprach. Die *Los Angeles Times* hat eine Umfrage zum Leseverhalten der Amerikaner gemacht und festgestellt, daß nur 57 Prozent aller Amerikaner regelmäßig Bücher lesen. Und was sie lesen, ist normalerweise nicht Literatur, sondern Sciencefiction oder Liebesromanzen. Der Anteil derjenigen, die wenigsten einmal im Jahr einen literarischen Text gelesen haben, einen Roman oder Gedichte oder ein Drama, belief sich auf sieben Prozent dieser 57 Prozent. Natürlich gibt es die Konkurrenz des Fernsehens, des Films, der Videos. Aber immerhin gibt es an die 50000 Neuerscheinungen jedes Jahr, und irgend jemand wird das ja wohl lesen, jedenfalls hoffe ich das. Also ich glaube, daß die Lage nicht schlecht ist.»

Kümmert Johnson sich um die Bedürfnisse seiner Leser?

«Ja und nein. Mein Hintergrund ist die Philosophie, und so glaube ich, daß es die Aufgabe von Literatur ist, Wahrheit zu entdecken und etwas über unser aller Leben ausfindig zu machen, was vorher noch keiner entdeckt hat. Deshalb schreibt man doch.

Das kann man nicht preisgeben. Zugleich muß man versuchen, mit dem Leser eine Verbindung herzustellen. Das gilt natürlich vor allem für den Journalismus, aus dem ja viele Schriftsteller herkommen. Es ist wichtig, sich der Tatsache bewußt zu sein, daß man ein Diener für andere ist. Die Menschen lieben Spaß und Unterhaltung, und das muß man berücksichtigen. Aber man darf nicht zuviel von sich selber preisgeben, nur um dem Publikum zu gefallen. Saul Bellow hat das mal in einem seiner Essays sehr gut gesagt: Der Schriftsteller erzählt der Gemeinschaft ihr Herzensgeheimnis, selbst wenn sie es nicht wissen will. Dafür ist der Schriftsteller da. Wozu sonst schreiben? Vielleicht, um ein Alleinunterhalter zu sein, aber für mich wäre das keine ernsthafte literarische Beschäftigung, die irgendeine kulturelle Bedeutung hätte. Aber man kann unterhaltsam und seriös zugleich sein.»

Wie hoch ist die Auflage der *Überfahrt*?

«Etwa 100000 als gebundenes Exemplar, und jetzt ist es in der zehnten Auflage als Taschenbuch. Dafür war vor allem die Tatsache verantwortlich, daß der Roman Schullektüre geworden ist. In den Schulen benutzen sie ihn, um ihn mit Melville zu vergleichen, sie benutzen ihn für die *African-American Studies* und für alle mögliche anderen Zwecke, was mir gefällt, denn das beschert dem Buch ein langes Leben.»

Ist es wichtig für ihn, daß seine Bücher ein langes Leben haben?

«Ja, das ist es. Als Philosoph denke ich, Philosophie sollte ein langes Leben haben, Hume und Locke und Kant und Plato sollten Teil unserer Erziehung sein, von jetzt an und für immer. Und Literatur sollte dieselbe Rolle spielen, denn beide dienen der Erkenntnis der Wahrheit und der Bedingungen unseres Daseins. So hoffe ich natürlich, daß mein Werk so dauerhaft sein wird wie das von Homer oder Shakespeare, das ist das Ideal, nach dem ein Schriftsteller strebt. Wenn man Glück hat, bleiben von den vielen Büchern, die man geschrieben hat, ein oder zwei übrig. Aus dem gewaltigen Œuvre, das Autoren wie Huxley oder D. H. Lawrence geschrieben haben, bleiben vielleicht zwei Romane, die das Werk verkörpern und die Zeiten überdauern. So muß man also eine Menge schreiben, um vielleicht dieses eine Werk zu schaffen. Es könnte sein, daß es nicht einmal das Werk ist, das dem Autor besonders wichtig ist, und das doch Jahrzehnte überdauert. Ich glaube übrigens, daß man einem Buch eigentlich erst nach fünfzig Jahren wirklich gerecht werden kann. Wenn eine Generation in diesem Buch einen Wert erkannt hat und die nachfolgende Generation ebenfalls, erst dann können wir über seine kulturelle Bedeutung ernsthaft reden. Dazu gehören für mich *Der unsichtbare Mann* von Ralph Ellison oder *Native Son* von Richard Wright. Darüber reden wir immer noch, fünfzig Jahre nach ihrem Erscheinen. Diese Romane haben die Prüfung durch die Zeit bestanden, weil sie Belange und Nöte behandeln, die uns immer noch interessieren, über die Generationen hinweg. Joyce Carol Oates hat einmal gesagt, es gibt massenhaft Bücher, aber nur wenig Literatur, und das stimmt. Von den 50 000 Neuerscheinungen sind vielleicht nur ein Prozent wirkliche Literatur, aber das ist es, was mich interessiert, Literatur, die unser Leben berührt und Teil unserer kulturellen Erfahrung ist. Und vielleicht schreibt man in seinem ganzen Leben nur einen Roman oder nur eine Kurzgeschichte oder nur ein einziges Gedicht, das diesem Anspruch genügt.»

Schreibt er Gedichte?

«Nein, ich habe es es mal versucht, aber es ist nicht meine Form. Ich glaube, ich bin ein Prosaschriftsteller, ein Erzähler, kein Poet. Man kann ja auch in der Prosa sehr lyrisch oder poetisch sein.»

Kennt er deutsche Literatur, deutsche Philosophie?

«Mein Fachgebiet war Phänomenologie, Husserl und Heidegger haben viel für mich bedeutet. Hegel natürlich, Kant, Marx... was wollen Sie noch? Die Deutschen haben der Welt einige der aufregendsten Philosophen geschenkt. Amerika hat auf diesem Gebiet nicht viel entwickelt, abgesehen etwa von William James oder John Dewey. Wir sollten unsere Intellektuellen mehr achten. Aber Amerika hegt gegen die Intellektuellen immer einen Verdacht. Man liebt mehr den Mann der Tat, den Mann aus der

Mitte. Und das ist ja auch einsichtig, denn Amerika ist eine Demokratie, und in der Demokratie ist der durchschnittliche Mann der König. 25 Prozent aller Amerikaner gehen aufs College, die Hälfte davon gelangt bis zum Abschluß. Es haben also nicht mehr als 30 Millionen eine College-Ausbildung, und deshalb sieht man die Intellektuellen als fremdartige Spezies. Die Intellektuellen haben dieses Urteil bestätigt, sie haben sich kaum Mühe gegeben, sich verständlich zu machen. Viele haben sich freiwillig vom Publikum verabschiedet, indem sie ihm zu verstehen gaben: Du bist blöde, du weißt nicht, wovon wir reden. Das beschädigt die öffentliche Rolle der Intellektuellen.»

Der Ehemann von Faith scheint ein Nietzscheaner zu sein.

«Er ist ein klassischer Sexist, ein Chauvinist, und er redet vom Willen zur Macht, aber natürlich hat er keine Ahnung von Nietzsche. Ich hatte einen Bekannten, der ihm glich. Er war ein Geschäftsmann, sehr materialistisch, ein Schwarzer mit absolut bourgeoisen Werten, völlig unkritisch und unsensibel. Und daher ist diese Figur auch eine Kritik der neuen schwarzen Bourgeoisie mit ihrem Materialismus und ihrem Konsumismus.»

Die Figur ist auch ironisch: ein Asthmatiker mit dem Willen zur Macht.

«Genau, er bringt es nicht, er begreift es nicht. Hätte er mehr Stärke, dann würde er auch seine Grenzen erkennen. Er ist eher eine Karikatur.»

Kann er sich vorstellen, daß es für seine Kinder oder seine Enkel eines Tages bedeutungslos ist, daß sie schwarz sind?

«Natürlich. Ich bin in einer Welt aufgewachsen, in der das fast keine Rolle spielte. In der High-School wurde das so gut wie nicht wahrgenommen, ein Freund hieß Tom, der andere Bob, und das war es. Wir Schwarze hatten einen Anteil von etwa 15 Prozent. Ich arbeitete an der Schülerzeitung mit, wir waren in denselben Clubs. Mitte der Sechziger war es überhaupt nicht schick, Leute anhand ihrer Rasse zu beurteilen, jedenfalls, da wo ich aufgewachsen bin. Im Norden war das kein Thema. Ich glaube, wir müssen wieder dahin kommen. Die Menschen waren sich nicht in der Weise ihrer Rasse bewußt, wie sie es heute sind. Unter den Liberalen gab es eine große Begeisterung für die Idee der Brüderlichkeit. Heute spricht davon keiner mehr, das Wort ist im öffentlichen Wortschatz nicht mehr vorhanden. Für Martin Luther King hat es eine große Rolle gespielt. Er wollte hin zu einer farbenblinden Politik. Statt dessen sind diejenigen stärker geworden, die sich ihre Ethnizität auf die Stirn geschrieben haben, die schwarzen Nationalisten und die Afrozentriker. Die haben die Rassenfrage zur Priorität gemacht. Aber das ist falsch, und es spiegelt nicht die Stimmung der Mehrheit.»

Am Ende fragte ich ihn, wie er sich am liebsten genannt sähe: *African-American, Black*? Er lachte und sagte, am liebsten werde er Chuck genannt. Er sehe in der Bezeichnung keine Frage der Rasse, sondern der kulturellen Differenz. Beide Namen seien in Ordnung. In der Hauptsache sei er Amerikaner.

Wie solle man mit der Immigration umgehen? Die illegale Immigration müsse gestoppt werden, sagte Johnson. Generell aber sei Amerika ein Immigrationsland, er könne sich nur schwer vorstellen, Immigration überhaupt zu unterbinden, obwohl man angesichts der schwindenden Ressourcen darüber nachdenken müsse, wann die Grenzen erreicht seien. Es gebe zu viele Menschen auf der Erde.

Unterdessen war seine Tochter aus der Schule nach Hause gekommen, zusammen mit einer weißen Klassenkameradin. Sie fragte etwas, was ich nicht verstand. Dann hört man heftiges Gepolter. Die Mädchen entledigten sich ihrer Segeljacken und Gummistiefel und verschwanden nach oben. Es hatte den ganzen Tag aus Kübeln geschüttet, und ich dachte mit Sorge an die lange Rückfahrt durch Seattle bis zum Flughafen. Wir hätten wohl noch länger dasitzen können, denn Johnson wirkte gut gelaunt und animiert, aber mein Flugzeug würde nicht warten, und so trat ich, nachdem wir uns herzlich voneinander verabschiedet hatten, mit einem Gefühl des Bedauerns in den Regen hinaus. Die Maschine brauchte nach dem Start mehr als eine halbe Stunde, bis sie die knapp über dem Boden lagernden Wolkenpakete durchstoßen hatte. Beim Anflug auf Los Angeles aber lag unter einem nachtklaren Himmel das flimmernde Lichtermeer des Südens.

Schwarze Realität

Was mich im Gespräch mit Charles Johnson am meisten überrascht hatte, war sein optimistischer Blick auf die Lage der Schwarzen. Er kennt das Elend in den schwarzen Gettos der Innenstädte, und er leugnet es keineswegs. Auffällig aber ist sein Selbstbewußtsein, der Stolz auf das, was seine Vorfahren und er erkämpft haben. Unwiderlegbar ist sein Hinweis auf die gewaltigen sozialen und rechtlichen Fortschritte, die innerhalb von wenigen Generationen erzielt wurden. So kann man, so muß man es vielleicht sehen: daß Johnsons Vorfahren elende und rechtlose Sklaven waren und er ein angesehener, erfolgreicher Schriftsteller und geachteter Bürger seines Landes ist. Seine Haltung erinnerte mich an die schwarzen Familien, die wir sonntags in den Passagen und Fußgängerzonen von Santa Monica sehen konnten: schöne Gestalten, gut und manchmal auffällig gekleidet, hübsche und lebhafte Kinder, stolze Eltern, und fast alle mit einer starken körperlichen Aura, die etwas Lebensfrohes, Herausforderndes ausstrahlte, als ob gesagt werden sollte: Wir sind da, wir schämen uns nicht, wir sind wer.

Aber vielleicht ist das schon wieder eine übertriebene Deutung, denn irgendwie ist alles, was über die Schwarzen und von ihnen gesagt wird, übertrieben. Die nie wirklich zu klärende Frage lautet, abstrakt gesagt, wie groß das Mißverhältnis zwischen der wirklichen Größe eines Problems oder einer Gefahr ist und der vermuteten, empfundenen Größe. Statistisch gesehen ist das Unfallrisiko beim Fensterputzen weit höher als beim Fliegen. Dennoch ist Flugangst verbreitet und gilt die eigene Wohnung als sicherster Ort.

Auf meine Bemerkung, die Schwarzen machten nur sieben Prozent der kalifornischen Bevölkerung aus und dennoch berichteten die Zeitungen jeden Tag über sie, hatte Michael Chabon geantwortet, das gelte noch mehr für die Juden. Derlei lasse sich nicht statistisch begreifen, denn es habe mit Emotionen und mit der Geschichte zu tun. Diese Geschichte ist immer noch lastend gegenwärtig, sie vergrößert alles, was mit der Lage der Schwarzen zu tun hat, und sie bringt es mit sich, daß die nachdenklichen Weißen ein mehr oder minder latentes Schuldgefühl gegenüber den Schwarzen empfinden. Jedenfalls scheint es mir bezeichnend, daß die meisten Schriftsteller, mit denen ich sprach, die Lage der Schwarzen als dramatisch oder trostlos empfanden. So T. C. Boyle, der sagte, das Problem sei unlösbar, weil die geschichtliche Erfahrung nicht verlösche. So Doctorow, der für das Elend der Schwarzen die Politik der Konservativen verantwortlich machte. So Richard Ford, der für einen Immigrationsstop plädierte, damit die Schwarzen nicht immer aufs Neue von den nachdrängenden Ethnien an den unteren Rand der Gesellschaft gedrückt würden (das Gespräch mit Ford findet sich im folgenden Abschnitt). Dieses Argument beruht auf der These, daß das Einwanderertum in der Regel eine Auswahl der Tüchtigen, Verwegenen, Erfolgsorientierten darstelle, denn anders würde kaum einer das ungeheure Risiko auf sich nehmen, in der Fremde sein Glück zu suchen, so daß die Schwarzen es immer wieder erleben müßten, wie die Iren, die Koreaner, die Latinos an ihnen vorbeizögen. Ein älterer Freund, emigrierter österreichischer Jude, der seit langer Zeit in Brooklyn lebt, erzählte mir, wie er sein Gemüse immer bei einem Schwarzen gekauft habe, wie eines Tages ein koreanischer Laden aufmachte, wo alles viel ansprechender und reinlicher wirkte, wie nicht nur er, sondern viele andere Kunden beim Koreaner einkauften, worauf eines Tages Schwarze den koreanischen Laden zertrümmerten.

Ähnliche Geschichten kann man von Weißen immer wieder hören, und sie folgen dem Muster, daß das Glas halb leer ist. Mir selber fiel eines Tages auf, daß ich während meiner Reisen und Aufenthalte in den USA, von flüchtigen Begegnungen abgesehen, nie in engeren Kontakt mit Schwarzen gekommen war. Ich erinnere mich nicht, im *Center for European Studies* in Harvard, wo ich drei Monate verbrachte und wo Wissenschaftler aus allen Gegenden Amerikas und Europas zusammenkamen, jemals einen Schwarzen angetroffen zu haben. Aber vielleicht lag das an mir, an einer unbewußten Auswahl meiner Aufenthaltsorte und Gesprächspartner. Interessant jedoch, was Michael Chabon im Gespräch berichtete: Daß er auf einer integrierten Schule in Washington gewesen sei, viele schwarze Freunde gehabt habe, nun aber, in Los Angeles lebend und älter geworden, fast ausschließlich im Kreis von Weißen und Juden verkehre. Auch dafür gibt es eine harmlose statistische Erklärung. Die Schwarzen haben einen Anteil von etwa zwölf Prozent an der amerikanischen Bevölkerung. Also ist die Wahrscheinlichkeit, daß Schwarze mit Weißen in Kontakt kommen, etwa achtmal größer als umgekehrt.

Das ist eine Milchmädchenrechnung; manche Zahlen scheinen, anders als Johnson es sieht, darauf hinzudeuten, daß die Schwarzen für sich leben, mehr als andere Gruppen. Die *intermarriage*, also Eheschließungen mit Mitgliedern einer anderen Rasse, gilt als wichtiges Merkmal der Vermischung und Integration. Der Anteil schwarzer Frauen, die schwarze Männer heiraten, betrug 1980 rund 98 Prozent. Bei puertorikanischen Frauen war der Anteil 78 Prozent, bei mexikanischen 76 Prozent, bei Frauen europäischer Abstammung unter 50 Prozent. Selbst die amerikanischen Juden, die als eine durch ihre Geschichte und ihre Religion geeinte und also stark aufeinander bezogene Bevölkerungsgruppe gelten, heiraten etwa zur Hälfte Nichtjuden.

Diese Zahlen findet man in einem Aufsatz, den Nathan Glazer unter dem Titel «Black and White After Thirty Years» zum dreißigjährigen Jubiläum der Zeitschrift *The Public Interest* geschrieben hat (Herbst 1995). «Dreißig Jahre nach dem großen Durchbruch in den Bürgerrechten und ungeachtet der massiven und revolutionären Veränderungen in der Einstellung der amerikanischen Öffentlichkeit sind wir immer noch, in einigen zentralen Punkten, zwei Nationen», schreibt Glazer. Zum Beweis nennt er, neben der niedrigen *intermarriage*, die anhaltend geringe Vermischung in den Wohnbezirken, und er schildert ein Experiment, ein Spiel, das Thomas Schelling 1970 in *Public Interest* ersonnen hatte: Nimm ein Schachbrett. Verteile nach dem Zufallsprinzip *nickels* (5 Cent) und *dimes* (10 Cent) auf den Feldern, und zwar nach folgender Regel: Es müssen einige Felder frei bleiben. Zehn Prozent der Münzen sind *nickels*. Jeder *nickel* möchte unter seinen Nachbarn mindestens einen weiteren *nickel* haben. Dasselbe gilt für jeden *dime*. Verschiebe nach diesen Regeln die Münzen. Das Resultat: Binnen kurzer Zeit konzentrieren sich die *nickels* in einer Ecke des Schachbretts.

Woran liegt das? fragt Glazer. In einigen Fällen, so sagt er, vor allem in den Wohnbezirken der weißen Arbeiterschaft, liegt es am kruden Vorurteil. In anderen aber, und das gelte für die aufgeklärte weiße Mittelschicht, liege es ganz einfach an der Erfahrungstatsache, daß eine Zunahme schwarzer Mitbewohner sehr oft mit einer Zunahme von Kriminalität und einer Abnahme des Immobilienwerts einhergehe. Das Bizarre ist, daß diese Furcht von Weißen und Schwarzen gleichermaßen geteilt wird. Glazer stellt in seinem eher düsteren Rückblick einerseits einen wirklichen Rückgang des Rassismus fest, andererseits aber eine anhaltende schwarze Gettobildung, und er schließt mit der Vermutung, die Erwartungen seien zu hoch gewesen, und der Fehler der zurückliegenden Integrationspolitik liege darin, daß sie versucht habe, die kulturellen Unterschiede der Rasse und zugleich der Klasse aufzuheben. Arme Schwarze zwangsweise in einer weißen Mittelschichtsgegend anzusiedeln, das konnte nicht gelingen. So wie es, siehe Gutersons Bericht, nicht gelang, die rassischen Gegensätze, die eben auch solche der Klasse waren, dadurch aufzuheben, daß man Schulkinder in außerhalb ihres Bezirks liegende Schulen verfrachtete.

Glazers Resümee ist also ähnlich wie das vieler meiner Gesprächspartner und wie das von Michael Lind: Die Bürgerrechtsbewegung der sechziger Jahre brachte zwar die rechtliche Gleichstellung der Schwarzen (und dann anderer Minderheiten sowie der Frauen), nicht aber notwendigerweise die soziale. Indem sie die Kriterien der Rasse und des Geschlechts politisierte, schwächte sie zugleich die politische Wahrnehmung der sozialen Differenz. In Amerika aber ist es nicht üblich, wie Joan Didion sagt, Klassendifferenzen als politischen Hebel zu betrachten, es verstieße gegen den amerikanischen Mythos. Und vielleicht war der entscheidende Grund für den Erfolg der Bürgerrechtsbewegung in der Tat der Schuldvorwurf an die Adresse der protestantischen Seele Amerikas und das späte, reuevolle Eingeständnis, daß die Sklaverei gegen die selbstgesetzten Ideale verstieß – wie auch die Entrechtung der Indianer. Die soziale Frage zu thematisieren und auf einen ähnlichen sozialpsychologischen Mechanismus zu setzen ist deshalb wenig aussichtsreich, weil der Mythos von der Überzeugung lebt, daß für das materielle Wohlergehen ein jeder selbst verantwortlich sei. *The pursuit of happiness* ist Sache des Individuums – der Staat hat diese Suche durch Enthaltsamkeit zu sichern, und er darf ihr Ergebnis nicht regulieren wollen. So war es in Amerika immer, und einer langen Phase der Regulierung in der Zeit von Roosevelts *New Deal* und Johnsons *Great Society* folgt nun seit einigen Jahren jene Phase der Deregulierung, die Doctorow so heftig beklagt.

Einer neuen Untersuchung von Jennifer I. Hochschild zufolge (*Facing Up to the American Dream – Race, Class and the Soul of the Nation*) ist das Durchschnittseinkommen der Schwarzen, das 1967 nur 53 Prozent des durchschnittlichen weißen Einkommens betrug, geringfügig auf 58 Prozent im Jahr 1992 gestiegen. Die erfreulichste Änderung sei das Anwachsen einer schwarzen Mittelklasse, sagt Hochschild. 1967 betrug der Anteil der schwarzen

Haushalte mit einem Jahreseinkommen von mehr als 35 000 Dollar 16 Prozent. Er stieg auf 26 Prozent im Jahr 1992. Im gleichen Zeitraum aber stieg der Anteil der weißen Haushalte mit einem Einkommen von mehr als 35 000 Dollar von 37 auf 47 Prozent. Hochschild räumt ein, daß der Abstand erheblich geblieben ist, und sie fügt hinzu, daß die Zahl der Schwarzen, die unterhalb der Armutsgrenze leben, relativ gesehen dreimal so hoch ist wie die der Weißen. Das entspricht dem Stand von 1959. Trotz der politischen Erfolge der Bürgerrechtsbewegung hat sich das soziale Mißverhältnis fast nicht verändert, was natürlich die Frage nahelegt, ob die bisherige Gleichstellungspolitik fortgesetzt werden soll. Es zweifeln daran ja nicht nur die Weißen, wie etwa in meinen Gesprächen Joan Didion, David Guterson und, am entschiedensten, T. C. Boyle, sondern auch liberale Schwarze wie Charles Johnson. Es zweifeln auch konservative Schwarze wie etwa der Republikaner Ward Connerly in Los Angeles, der im Frühjahr 1996 zu den Mitbegründern einer sogenannten *Civil Rights Initiative* zählte, der es, ihrem Namen zum Trotz, darum ging, eine bestimmte Errungenschaft der *Civil-Rights*-Bewegung in Kalifornien zu beseitigen: nämlich die Politik der *affirmative action*. Connerly sagte damals: «Für die schwarzen Amerikaner ist es Zeit, sich mit Amerikas Zukunft zu identifizieren und nicht mit seiner Vergangenheit. Ich möchte die schwarzen Amerikaner davon überzeugen, daß ihre Rechte nicht mehr sicher sind, wenn wir unserer Regierung erlauben, das Rassenspiel zu spielen.» Den politischen Hintergrund seiner Bemerkung deutete Connerly an: Der Zeitpunkt, an dem die Schwarzen zur Minderheit unter den Minderheiten werden, ist absehbar, und dann haben sie auch von der Gleichstellungspolitik nicht mehr viel zu erwarten.

Das in *Harper's Magazine* abgedruckte Streitgespräch zwischen dem Schwarzen Cornel West und dem Mexikaner Jorge Klor de Alva, das ich auf meiner Reise zu Charles Johnson gelesen hatte, zeigt die Probleme der rassischen Kategorien: Wer ist «schwarz», wer ist «braun»? Ist nicht, wie Johnson im Gespräch betont, die gemeinsame amerikanische Erfahrung für die Schwarzen wichtiger als die rassische Zugehörigkeit, die doch, wollte man sie exakt biologisch qualifizieren, nichts als ein Aberwitz ist? Und ist nicht, so Klor de Alva, die Bezeichnung «*Hispanic*» ein reines Konstrukt? Nicht einmal die Sprache, geschweige denn das Herkunftsland eint die damit Gemeinten – viele nämlich sprechen nicht Spanisch, sondern indianische Sprachen. Und fast 52 Prozent der unter dem Rubrum «*of Hispanic origin*» Erfaßten verstehen sich selber als Weiße. Und könnte es nicht sein, daß, wie Klor de Alva sagt, die Frontlinien der Rasse die der Klasse unsichtbar gemacht und damit die soziale Frage verschleiert haben? Cornel West räumt das ein, aber zugleich besteht er darauf, daß es neben der sozialen Frage, die die Rassen einen müßte, immer noch die besondere Frage des Rassismus gegen die Schwarzen gibt – und das unterscheidet ihre Lage von der aller anderen Rassen.

Die *New York Times* berichtete im September 1995 eine Geschichte, wie sie sich offenbar immer wieder und überall im Land ereignet. Ein schwarzer Rechtsanwalt, Mitglied einer Kanzlei in Manhattan, hatte seine Mutter, die in Philadelphia wohnte, zu einem Konzert eingeladen. Danach wollte er sie zur Penn Station bringen. Man nahm der Einfachheit halber die Subway. Es geschah, was gelegentlich geschieht: Obwohl der Mann zwei *tokens* einwarf, klemmte die Schranke beim zweiten, und der Mann zwängte sich hinter seiner Mutter hindurch. Die Polizei nahm ihn fest, inhaftierte ihn für eine Nacht unter unwürdigen Umständen und ließ ihn erst am nächsten Morgen wieder frei. Es kann als sicher angenommen werden, daß man einen seriös erscheinenden, zum Konzertbesuch gekleideten Weißen, auch einen Latino oder Koreaner, in der nämlichen Situation angetroffen, nach kurzem Gespräch und der Entrichtung einer Gebühr oder nach Aufnahme der Personalien sofort freigelassen hätte. Da es sich aber um einen Schwarzen handelte, sperrte man ihn erst mal ein. Das ist, immer noch, die schwarze Realität im Amerika.

Gespräch mit Richard Ford

Als im Frühsommer 1996 Roland Emmerichs Science-fiction-Film *Independence Day* Millionen von Amerikanern in die Kinos zog, lag die Paperback-Ausgabe von Richard Fords gleichnamigem Roman noch immer in den Buchhandlungen, und es geschah nicht selten, daß die Kinogeher den Roman in der Annahme kauften, es handele sich um das Buch zum Film. Ihre Überraschung dürfte gewaltig gewesen sein, gleichwohl ist von Protesten nichts bekannt geworden. Der Angriff der Außerirdischen gilt ja den geheiligten, in der Unabhängigkeitserklärung niedergeschriebenen Prinzipien: *Life, Liberty, and the Pursuit of Happiness.* Exakt dies ist das Thema von Fords Roman, und da er die Tugend der amerikanischen Literatur besitzt, eminent lesbar zu sein, ist es gut möglich, daß die Zufallsbegegnung mit Ford hier und da angenehm und bruchlos verlief: heraus aus dem Kino, hinein in den Roman. Denn Richard Fords Held ist ein Mann wie du und ich, ein typischer Mittelstandsamerikaner einerseits, weiß, geschieden, Vater eines pubertierenden Sohnes, abgebrochener Schriftsteller, abgebrochener Sportreporter, nunmehr Immobilienmakler in bescheidenem Wohlstand. Andererseits aber vielleicht insofern doch nicht ganz typisch, als Frank Bascombe ein seltsamer Heiliger ist, ein dilettierender Philosoph, begnadeter Schwätzer, der sich über Gott und die Welt seine Gedanken macht, der den Feiertagsausflug mit seinem Sohn als vertrauensbildende Erziehungsmaßnahme betrachtet, zu der es gehört, den Sohn mit Emerson zu traktieren und ihm Begriffe wie Freiheit und Unabhängigkeit nahezubringen. Was aber allein schon deshalb schwierig ist, weil Frank selber alles andere als wirklich unabhängig und frei ist.

Die Frage, ob Frank Bascombe typisch ist und wofür, wird im folgenden Gespräch von Richard Ford fast ärgerlich zurückgewiesen, und das mit Recht, denn erstens mag es kein Autor, wenn seine besondere Leistung in einen Musterkoffer gepackt wird, und zweitens führt die Frage nach dem Typischen nur zur nächsten, wichtigeren Frage: Woran liegt es, daß wir uns mit Frank identifizieren, sein Schicksal als das unsere betrachten? Denn dies ist das Geheimnis Fords. Schon der Roman *Der Sportreporter* (1989) hatte diesen Effekt, und es lohnt sich vielleicht, Fords Strategie näher zu betrachten. Bascombe war seinerzeit ein gutes Stück jünger und arbeitete noch als Sportreporter, aber schon damals fiel er durch sein haltloses, halb faszinierendes, halb lästiges Gerede auf. Er wußte immer etwas weniger, als er gerade formulierte, und immer etwas mehr, als ihm guttat. Denn Frank ist der nur zur Hälfte Gebildete und der nur zur Hälfte über sich Aufgeklärte – und eben darin unser aller Stellvertreter. Wäre er dümmer und weniger empfindlich-empfindsam, dann würden ihn die Lage seines Landes, die Probleme seiner Immobilienkunden und die Frage nach dem Sinn des Lebens weniger beschäftigen, und wäre er klüger, dann würden wir ihn nicht so gut verstehen.

Natürlich kann man fragen, wie wahrscheinlich es ist, daß ein Mann wie Frank den großen Emerson liest und seine Freundin den probaten Tocqueville auf dem Nachttisch liegen hat. Die Kunst Fords besteht darin, daß er einen Als-ob-Realismus erfindet, indem er zugleich von innen und von außen erzählt, aus Franks Kopf und Bauch und als Franks lichter Augenblicksgeist. Dieser unendliche Monolog, abwechselnd ein wirklicher und ein innerer und ein scheindialogischer Monolog, ist die idealische Konstruktion des Individuums Frank Bascombe, was bedeutet, daß Ford nicht naturalistisch und nicht mit einem Originalton-Imitat arbeitet, sondern dem Haarriß zwischen Innen und Außen nachschreibt und damit im Individuellen das Überindividuelle glaubhaft macht. So ist es ganz natürlich, daß Frank, übermüdet nach langer Fahrt durch dichten Wochenendverkehr, ausgerechnet auf einem nächtlichen Motelparkplatz und ausgerechnet einem schwarzen Fernfahrer sein Herz ausschüttet, weil er justament entdeckt hat, daß Unabhängigkeit, wie er sie bisher verstand, nämlich als Freiheit von etwas und als monadische Existenz, nicht wirklich funktioniert. Wahre Unabhängigkeit bedarf der Liebe. Und er wendet die frische Erkenntnis auf diesen weidlich dumpfen und stumpfen Fernfahrer an, der natürlich keine Ahnung hat, wovon Frank eigentlich redet. Er ist auch nicht sonderlich interessiert daran, denn der Grund, weshalb die beiden auf dem Parkplatz ins Gespräch kommen, ist ein ebenso simpler wie schrecklicher Mord, der kurz zuvor in einem der Motelzimmer geschehen ist.

Richard Fords Themen sind nicht eben revolutionär, und natürlich fällt einem unter anderem John Updike ein: der andere große Mittelstandsepiker. Aber es nicht nur das Alter, das beide unterscheidet (Ford ist zwölf Jahre jünger), es ist vor allem der Blick: Updikes «Rabbit»-Figur Harry Angstrom ist Wachs in der Hand seines Autors, der ihr immer überlegen ist – als wissender Arrangeur, als helfender Interpret –, was zur logischen Folge hat, daß die Romane in der dritten Person erzählt sind. Fords Bascombe-Romane hingegen sind in der ersten Person erzählt, und sie handeln von einem Frank Bascombe, der die Sicherheit eines Harry Angstrom nie besessen hat. Während Rabbit die modernen Erschütterungen, die Amerika heimsuchen – die Jugendrevolte, das Zerbröckeln der Moral, der Krieg in Vietnam und die Landung auf dem Mond –, als die Erschütterung eines ehemals sicheren Weltbildes erlebt, hat es für jemanden wie Frank Bascombe diese Sicherheit gar nie gegeben. Er muß sich alles selber und von neuem aneignen, er entdeckt Amerika noch einmal, auf der Basis von *Life, Liberty, and the Pursuit of Happiness* – staunend, daß es das gibt und Bedeutung hat, und sich fragend, was eigentlich es bedeutet.

Mein Hinweis auf Updike hatte Richard Ford so unwirsch gemacht, daß er zunächst vorgab, Updike nicht zu kennen. Und ebenso unwirsch reagierte er, als ich in ihm den Südstaatenautor zu erkennen suchte. Beides war ziemlich ungeschickt, weil Ford solche Klassifizierungen nicht mag. So erwähne ich nur noch, daß Ford 1944 in Jackson, Mississippi, geboren wurde, offenbar schon fast überall im Land gelebt hat, mit seinen wunderbaren, an Raymond Carver erinnernden Erzählungen *Rock Springs*, mit dem *Sportreporter* und dem *Unabhängigkeitstag* berühmt wurde und heute halb in New Orleans lebt, wo seine Frau als Stadtplanerin arbeitet, halb in einem Ort in Mississippi.

Ich fragte Richard Ford, ob er gern die eigenen Bücher liest. «Ab und zu. Ich setze mich nicht hin und lese alle noch mal. Das wäre fruchtlos. Aber wenn mich gelegentlich jemand bittet, aus einem meiner früheren Bücher zu lesen, dann tue ich das ohne Widerwillen. Ich mag meine Bücher. Aber selbst, wenn man glaubt, ein sehr gutes Buch geschrieben zu haben, muß man sich fragen: Wie kann ich es besser machen? Mein Ziel, wenn ich ein neues Buch schreibe, ist es immer, das Beste zu geben, was ich kann, nichts zurückzuhalten und nichts zu übereilen. Deshalb empfinde ich keinen Ekel, ein früheres Buch in die Hand zu nehmen. Ich blicke nicht mit dem Gedanken zurück, ich hätte damals schlauer sein sollen oder so was. Mit meinen Büchern habe ich gelebt und lebe ich, sie sind, wie sie sind. Aber der *Unabhängigkeitstag* ist, glaube ich, ein reicheres, weiter gespanntes Buch geworden, humorvoller und mitfühlender. Ich weiß nicht, ob der Humor in der Übersetzung rüberkommt.»

Es ist ein besonderer, nicht-ironischer Humor.

«Ja, er kommt aus einer Art von Selbstunterschätzung, nicht aus der Selbstüberschätzung einer Ironie, die jemanden herabsetzt.»

Wie lange hat er mit Frank Bascombe zusammengelebt?

«Ich hatte das Zusammenleben mit ihm 1986 beendet, hatte die Gesellschaft mit ihm wirklich aufgegeben, jedenfalls, soweit es mir bewußt war. Aber ungefähr 1991 – in der Zwischenzeit hatte ich zwei Bücher geschrieben – bemerkte ich, daß aus den Notizen im meinem Arbeitsjournal die Stimme von Frank sprach. ‹Das klingt ja wie Frank›, dachte ich völlig überrascht. Ich hatte schon eine Menge dieser Notizen, aber ich sagte zu mir: ‹Schreib keine Fortsetzung!› Das ist riskant und läuft darauf hinaus, die losen Enden des früheren Buchs aufzulesen, aber es genügt nicht, ein wirklich neues Buch zu machen. Als mir die Idee kam, einen Roman über das Thema Unabhängigkeit zu schreiben und als ich ein Jahr darüber nachgedacht hatte, kam es mir plötzlich so vor, als ob dies eine Geschichte wäre, die Frank erzählen könnte. Obwohl ich Frank wirklich mag und es mir immer leichtgefallen ist, ihn um mich zu haben, versuchte ich, mir das auszureden. Aber am Ende entschied ich mich, es so zu schreiben. Danach war ich völlig ausgepumpt. Aber heute kann ich den *Unabhängigkeitstag* hernehmen, irgendeine Passage daraus lesen, und ich fange an zu lachen. Das Buch freut mich noch immer.»

Empfindet er Ähnlichkeiten zwischen seinen Büchern und denen von John Updike?

«Ich kenne seine Bücher nicht.»

Er kennt Updike nicht?

«Ich habe nur eins gelesen, *Bessere Verhältnisse*. Es ist, wenn ich mich recht erinnere, in der dritten Person geschrieben. Wenn es Ähnlichkeiten zwischen mir und Updike geben sollte, wäre das nicht allzu überraschend. Amerikanische Schriftsteller sind immer an der Frage interessiert, wie die Leute ihr Leben leben und was es für sie bedeutet. Das war schon für Theodore Dreiser wichtig, so auch für mich und für Updike. Aber seine Bücher spielen im Nordosten, und meine nicht.»

Ford kommt aus dem Süden. Was bedeutet das für ihn?

«Ich halte mich nicht für einen Südstaatenautor. Es würde bedeuten, daß man entweder für ein Südstaatenpublikum schreibt oder über den Süden, und beides tue ich nicht.»

Warum nicht?

«Na ja, der Süden war das Thema von William Faulkner, Mark Twain, Walker Percy. Ich suche mir lieber eine Gegend, die literarisch noch nicht so besetzt ist. Deswegen spielt der *Unabhängigkeitstag* in New Jersey. Ich dachte mir, das ist eine Gegend, die noch nie wirklich beschrieben wurde.»

Aber verraten seine Bücher nicht doch etwas von der Mentalität der Südstaaten?

«Ich weiß nicht, was das sein soll. Ich lebe hier im Süden, ich kenne ihn ganz gut, aber er interessiert mich nicht. All die Dinge, die man normalerweise mit den Südstaaten verbindet, konservative Politik, Angst vor Veränderung, die Geschichte von Klassen, damit habe ich nichts zu tun, das ist mir scheißegal. Ich möchte nicht als Südstaatenautor betrachtet werden, ich schreibe über Montana und New Jersey und Kalifornien, ich schreibe über das ganze Land.»

Unabhängigkeitstag ist ein amerikanischer Roman. Was bedeutet amerikanisch?

«Der Roman hat mit einem Thema zu tun, das alle Amerikaner aller Rassen verbindet: persönliche Freiheit und Unabhängigkeit, die Beziehung von Menschen zueinander und zu dem Ort, an dem sie leben. Wissen Sie, die Vereinigten Staaten wurden von Leuten gegründet, die ein Leben in Freiheit wollten. Die Bedingungen dafür haben sich geändert, und sie sind Gegenstand des Romans: die Flucht in die Vororte und die Flucht vor der Stadt, das ständige Reisen, die Sehnsucht nach einem bukolischen Verhältnis zur Natur.»

Frank Bascombe scheint ein typischer Vertreter der weißen Mittelklasse.

«Verzeihen Sie, aber ich denke nicht in diesen Begriffen. Ich bin keine Soziologe, sondern Schriftsteller. Ich denke nicht in der Kategorie des Typischen, sondern in der des Besonderen. Sie sind ein Europäer und mögen beim Blick auf Amerika das Typische suchen, aber für mich gibt es kein typisches Amerika, und ich glaube, es wäre nicht gut für meine Arbeit, mich auf derlei einzulassen.»

Aber er schildert soziale Situationen sehr genau.

«Vielleicht sind sie wiedererkennbar, aber sicher nicht typisch. Es wäre für mich unmöglich zu sagen, ob Frank typisch oder atypisch ist.»

Der Roman erzählt eine Menge über Amerika.

«Soviel wie möglich. Frank ist weiß, geschieden, und er lebt in einem Vorort, ja. Und es geht um Rassenunterschiede. Ich wollte soviel wie möglich in die Geschichte hineinnehmen, ohne dabei wie mit einem Hubschrauber übers Land zu fliegen. Frank ist ziemlich selbstquälerisch, dabei ziemlich artikuliert, und er ist voller Sympathie für andere Menschen. Mag sein, daß seine Situation von vielen Menschen geteilt wird. Aber ein typischer Amerikaner mit einem mittleren Intelligenzquotienten und in durchschnittlichen Lebensverhältnissen – wenn der versuchen würde, einen Roman zu erzählen, das wäre nicht sehr interessant. Frank ist der Sprecher dieser Geschichte, und in dieser Hinsicht ist er ein Besonderer und kein Typ. Seine Intelligenz ist die Maschine, die es ermöglicht, alle die Themen der Geschichte zu entwickeln, und deshalb liegt sie oberhalb des Durchschnitts.»

Er ist ein Mann der Möglichkeiten.

«Genau. Was Schriftsteller versuchen, besteht doch darin, den Leser in eine Situation hineinzulocken, mit der er sich vertraut fühlt – weißer Mittelschicht-Typ erzählt von Kleinstadt, Scheidung, Kindheit, Karriere –, und den Leser dann mit etwas Unerwartetem zu konfrontieren. Anders gesagt: Man guckt auf etwas, was man zu kennen glaubt, und dann wird einem blitzartig klar, daß man es nicht kennt.»

Die Geschichte spielt 1988. Frank sagt einmal, die Lebensverhältnisse hätten sich verändert: Mehr Menschen, weniger Raum, weniger Möglichkeiten. Ist das immer noch so?

«Sicherlich, es gibt mehr Menschen und weniger Raum als früher. Aber die Chancen sind gewachsen. Ökonomisch gesprochen: Die Arbeitslosigkeit ist niedriger, die Wirtschaft auf festerem Boden als im Jahr 1988, als wir die Talsohle einer schrecklichen Rezession erreicht hatten. Die Inflation scheint halbwegs unter

Kontrolle. Ich glaube, die binnenwirtschaftlichen Bedingungen sind seitdem erkennbar, wenn nicht deutlich besser geworden.»

Aber die Immigration ist ein Problem.

«Ein wirkliches Problem. Aus all den Gründen, die jede Nation, jeder Staat damit hat, ob Deutschland, Frankreich oder eben Amerika, und sie erzeugt einen gewaltigen Druck auf die Liberalen.»

Ist er ein Liberaler?

«Absolut!»

Die Konservativen sind derzeit obenauf, und sie bereiten den Liberalen eine harte Zeit.

«Können die gar nicht. Die liegen falsch, und ich liege richtig. Aber beim Thema Immigration habe ich keine sehr liberale Position.»

Kennt er Michael Lind und sein Buch *The Next American Nation*? Er ist ein überzeugter Liberaler und für einen Immigrationsstop.

«Bin ich auch.»

Weshalb?

«Aus einem sehr einfachen und wichtigen Grund: Wir haben hier die schwarze Bevölkerung, die nie nach Amerika kommen wollte, und die, seitdem sie hier lebt, immer auf der Verliererseite war. Die Schwarzen haben keine Jobs, sie leben in ärmlichen Behausungen, sie erleiden die ganze Entwürdigung der posturbanen, postindustriellen Gesellschaft. Und nun passiert es, daß ein neuer Schwall armer Leute ins Land kommt.»

Einwanderer aus Asien oder Lateinamerika.

«Ich habe nichts gegen diese Leute, aber ich bin davon überzeugt, daß wir als Nation eine allererste Verpflichtung gegen jene haben, die hier schon seit Jahrhunderten leben. Und wir sollten uns hüten, eine Situation zu schaffen, die die Schwarzen weiterhin zu Verlierern machen muß. Zwischen den Ärmeren der verschiedenen Einwanderergruppen herrscht oft große Feindseligkeit. Zudem habe ich den Eindruck, daß viele der lateinamerikanischen

Immigranten aus repressiven Gesellschaften kommen und den reaktionären politischen Flügel stärken. Auch das mißfällt mir.» Was könnte man tun? «Natürlich muß man zunächst die illegale Immigration stoppen. Und was mich betrifft: Ich wäre glücklich, wenn wir für eine begrenzte Zeit jegliche Immigration stoppen würden, so lange, bis wir genauer wissen, welchen Effekt die unbegrenzte und massenhafte Immigration auf diese Gesellschaft hat. Was sagt Michael Lind dazu?»

Er sagt, einer der Gründe der unbegrenzten Einwanderung sind die Interessen der herrschenden Klasse.

«Ganz klar!»

Und das Interesse an niedrigen Löhnen.

«Sicher. Die Obstbauern, Gemüsefarmer und Baumwollplantagenbesitzer den ganzen Westen rauf und runter bis in den Norden von Michigan heuern diese Banden illegaler Immigranten an, die heute Erdbeeren pflücken und morgen verschwinden, und keiner weiß, wohin. Sie zahlen keine Steuern, ihre Kinder erhalten keine Ausbildung, und sie werden, unter den gegebenen Bedingungen, keine sehr nützlichen Bürger. Ich werfe ihnen nicht vor, daß sie kommen wollen, aber ich werfe mir nicht vor, daß ich sie jetzt raushaben will. Ich sage nicht: für immer, aber jetzt. Ich bin im Süden aufgewachsen, und von Anfang an war mir die Absurdität der Umstände bewußt, in der die Schwarzen gefangen sind. Das habe ich nie vergessen.»

Gibt es nicht eine schwarze Oberschicht?

«Die paar Anwälte, Ärzte und Diplomaten, ich wette, die machen nicht mal zwei Prozent der Bevölkerung aus. Aber es gibt eine riesige schwarze Unterschicht.»

Sollte man die Politik der *affirmative action* beibehalten?

«Ja. Sie mag manchmal nicht mehr so produktiv sein, wie sie es war, und man könnte sie sicherlich effizienter machen. Ich verstehe auch die Klagen von Weißen, die in ein Personalbüro kommen und sich für einen Job nicht qualifizieren können, weil sie weiß sind. Einiges müßte sicherlich neu justiert werden. Insgesamt aber ist *affirmative action* immer noch notwendig, obgleich ich über das Thema Sozialfürsorge anders denke.»

Inwiefern?

«Ich finde nicht, daß minderjährigen Müttern die Sozialhilfe entzogen werden sollte, wenn sie weitere Kinder kriegen. Wohl aber finde ich, daß man in das System Anreize einbauen müßte, damit junge Eltern nicht von der Sozialhilfe abhängig werden. Ich glaube, man sollte alle Anstrengungen zu einer Geburtenkontrolle unternehmen, und – an diesem Punkt liegen die Republikaner tödlich falsch – es sollten Kondome verteilt werden und Informationen, die dazu beitragen, daß diese Kinder keine Kinder kriegen. Fürsorgeempfänger, wenn sie dazu fähig sind, sollten zu verantwortlicher Arbeit herangezogen werden. Es gibt genügend Dinge, die in den Vereinigten Staaten zu tun sind, Arbeit im öffentlichen Interesse, und das sollte mit der Sozialfürsorge verknüpft werden.»

Glaubt er, daß es eine amerikanische Nation gibt?

«Die amerikanische Nation verändert sich auf problematische Weise, und irgendwie ist das ja auch der Grund, warum ich dieses Buch geschrieben habe. Demographisch hat sich das Land verändert, der Schwerpunkt liegt nicht mehr östlich des Mississippi wie früher, als das Geschichtsbewußtsein noch intakt war. Es wächst das Gefühl, daß die zentrale Regierung den Menschen nicht so dient, wie sie es nach Ansicht der meisten Amerikaner tun sollte. Die Empfindung nationaler Identität verschiebt sich weg von der Mitte zu einer föderativen Ordnung, die den Einzelstaaten mehr Verantwortung gibt, und das ist ja insofern in Ordnung, als Amerika aus einer Föderation gewachsen ist. Nicht ein Bundesstaat wie Deutschland, sondern ein Staatenbund.»

Aber wo liegt der kulturelle Konsens begründet? Früher war es die angelsächsische Tradition. Und heute? Ist es die Idee der multikulturellen Gesellschaft?

«Sie können es multikulturell nennen oder multiethnisch oder sonstwie – es gibt immer noch, wie ich glaube, ein starkes Gefühl für das Amerikanische, unterhalb all dieser Kulturen. Davon bin ich überzeugt.»

Gilt das auch für die neuen Einwanderer, die ja nicht mehr in erster Linie aus Europa kommen, sondern aus fremden Kulturen wie Asien?

«O ja, für die gilt das ganz besonders. Gerade wenn sie aus einem repressiven Land kommen: Sie kommen ja wegen der unbegrenzten Möglichkeiten hierher und weil sie wissen, daß ihnen hier nichts passiert. Indem sie sich hier eingewöhnen, gewinnen sie Vertrauen zu der Sache, auf die Amerika gegründet wurde: Freiheit. Mir ist deswegen nicht bange. Wir haben eine Menge Probleme, aber nicht einen Mangel an amerikanischer Identität. Unser Mangel heißt anders: Armut.»

Trotzdem: die alte Idee des Schmelztiegels, die alle ethnischen Gruppen in die gemeinsame amerikanische Sprache und Kultur hineinzwingt, funktioniert nicht mehr wie früher. Die Zahl der Amerikaner, die nicht Englisch spricht, wächst.

«Ich finde, es sollte ein Gesetz geben, das Englisch zur Landessprache erklärt. Ich habe jeden Respekt vor jeder Sprache. Aber: Damit aus diesem Land nicht ein Turmbau zu Babel wird, damit das Gefühl der Zusammengehörigkeit erhalten bleibt und die Chance der Eintracht, brauchen wir eine gemeinsame Sprache, so daß wir verläßlich miteinander reden können. Ich weiß, diese Haltung ist nicht sehr populär, aber das ist mir egal. Schließlich bin ich Schriftsteller, und Sie können sich denken, wie ich darüber urteile. Ich spreche Französisch, Spanisch, ein bißchen Italienisch, ich interessiere mich für Sprachen, ich verachte niemandes Sprache. Jedes andere Land hat eine gemeinsame Sprache. Das klingt konservativ, und es ist konservativ in dem Wunsch, etwas zu erhalten, was für lange Zeit funktioniert hat. Trotz all der imperialistischen und kolonialistischen Aspekte, die mit der Geschichte des Englischen verbunden sind – dieses Land kann nur überleben, sein Geschick kann sich nur zum Besseren wenden, wenn das Englische erhalten bleibt. Die Probleme, die wir zu lösen haben, sind auch auf englisch noch schrecklich genug.»

Macht er sich Sorgen über die Zukunft Amerikas?

«Ja, weil mein Vertrauen unbegründet sein könnte, weil ich vielleicht Unrecht habe im Glauben an die dauerhafte Existenz dieses Landes unter den Zeichen von Freiheit und Gleichheit, Freiheit der Rede, Freiheit der Versammlung, Freiheit der Religion und Trennung von Staat und Kirche. Ich sorge mich zum Beispiel deshalb, weil die Trennung von Staat und Kirche, die in der Verfassung explizit vorgeschrieben ist, zu verschwinden beginnt, mit der Überzeugung der politisch Konservativen: ‹Also, eigentlich ist das ja ein christliches Land.› Für mich ist dieses Land kein christliches Land, auch kein jüdisches oder muslimisches, es ist ein Land, in dem alle Religionen gedeihen sollen, und sei es die kleinste afrikanische Religionsgemeinschaft.»

Seine Zweifel hängen wohl auch mit dem Rechtsruck zusammen.

«Sicher. Die lautesten Stimmen kommen von der radikalen Rechten, aber die vertritt nicht die Wertvorstellungen der Mehrheit. Das sehen die Republikaner inzwischen selbst.»

Und Clinton?

«Ich stimme weithin mit ihm überein, mit Ausnahme seiner Haltung zum Thema Einwanderung. Aber man muß imstande sein, auch den Leuten, die man unterstützt, zu widersprechen. Die radikale Rechte kapiert das nicht. Die denkt, wenn du nicht ihr ganzes Programm kaufst, dann bist du durchgefallen.»

Wie hat sich denn das intellektuelle Leben seit Reagan verändert?

«Dieses Land ist so groß, so disparat, in vielen Gebieten so unterbevölkert, daß es gar kein intellektuelles Leben gibt.»

Wirklich nicht?

«Nein. Die Universitäten bilden eine Art Ferment. Aber intellektuelles Leben? Ich weiß, mir würden da einige Leute widersprechen, Susan Sontag wahrscheinlich, aber ich sehe das nicht.»

Fühlt er sich mit anderen Schriftstellern verbunden?

«Ja, durch ein Gefühl der Sympathie, weil Schriftsteller Leute
sind, die optimistisch denken und die Sprache dazu gebrauchen,
den politischen Zusammenhalt zu stärken, auch dann, wenn sie
nicht über politische Themen schreiben. Ich selber habe nie über
politische Dinge geschrieben, außer in meinem letzten Buch, und
auch das ist nicht sehr politisch. Neulich traf ich Günter Grass.
Der ist ein wirklicher politischer Autor. So etwas haben wir
nicht.»

Bedauert er das?

«Ja, weil ich glaube, daß das Vorhandensein einer phantasie-
vollen politischen Literatur auch bedeutet, daß es eine Leserschaft
dafür gibt und einen politischen Zeitgeist, ein Geistesleben, aber
das haben wir nicht, und auch nicht eine Literatur, die das beför-
dert.»

Gab es das nicht in den Sechzigern?

«Gut, aber das ist sehr selten. Politik wird traditionellerweise in
Washington gemacht, und die ganze Tendenz der Nation geht dahin, daß die locker und jetzt noch lockerer angekoppelten Staaten
immer weniger mit den zentralen politischen Dingen zu tun haben
wollen. Die Leute kümmern sich nur noch darum, was in ihrem
Staat und in ihrem Bezirk politisch passiert. Man liest hier auch
anders. Wenn ein Buch nicht explizit mit Politik zu tun hat, gilt es
als unpolitisch. Daß ein Roman auch etwas Politisches ist, sieht
man nicht. *Der Kinogeher* von Walker Percy zum Beispiel ist, wie
ich glaube, ein großer politischer Roman über das Ende der fünfziger und den Beginn der sechziger Jahre. Zu seiner Zeit war er
visionär, aber niemand würde ihn als politischen Roman verstehen. Tom Wolfe hat vor vielen Jahren einen Essay geschrieben, in
dem er die Abwesenheit einer ausgewachsenen politisch imagina-
tiven Literatur beklagte.»

Ein Romancier oder ein Lyriker kann sich auch außerhalb
seiner Romane oder Gedichte politisch äußern.

«Ja, es gibt ein paar Leute, Gore Vidal, sehr scharfsinnig, Norman Mailer, sehr scharfsinnig, Robert Stone, ziemlich scharfsinnig, also ein paar haben wir.»

Werden die geachtet?

«Gute Frage. Das Land ist generell sehr fragmentiert, und das liegt auch daran, wie das politische System funktioniert. Das ist so undurchsichtig und so abhängig von gewaltigen Geldsummen. Ein Schriftsteller wie Vargas Llosa, der in Peru fast Präsident geworden wäre, ist hier nicht vorstellbar. Man kriegt das Geld nicht zusammen. Norman Mailer hat blödsinnigerweise für den Senat oder sonstwas kandidiert, es geht nicht. Für einen Schriftsteller, der sein Leben literarischen Belangen widmet, ist es schlechthin unmöglich, herauszukriegen, wie das politische Spiel funktioniert. Die Amerikaner trauen nur jenen politischen Profis, die beteuern, daß sie keine politischen Profis sind.»

Dann hätte er als Schriftsteller ja gute Chancen. Hat er jemals daran gedacht, sich politisch zu betätigen?

«Ich bin dafür nicht talentiert.»

Aber er interessiert sich für Politik.

«Das schon, ich lese eine Menge darüber, und gelegentlich schreibe ich Kommentare über politische Themen für das kanadische Radio.»

Wird er von amerikanischen Medien zur Mitarbeit aufgefordert?

«*Unabhängigkeitstag* ist als politischer Roman verstanden worden, und nun werde ich wohl für kenntnisreicher gehalten, als ich bin. Seit den guten Kritiken gerate ich in den Gesichtskreis von Leuten, die die Zeitungen und Magazine machen. Die *New York Times* hat kürzlich einen Beitrag von mir gewollt. Aber im allgemeinen dienen die Zeitungen hier nur dem Verkauf von Anzeigen, die mit ein paar Geschichten gewürzt sind.»

Warum lebt er nicht in New York?

«Ich habe in New York gelebt. Aber die Stadt ist nichts für mich. Landschaften faszinieren mich, ich liebe die Natur, ich habe Hunde gern. Meine Frau ist Stadtplanerin in New Orleans, und ich habe ein Haus in Mississippi, fünf Stunden davon entfernt. So fahre ich hin und her.»

Wer regiert das Land?

«Wer das Land regiert? Die Reichen natürlich, die Reichen!»

Funktioniert die Demokratie?

«Das hängt von der Perspektive ab. Im Zusammenhang mit dem O.-J.-Simpson-Prozeß wurden viele Schwarze im Fernsehen befragt, Leute von der Straße, und es hat mich schockiert, daß die meisten Schwarzen überhaupt nicht daran glauben, daß die demokratischen Institutionen in ihrem Sinne arbeiten. Aber verglichen mit den Fünfzigern funktioniert die Demokratie wirklich besser. Die Bürgerrechtsgesetze der sechziger Jahre sind vom Kongreß verabschiedet worden, und die jetzigen Diskussionen über Änderungen an der *affirmative action* und an der Sozialfürsorge finden auch im Kongreß statt. Ich glaube, daß das im wesentlichen funktioniert. Die Gefahr besteht umgekehrt darin, daß sich die Bürger nicht mehr für die Demokratie interessieren. Als die Bombe in Oklahoma hochging, schrieb ich einen Essay für das kanadische Radio, in dem ich etwa sagte, daß das Land unter der Attacke einer radikalen, militanten Rechten steht und daß sich die Leute nicht beruhigen, sich nicht daran gewöhnen sollen, daß sie diesen Horror nicht vergessen sollen. Fürchtet euch und wählt diejenigen Leute, die klarmachen, daß so etwas nicht geduldet werden kann. Und die Burschen, die so etwas tun, sollen schrecklich dafür büßen.»

Redet er mit Freunden oder Kollegen über solche Dinge?

«Kaum. Ich habe nicht sehr viele Kollegen in diesem Sinne, und ich lebe ja, wenn ich nicht mit meiner Frau zusammen bin, vollkommen allein.»

Wird er nicht zu Talk-Shows oder Konferenzen eingeladen?

«Nein, so etwas gibt es in Frankreich oder Deutschland, wo in einem nationalen Sender Schriftsteller über allgemeine Themen diskutieren. Wenn hier diskutiert wird, dann sind es ausschließlich Politiker oder Fachleute. Schriftsteller hält man für zu unbedeutend.»

Kennt er Europa?

«Ja, in der Beziehung bin ich gut dran. Ich komme oft nach Europa, ich spreche Spanisch, Französisch. Nur vor Deutsch fürchte ich mich. Aber ich habe mir vorgenommen, Deutsch zu lernen.»

Kennt er deutsche Literatur?

«Im College haben wir Thomas Mann gelesen, Heinrich Böll, die Österreicher Peter Handke und Thomas Bernhard – alles in allem nicht sehr viel. Neulich traf ich den Kritiker Dennis Scheck, der in Köln lebt, und er sagte mir, daß im letzten Jahr bloß 32 Bücher aus dem Deutschen in Amerika übersetzt worden sind, während es umgekehrt 1100 waren. Nicht viele amerikanische Autoren kennen Europa. Ein verbreitetes Vorurteil lautet, daß die europäische Kultur in Amerika eine Rolle spielt. Der Austausch zwischen Amerika und Europa betrifft den Kommerz und die Technik, aber das intellektuelle Leben überhaupt nicht. Und das, obwohl wir Weißen alle aus Europa gekommen sind.»

Wo stammen seine Großeltern her?

«Aus Irland, sie kamen um 1880.»

(Später, beim Abendessen in einem größeren Kreis, redeten wir über *affirmative action*, und ich sagte, wohl auch deshalb, weil Ford in dieser vorgerückten Stunde irgendwie indianisch aussah, spaßeshalber: «Wenn Sie indianische Vorfahren hätten, dann hätten Sie bessere Chancen.» Und Ford entgegnete, plötzlich ernsthaft, er habe eine indianische Großmutter.)

Wie unterscheidet sich das literarische Leben Amerikas von Europa?

«Die Schriftsteller in Amerika empfinden Solidarität füreinander. Wir gehen sehr demokratisch miteinander um, und es gibt kaum Neid oder Mißgunst. In Europa scheint das anders zu sein. Sie konkurrieren gegeneinander, sie bekämpfen sich. Aber Kritiken nehmen sie viel philosophischer. Amerikaner empfinden eine schlechte Kritik wie einen Stich ins Herz. Sie sind empfindlicher. Europäische Schriftsteller begreifen eher die Notwendigkeit des freien Austauschs der Meinungen in einer kulturellen Szene, die so eng aufeinander bezogen ist. In Amerika ist man viel stärker an der Frage interessiert, ob etwas gut oder schlecht ist, ob der Autor recht hat oder nicht, und der Autor nimmt sich das sehr zu Herzen.»

Warum schreibt er keine Buchkritiken?

«Ich bin dafür nicht qualifiziert, und ich möchte nicht in die Lage kommen, das Buch eines Kollegen den Lesern abspenstig machen zu müssen. Es gibt in diesem Land so wenig Begeisterung für Poesie und imaginative Literatur, daß ich nur als Ermutiger auftreten will.»

Er betont also die Unterscheidung zwischen Kritiker und Autor?

«In der Tat. Ich habe natürlich Ansichten, aber nicht notwendigerweise Urteile. Ich glaube übrigens, daß das literarische Leben in Amerika auch deshalb gut ist, weil es Sartres Bemerkung entspricht, daß Literatur nicht unbedingt sein muß. Ich glaube, das denken auch die Amerikaner, und das gibt ihnen die Freiheit, aufzumerken, wenn ein Buch wirklich gut ist. Und wenn da ein Schwall von Büchern ist, die nicht gut sind, dann kümmern sie sich einfach nicht darum. Und das gefällt mir. Es zwingt einen dazu, sich anzustrengen, um die öffentliche Aufmerksamkeit zu gewinnen.»

Gibt ihm das ein Gefühl der Freiheit?

«Ja, aber es ist die existentielle Freiheit des Nichts. Freiheit, die darauf beruht, daß man nichts hat. Es ist wirklich eine extreme Freiheit, und einer ihrer Vorzüge besteht darin, daß es mir gutginge, wenn ich zu dem Schluß käme, mit dem Schreiben aufzuhören.»

Warum ginge es ihm gut?

«Wenn ich nicht mehr schreiben will und damit aufhöre, wäre das kein wirklicher Verlust, weil es unter Schriftstellern kein Gefühl von Professionalität gibt, das ist nur eine lose Clique von Amateuren.»

Seit einigen Jahren ist er ziemlich erfolgreich. Was bedeutet das?

«Ich habe eine Menge von Europa gesehen. Zu Hause fühle ich mich mehr oder weniger wie vorher, abgesehen davon, daß ich ein bißchen mehr Geld habe.»

Er kann davon leben.

«Ich kann davon leben. Ein gut Teil meines Einkommen kriege ich aus Europa. Aber in meinem täglichen Leben hat sich nichts geändert. Und weil ich nicht in New York lebe, werde ich auch auf der Straße nicht erkannt, keiner kommt zu mir und fragt mich um meine Ansichten, und so führe ich ein unbemerktes Leben. Ich liebe das. Schriftsteller, die eine Art von Medienstar werden, entfremden sich den Erfahrungen, denen sie ihr Werk verdanken. Ich bevorzuge abgelegene Orte. Die meisten Leute in den Kleinstädten, wo ich lebe, wissen nicht mal, daß ich existiere oder was für einen Beruf ich habe. Ich mag das, ein unauffälliger Bürger zu sein. Das ist einer der Gründe, weshalb ich New Orleans nicht mag: Das ist eine sehr künstliche Stadtgemeinde, und wenn ich mit einem Buch erfolgreich bin, dann zeigt sich jedermann begeistert. Es ist dann grundsätzlich unmöglich, jene Anonymität aufrechtzuerhalten, die man vorher hatte. Deshalb halte ich mich von diesen Plätzen fern.»

Will er unbemerkt bleiben?

«Na ja, es ist sehr angenehm, wenn Leute nett zu dir sind, weil sie dein Buch gelesen haben und dich mögen. Es ist äußerst schmeichelhaft, und ich fühle mich gut dabei. Es ist, als hätte ich einen Beitrag zu ihrem Leben geleistet, als hätte ich etwas für sie getan. Aber ich möchte, daß das Leben weitergeht, wie ich es immer gekannt habe, ich möchte die Dinge in der Gangart tun, wie ich sie tue, ohne irgend jemanden sonst.»

Würde er gerne mit Schreiben aufhören und etwas anderes tun?

«Ja, das würde ich gern.»

Warum?

«Weil das Schreiben schwieriger und schwieriger wird. Es kostet mich im Grunde das ganze Leben. Ich habe das Gefühl, daß ich mein Leben, jetzt zwanzig, nein, dreißig Jahre daransetze und nicht genug für die Menschen tue. Als Schriftsteller geht es mir wundervoll, aber ich komme nicht dazu, sehr viel für andere zu tun, und ich muß dieselben Sachen immer wieder und wieder tun, nur um sie einen Zahn besser zu machen. Ich vermute mal, daß ich nicht zu bald zu alt werde, so daß ich versuchen könnte, für eine gewisse Zeit noch etwas anderes zu machen. Aber ich weiß nicht mal, was das sein könnte. Ich bin mal Lehrer gewesen, aber das kommt nicht in Frage. Im letzten Frühjahr, als ich nicht wußte, ob der *Unabhängigkeitstag* eine Pleite würde, habe ich mir gesagt: Gut, wenn der Roman eine Pleite wird und ich keine neuen Leser finde, dann werde ich was anderes machen, wie ich ja schon vor 1980 etwas anderes gemacht habe, und ich dachte, vielleicht ist jetzt der Augenblick. Aber nun läuft das Buch ganz gut, und ich habe eine anderes kleineres Buch angefangen, das ich gerne zu Ende bringen würde, und so werde ich das noch ein bißchen rausschieben. Aber, damit wir klar sehen: Das Leben eines Schriftstellers ist ein sehr leichtes Leben.»

Er ist der erste Schriftsteller, der das sagt.

«Verglichen mit dem Leben, das die meisten anderen führen, ist es einfach. Es gibt Zeiten, da arbeite ich wie der Teufel und bis an den Rand des Wahnsinns, aber die meiste Zeit mache ich nichts. Laßt uns um Gottes willen aufrichtig sein: Ich schleppe doch keine Ziegelsteine, nagele keine Nägel, fahre nicht vierzehn Stunden am Tag Traktor – das ist harte Arbeit!»

Muß er gegen Schreibhemmungen kämpfen?

«Ich hatte nie eine Schreibblockade. Mein erstes Prinzip war immer, darin Sicherheit zu haben, daß ich jeweils über das Wichtigste schreibe, was ich kenne. Deshalb habe ich nur sechs Bücher geschrieben. Ich habe 1968 angefangen, in 27 Jahren sind das nicht sehr viele. Aber ich hätte, unter der Maßgabe dessen, wie ich Bücher schreiben will, nicht mehr schreiben können. Schreibblok-

kaden kenne ich nicht, weil ich mir sage: Wenn ich nicht schreiben
will, schreibe ich nicht. Dafür bin ich zu pragmatisch.»
Frank Bascombe ist immerzu an anderen Menschen interessiert. Ist das ein Selbstporträt oder eine persönliche Utopie?
«Mehr mit anderen Menschen zu tun zu haben, das wäre
schön. Ich spüre den Verlust des Kontakts mit anderen Menschen.
Ich mag Menschen, aber ich kann nicht mit ihnen zusammen sein
und zugleich Bücher schreiben. Bücher zu schreiben, das heißt –
und besonders jetzt, da ich älter werde – mehr und mehr und mehr
bei sich selber zu sein und mehr und mehr und mehr allein zu sein,
es muß andauernde Ruhe herrschen, niemand darf stören, ich
gehe schlafen mit dem Buch und wache mit ihm auf, all dieses
Zeug, dieses neurotische Leben. Zu sein wie Frank, mitten im
Leben, das ist ein Ideal.»

Feier des Konkreten

Das Interesse an den Menschen, und zwar ein unmittelbares,
scheint Merkmal der amerikanischen Literatur zu sein, und vielleicht erklärt es ihre Besonderheit und ihren Erfolg. Nun wäre es
sicherlich absurd zu behaupten, andere Nationalliteraturen seien
nicht am Menschen interessiert, denn das Thema einer jeden Literatur ist, implizit oder explizit, der Mensch. Und das ist insofern
eine wenig hilfreiche Festellung, als es unendlich viele Möglichkeiten gibt, den Menschen zu sehen: als den denkenden Kopf,
das schwärmerische Gemüt, die empfindende Seele, das liebende
Herz, den geschundenen Leib und so fort.
Mir scheint aber, daß die Lagerfeuer-Allegorie von David Guterson etwas überaus Bezeichnendes hat. Erstens, weil sie so konkret und archaisch zugleich ist. Einem Europäer, der dasselbe
hätte ausdrücken wollen, wäre allenfalls der Kamin in den Sinn

gekommen, weil er so etwas wie Lagerfeuer normalerweise nur aus amerikanischen Filmen kennt. Zweitens aber, weil die Vorstellung von der Aufgabe des Schriftstellers, die Gutersons Bild anschaulich macht, etwas Volksfürsorglich-Naives hat, als wäre Literatur gewissermaßen ein Lebensmittel oder eine Notreserve.

Zwar leben auch europäische Schriftsteller gern in dem Glauben, ihre Tätigkeit erfülle eine öffentliche Aufgabe, aber sie interpretieren diese Aufgabe eher im Sinne des genialen Präzeptors oder des wegweisenden einsamen Sehers oder gar, wie es der Realsozialismus versucht hat, im Sinne des autoritativen und parteilichen Strategen.

Der Gedanke, man säße beieinander am Feuer, und einer werde um eine Geschichte gebeten, die er dann so spannend zu erzählen hätte, daß keiner einschläft, und so lehrreich, daß jeder etwas davon hat, ist, so behaupte ich, sehr amerikanisch und in einem fundamentalen Sinn demokratisch. Damit ist nicht gesagt, daß der elitäre Geistesaristokrat dem amerikanischen Wesen völlig fremd sei – man denke nur an Edgar Allan Poe oder Robinson Jeffers. Aber das Gefühl sozialer Verantwortung ist in der amerikanischen Tradition ungleich stärker entwickelt als in Europa. Ist es nicht auffällig, daß, sobald die Rede etwa auf Poe kommt, meist hinzugefügt wird, der sei kein großer Demokrat gewesen? Eine zweifellos zutreffende Feststellung, die man bei Goethe oder Flaubert verständlicherweise unterließe.

Das Lagerfeuerbild verrät aber nicht nur eine demokratische Auffassung von der Rolle des Schriftstellers, sondern auch eine soziale. Der Gedanke der Gemeinschaft, der Sippe, des Kollektivs, der ethnischen Gruppe ist stets präsent, und ebenso der nicht immer ausgesprochene Rechtfertigungsgrund für das Schreiben, der sich auf Gesellschaftliches bezieht. Guterson geht in diesem Punkt besonders weit, denn seine Allegorie würde es ja nicht erlauben, daß der Erzähler vor sich hinmurmelt oder daß er sich selber etwas erzählt oder daß er sich über die Köpfe der Anwesenden hinweg an ein fernes oder zukünftiges Publikum richtet. Hier und jetzt kommt es darauf an, gehört und verstanden zu werden. Und daraus allerdings erwächst dann wieder ein erzieherisches Programm, nun aber nicht oberlehrerhaft und autoritär, sondern volksbildend und erfolgsorientiert. Der Erfolg nämlich ist, so betrachtet, nicht akzidentiell, sondern er hat unmittelbar etwas mit der Qualität der Literatur zu tun. Natürlich bedeutet das keine simple Gleichsetzung, aber der in Deutschland nicht seltene Umkehrschluß, ein Bestseller könne kaum auch noch ein gutes Buch sein und wirklich seriöse Literatur zeichne sich durch ihre Unverkäuflichkeit aus, wäre dieser Tradition fremd.

Wahrscheinlich ist kein Schriftsteller desinteressiert am Erfolg. Aber in Nationen mit einer starken und gefügten literarischen Öffentlichkeit kann es genügen, daß der Autor den Beifall der berufskritischen Klientel findet. In den USA aber, wo eine solche Öffentlichkeit nur an vereinzelten Orten existiert, ist der Schriftsteller viel stärker auf das Leserinteresse bezogen, das sich am einfachsten der Auflagenhöhe ablesen läßt. Michael Chabons Freude über den Zuspruch junger Leser, die ihre eigenen Wirrungen und Irrungen im Roman *Die Geheimnisse von Pittsburgh* wiedererkannt haben, schien mir bezeichnend, zumal er diese Freude äußerte, um sich selber über sein Scheitern beim Schreiben politischer Texte zu trösten. Daß auch er, obwohl der postmodernen und zynischen Generation nach eigenem Bekunden zugehörig, in irgendeiner Weise verantwortlich sei, scheint ihm selbstverständlich. Für Charles Johnson wiederum ist es klar, daß kein Schwarzer sich an den Schreibtisch setzt, wenn er nicht etwas Substantielles, auf die soziale Welt Bezogenes zu sagen hat. Richard Ford äußert eine diffuse Trauer darüber, daß er mit Menschen so wenig zu tun habe, weil das Schreiben eine einsame Sache sei. Dafür findet dann Frank Bascombe kein Ende, wenn er sich in die Probleme und Anschauungen seiner Mitmenschen, seien es Immobilienkunden, Fernfahrer oder Baseballstars, angelegentlich hineinversetzt und wenn er versucht, Emersons philosophisches Allmenschentum, also die amerikanisch-weltliche Entsprechung zum Pantheismus, für seinen Sohn und sich selber nutzbringend umzusetzen – und zwar ganz situativ und praktisch.

Das Interesse am Menschen – in der amerikanischen Literatur realisiert es sich zumeist überaus konkret, selten nur abstrakt, was bedeutet, daß weniger die Menschheit als der Mensch im Mittelpunkt steht. Natürlich spreche ich hier von einer Traditionslinie, die bestimmt nicht die einzige ist, die mir aber stärker ausgeprägt scheint als in anderen Literaturen. Zu ihr gehört ein relatives Desinteresse an ideologischen, moralischen Zielsetzungen, oder, genauer gesagt: Wenn es eine interesseleitende Idee gibt, dann konkretisiert sie sich immerzu im Detail und in der Situation. Als wäre eine Idee, die sich im Augenblick des Erzählens am Lagerfeuer nicht anschaulich machen ließe, wenig wert. Daraus entsteht dann eine grandiose Feier des Konkreten, eine nimmermüde Lust an der Gegenständlichkeit. In *Arthur Gordon Pym* läßt Poe es sich nicht nehmen, im Augenblick der höchsten Not eine längere Abhandlung über das richtige Beladen von Schiffen sowie der Folgen, die eine Mißachtung der Regeln im Fall eines Sturms hervorrufen muß, einzuflechten – unnachsichtig gegen den gierigen Leser, der nur wissen will, was aus dem im Bauch des Schiffes eingesperrten Helden werden wird. Und Melvilles *Moby Dick* ist bekanntlich eine einzige Abschweifungsorgie, zu der ein naturwissenschaftlicher Exkurs über die Gattung der Wale zählt.

Selbst in neuzeitlich gemilderten Beispielen der amerikanischen Literatur erkennt man diese Lust am Detail. Guterson etwa hat sich über die Technik des Lachsfangs genau informiert, er kennt die Fischerboote, ihre Ausrüstung, ihre Motoren, er kennt die Wind- und Wetterverhältnisse, die Untiefen, die Betonnung und Befeuerung im Sund. So wie sich Charles Johnson auskennt: nicht nur in der Geschichte der Philosophie, sondern auch in der des Sklavenhandels, wozu die schwarzafrikanische Ethnologie nicht weniger zählt als die Ökonomie und die Logistik, die Navigation und die Segeltechnik. Richard Ford und T.C.Boyle sind Kenner des Immobiliengeschäfts. John Updike weiß alles (in seinem Rabbit-Roman *Bessere Verhältnisse*) über die Tücken des amerikanischen Gebrauchtwagenhandels angesichts der japanischen Konkurrenz. Doctorow wird nicht müde, die Stadtpläne sowie die Herrschafts- und Lebensverhältnisse seiner Vaterstadt New York historisch genau zu rekonstruieren, wie es nicht anders Saul Bellow für Chicago tut. Die Beispiele ließen sich ins Unendliche fortsetzen. Sie wären weder wirksam noch erfolgreich, wenn nicht die Zuhörer am Lagerfeuer ein genuines Interesse am Konkreten hätten. Die Eigenart einer Literatur erklärt sich immer auch aus den Lebensverhältnissen und den Lesegewohnheiten der Rezipienten. Und da die philosophische Tradition in Amerika nicht übermäßig entwickelt ist (was Johnson im Gespräch beklagt), findet der Reflexionsroman, findet die Ideenliteratur keinen goldenen Boden – wie ihn Novalis vorfand oder Musil, Thomas Mann oder Broch oder Kafka. Um nur auf Kafka hinzuweisen: Selbst die schmerzliche Präzision seiner *Strafkolonie* etwa besitzt doch nie jene tröstliche Detailverliebtheit, die uns mit der näheren Angabe technischer Daten versorgen würde. Dies aber geschieht in amerikanischen Romanen sehr oft – bis hin zu Robert M. Pirsigs berühmtem Roman der Alternativkultur *Zen und die Kunst ein Motorrad zu warten*. Derlei gedeiht nur dann, wenn die Zuhörer, die ans Lagerfeuer treten, um dem Erzähler zu lauschen, nicht aus der Welt der Ideen kommen, sondern aus dem banalen Alltag. Hier, in der Konkretion, finden sie sich wieder.

Diese Identifikation beschränkt sich nicht auf die Realitäten des Alltags. Sie erfährt eine ebenso große und vielleicht nachhaltigere Befriedigung in den Mythen amerikanischen Lebens und Strebens. Dafür war und ist Hollywood immer wieder das Beispiel: durchaus ambivalent in der Mischung aus kommerzieller Ausbeutung des Mythos und seiner künstlerischen Überhöhung. Das Interesse am Menschen hat nämlich keineswegs nur sozialdemokratisch-menschenfreundliche Motive. Gerade in Amerika steigert es sich nicht selten ins Titanentum des nietzscheanischen Übermenschen, der die Religion des Individualismus zur schrankenlosen Selbstverwirklichung radikalisiert.

Eindrucksvolles Beispiel dafür ist Cormac McCarthys Roman *Die Abendröte im Westen*. Im Mittelpunkt steht ein junger namenloser Bursche, hineingeworfen in die Wildnis einer gleichgültigen, grausamen Natur und in die womöglich noch größere Wildnis der Menschen. Sein Gegenüber ist der Richter, ein weißhäutiger haarloser Hüne, gebildet und zynisch, bösartig und kindlich. Nachts, am Lagerfeuer, lauscht die Bande der Skalpjäger mit offenen Mündern den philosophischen Exkursen des Richters, tagsüber metzelt und mordet man die Indianer. Der Roman spielt in der Mitte des vergangenen Jahrhunderts, kurz nach dem Ende des amerikanisch-mexikanischen Krieges. Schauplatz sind vom Krieg versehrte Siedlungen und heruntergekommene Städte, in denen der Prozeß der Zivilisation noch kaum begonnen zu haben scheint, wo Moral ein Witz und Anstand eine Dummheit ist. Schauplatz ist die Wüste, in der die Leichen der Erschlagenen zu Mumien verdorren und wo nachts der gestirnte Himmel nur die vollkommene Gleichgültigkeit eines Universums ausstrahlt, in dem der Mensch ein unbedeutender Zufall ist. Während der Junge das sprachlose, erbarmungswürdige Menschenkind ist, erscheint der Richter als die erbarmungslose Inkarnation eines monströsen Individualismus, der zum leeren Solipsismus geworden ist. Die Bande, die im Auftrag eines mexikanischen Gouverneurs die Indianer jagt, verpraßt das unter Todesgefahr verdiente Geld in einem wenige Tage währenden Exzeß, an dessen Ende die Stadt verheert zurückbleibt. Der Boden rationalen, zweckgerichteten Handelns ist längst verlassen, nie wieder erreichbar. Die Welt hat, wenn es keinen Gott und kein Gesetz gibt, keine Grenze. Die Landschaft bietet nirgends Halt, der Raum ist unerschöpflich. Das Ich, das sich selber gottgleich zum Mittelpunkt setzt, bläht sich auf und verpufft folgenlos.

McCarthy führt den Umschlag der Selbstverwirklichung –

Pursuit of Happiness – in die Selbstvernichtung vor, er entwirft das Gegenbild zu Guterson und Ford. Menschenferne statt Menschennähe. Aber selbst darin noch ereignet sich die Feier der Konkretion. Jeder Baum und jeder Stein wird benannt, und jeder Knochen im Sand ist ein Zeichen. Gutersons volkserzieherisches Programm wird von McCarthy auf der erdabgewandten Seite der Geschichte vollzogen. Erfahren kann man daraus, wie Titanen enden. Wie Ebenezer Falcon endet (in Johnsons *Überfahrt*); wie Arthur Gordon Pym, der am Ende dieser seefahrerischen Räuberpistole einem Meereskatarakt entgegentreibt; wie Kapitän Ahab (in Melvilles *Moby Dick*), der Gott und die Welt in die Schranken fordert. Aber die Titanen sind nichts ohne ihr humanes Gegenüber, nichts ohne den Jungen in der *Abendröte*, nichts ohne Rutherford Calhoun, nichts ohne Ishmael und Queequeg (*Moby Dick*) – allein schon deshalb, weil sie es sind, die die Geschichte erzählen.

In einer Welt, die nur mehr Chaos ist – Chaos der Wildnis wie bei Boyle oder McCarthy, Chaos der sozialen Welt wie bei Guterson oder Doctorow, Chaos der Gefühle wie bei Chabon oder Ford –, in einer solchen Welt stiftet der Erzähler die letztmögliche Ordnung. Er sitzt am Lagerfeuer, berichtet das Unerhörte und macht es damit unschädlich. In Poes *Maelstroem* rettet sich der Fischer aus dem tödlichen Sog durch die Kraft des Kalküls. Weißhaarig geworden, weil er das Grauen sah, erzählt er seine Geschichte auf dem Rand der Klippe, während der Zuhörer, Poes Alter ego, panisch die Hände in den Boden krallt.

Im Niemandsland

Literatur und Öffentlichkeit

Verläßt man New York, so begibt man sich in die literarische Provinz. Jedenfalls ist das der Eindruck, den ich aus allen Gesprächen gewann. New York erscheint in den Augen der meisten Schriftsteller als der nahezu einzige Ort, wo es eine intellektuelle Öffentlichkeit gibt. New York sei die Stadt der Zeitungen und der Verlage, sagt Guterson, und er schließt daraus, ebenso wie Michael Chabon, daß sich wohl dort das geistige Leben der Nation konzentriere – abgesehen vielleicht von jenen *Creative-Writing-Departments* mancher Universitäten, die Chabon in seinem Roman *Wonder Boys* verspottet. Aber die New Yorker Schriftsteller, mit denen ich sprechen konnte, also Auster, Doctorow, Didion sowie (in diesem Kapitel) Walter Abish und Louis Begley, schienen ebenfalls nicht gerade das Gefühl zu haben, im Zentrum der Ereignisse zu sitzen. Als Joan Didion sagte, ja, es müsse wohl so etwas geben, vielleicht im Umkreis der *New York Review of Books*, da klang ein bißchen jene Gelangweiltheit der Metropolenbewohner durch, die man auch in Stockholm, London oder Madrid finden kann und die dazu neigt, das eigene Kommunikationsfeld geringzuachten und die Annahme zu pflegen, das Leben sei anderswo. Als ich im Herbst 1995 die Eröffnungsparty des Verlags Metropolitan Books irgendwo *downtown* New York besuchte, traf ich, gewissermaßen zufällig, Paul Auster und Walter Abish, die beide im Gespräch der Überzeugung Ausdruck gaben, die Schriftsteller und die Intellektuellen spielten keine Rolle mehr.

Nun wird man die öffentliche Bedeutung der Literatur kaum der Menge der Partys ablesen können, zumal sowieso unbekannt ist, wie viele literarische Soirées täglich in Seattle oder Chicago oder Berkeley oder sonstwo stattfinden, denn das Land ist soviel größer als andere vergleichbare, daß die Quantität in Qualität umschlagen muß. Das Verhältnis von Literatur und Öffentlichkeit ist schon deshalb anders, weil es kein Paris gibt noch geben kann; weil der amerikanische Geldadel sich zwar den Stil feudaler Architektur aneignete, nicht aber die Tradition des literarischen Salons fortsetzte; weil das Land immer noch im Entstehen ist und sich in ständigem Umbruch befindet, so daß eine etablierte Schriftstellerelite mit Traditionsmacht nicht wachsen konnte.

Auffällig jedenfalls, daß alle Autoren darin übereinstimmten: Die Literatur spielt keine öffentliche Rolle, die Schriftsteller haben keine Macht, man fragt sie nicht. Unterschiedlich allerdings die Nuancen und die Bewertung des Befunds. Paul Auster etwa erblickt darin die Stärke der amerikanischen Literatur. Unabgelenkt durch öffentliche Beanspruchung und durch den Betrieb können die Autoren ihre eigene Sache betreiben. Eben weil sie keine sichtbare Bedeutung haben, sitzen sie mitten im Leben, und das verleiht ihren Büchern eine Authentizität, die europäische Schriftsteller seltener erzielen. Ähnlich argumentiert der auf seine Anonymität Wert legende Richard Ford. Und ähnlich gibt David Guterson zu erkennen, daß ihm eine öffentliche Prominenz als eher zweifelhaft und seiner Aufgabe abträglich erscheint. Aber der deutlich jüngere Michael Chabon bedauert den Bedeutungsverlust der Literatur, und Joan Didion geht, mit Hinweis auf die New Yorker Intellektuellen der dreißiger Jahre, noch weiter, indem sie sagt, die Intellektuellen hätten nie die politische Rolle gespielt, die sie sich selber zugeschrieben hätten, und sie spielten heutzutage erst recht keine mehr. Was aus dem Mund Joan Didions insofern seltsam klingt, als sie selber durchaus eine Rolle spielt, nicht zuletzt wegen ihrer politischen Analysen, die in bekannten Zeitschriften erscheinen.

Aber dennoch ist wahr: Nie hätte ein amerikanischer Schriftsteller die Chance, für die Präsidentschaft zu kandidieren, wie Mario Vargas Llosa in Peru, oder Präsident zu werden, wie Václav Havel in Tschechien. Aber das ist in Deutschland und in allen protestantischen Ländern nicht anders. Hätte Astrid Lindgren Ministerpräsidentin in Schweden werden wollen oder können? Vermutlich hat Guterson recht, wenn er im protestantisch-puritanischen Erbe einen Grundverdacht gegen das Gauklertum der Kunst vermutet. Und es kommt hinzu, daß der amerikanische Protestantismus auf besondere Weise weltzugewandt ist und in der rastlosen Tätigkeit, die den eigenen Wohlstand mehrt und dadurch das Gemeinwohl fördert, immer ein gottgefälliges Verhalten erblickt hat. Was auch heißt, daß die gewissermaßen handlungsarme und erfolgsabgewandte, jedenfalls erfolgsungewisse Tätigkeit des Schreibens kein besonderes Prestige haben kann. Und auffällig ist es schon, daß die Länder, in denen die Intellektuellen eine sichtbare und bis ins politische Feld hineinwirkende Bedeutung haben, in der Regel katholische Länder sind.

Nun ist es ja nicht so, daß die amerikanischen Schriftsteller Präsident werden wollten, abgesehen vielleicht von Gore Vidal oder Norman Mailer, und es trifft auch nicht zu, daß sie sich auf direkte Weise in die Politik einmischen wollten. Aber deutlich und manchmal schmerzlich empfinden sie ihren Bedeutungsverlust im politischen und öffentlichen Betrieb, und auch der Literaturbetrieb, der ein übermäßiges kommerzielles Interesse hat, nimmt sie nur wahr, wenn ein Erfolg in Sichtweite ist, der sich dann in der Auflage niederschlägt. Larry Siems vom PEN-Center USA West in Los Angeles erzählte mir, im amerikanischen Verlagswesen seien an die Stelle der alten Patriarchen die *companies* getreten, erpicht auf raschen Erfolg und desinteressiert an der *midlist*, also am literarischen Unterbau. Das führe zum Konkurrenzkampf unter den Autoren, zu Eifersucht und Abgrenzung. Sie seien weitgehend isoliert und nicht, wie in der lateinamerikanischen Welt, selbstverständliche Teilnehmer des politischen Diskurses. Dabei wies er auf die öffentliche Bedeutung von Octavio Paz und Carlos Fuentes hin, die intellektuellen Repräsentanten gegensätzlicher politischer Lager in Mexiko. In den USA, so Siems, leben rund achtzig

Prozent der Autoren von den Universitäten und ihren *Creative-Writing*-Programmen. Wobei man natürlich fragen kann, was das bedeutet.

Auf ein völliges Desinteresse läßt das jedenfalls nicht schließen, eher auf die pragmatisch-handwerkliche Heimholung der künstlerischen Profession in die Fertigkeiten des gebildeten Normalbürgers. So wie das Klavier zum guten Ton in bürgerlichen europäischen Haushalten noch immer gehört. Daraus aber spricht letzten Endes ein Nichtbegreifen, eine unbewußte Mißachtung des Künstlers. Daß er ein vielleicht sogar unglücklicher, jedenfalls ungewöhnlicher Mensch sei, der aus der Beschreibung seiner eigenen Not die Beschreibung gesellschaftlicher Not schlägt, der also aus dem Gegenteil heraus denkt und schreibt – dieser am Ende romantische Künstlerbegriff ist in Amerika noch weniger plausibel als in Europa und allzeit prekär.

Eine Gesellschaft, die sich immer dazu veranlaßt sieht, die ungehemmte Expansion des Ego durch die Einbindung in allerlei Verantwortlichkeiten zu bremsen, beurteilt die Bedeutung der Kunst gerne nach dem moralischen Mehrwert. Das berühmteste Beispiel dafür ist *Onkel Toms Hütte* von Harriet Beecher-Stowe. Und mehr als andere literarische Kulturen ist die amerikanische am Inhalt, an der Moral, an der Behandlung und vielleicht Lösung gesellschaftlicher Probleme interessiert. Von daher hat der Poet keinen leichten Stand. *L'art pour l'art* ist ein französischer, ein europäischer Begriff.

Der einzige unter allen Autoren, der das Gefühl der Isolation und des Abgeschriebenseins nicht teilte, war Charles Johnson, und das ist leicht zu erklären. Denn es gibt, trotz der von Johnson beschriebenen Verfallserscheinungen, noch immer eine schwarze Gemeinschaft. Im Fall der Krise, wie etwa im Prozeß um O. J. Simpson, wird ihre Existenz plötzlich wieder sichtbar. Und die schwarze Mittelschicht weiß, daß ihr Erfolg nicht selbstverständlich ist. Er ist vergleichsweise jungen Datums, und er scheint widerrufbar. Das schmiedet zusammen. Die Bedeutung der eigenen Herkunft, die Frage der Identität und die Sorge um die Zukunft sind stets gegenwärtig, und natürlich prägen sie auch das Schreiben schwarzer Schriftsteller. Die schwarze Literatur erhält dadurch eine objektive Legitimation, verliehen von der Gemeinschaft derer, die in derselben Lage sind oder sich in derselben Lage wähnen.

Dieses Muster einer Sozialbindung der Literatur findet man in der gesamten amerikanischen Gegenwart, und es betrifft alle Gruppen, die sich definieren lassen, sei es nach ihrer sexuellen Präferenz, nach ihrem Geschlecht oder nach ihrer ethnischen Herkunft. Der Sammelband *American Diversity, American Identity* (herausgegeben von John K.

Roth), der eine amerikanische Literaturgeschichte aus kurzen Monographien bildet, unterwirft sich wie selbstverständlich dieser Ordnung, indem er die Autoren indianischen Ursprungs von den Juden trennt, die Schwarzen von den Latinos und von den Asiaten, die Frauen von den Männern, die homosexuellen und lesbischen Autoren von den übrigen. Und wer sich in dem dicken Band rasch zurechtfinden will, muß eigentlich dieses Basiswissen über den gesuchten Autor schon besitzen: Ist er schwul oder schwarz oder beides?

Verständlich deshalb der Hohn, den Walter Abish im folgenden Gespräch über solche Klassifizierungen ausgießt, verständlich der Zorn von Boyle, der sagte «*Fuck you*, ich schreibe, was ich will», der Unmut Gutersons, der froh darüber ist, daß die konservative Attacke auf die *political correctness* die festgezurrten Urteile in Frage stellt. Denn diejenigen, die keiner Interessengruppe angehören und keinen Minderheitenstatus beanspruchen können, sind die Männer, die Weißen, die Heteros. Sicherlich ist der *White Male Chauvinist* immer noch die beherrschende Figur in Wirtschaft und Politik, und Analysen von Bill Clintons Wahlsieg im November 1996 haben ergeben, daß es wahrscheinlich gerade diese dem Präsidenten zugeschriebenen Eigenschaften waren, die ihm einen noch nie dagewesenen Zuspruch weiblicher Wähler bescherten. Die Tatsache, daß Clinton den Ruf des *womanizers* hat, der gerne mal die Fünf erotisch gerade sein läßt und der auch sonst nicht eben als ein Mann aufrechten Ganges und seriöser Gesinnung gilt, hat ihm bei den Frauen unterschiedlichster Hautfarbe offenbar eher genutzt.

Für einen Schriftsteller jedoch ist es in der Regel unersprießlich, nach seiner Hautfarbe und seinem Liebesleben beurteilt zu werden. Gerade die wirklich bedeutenden Autoren bewegen sich außerhalb solcher Etikettierungen, und nur die mittleren, die, wie wohl überall, die Mehrheit bilden, gewinnen Zuspruch dadurch, daß sie ein ideologisches Wohlbefinden bedienen, ein soziales Defizit bearbeiten oder einen Minderheitenstatus literarisch aufwerten.

So leidet also das Verhältnis von Literatur und Öffentlichkeit nicht nur an der Größe des Landes, sondern auch an der interessegeleiteten Parzellierung einer Öffentlichkeit, in der die Tatsache allein, daß jemand Schriftsteller ist, wenig bedeutet. Daraus kann dann einer wie Richard Ford das Gefühl der Freiheit gewinnen, jederzeit etwas anderes machen zu können, und einer wie David Guterson kann sieben Jahre für seinen Roman aufwenden, weil die Schriftstellerei kein Beruf ist, der ein sichtbares Prestige besäße, so daß man zum raschen Erfolg verurteilt wäre. Aber die Kehrseite dieser Freiheit ist das Gefühl, im Niemandsland zu sein und am Rand zu stehen.

Gespräch mit Walter Abish

Ebenso wie vielen deutschen Lesern begegnete auch mir der Name Walter Abish zum erstenmal, als ich sein 1979 veröffentlichtes Buch *Wie deutsch ist es?* las. Natürlich las ich es wegen des Titels, und ich verstand es so, wie es damals viele deutsche Leser verstanden haben, nämlich als eine mit kaltem, ironischem Blick geschriebene Betrachtung einer Bundesrepublik, die ihren Frieden mit der Vergangenheit gemacht hat, die Sattheit, Zufriedenheit und Tüchtigkeit ausstrahlt. Aber hinter der glatten Fassade lauert die alte Gewalttätigkeit, und im Keller liegen die Leichen. Zugleich aber handelt es sich nicht um eine realistische Erzählung, die mit einer ungebrochenen Perspektive und mit fraglosen Tatsachen operierte. Im Gegenteil: der Erzähler favorisiert eine Position der sarkastischen Vermutung, des scheinbar spielerischen Fragens. Das Befremden, das Ulrich Hargenau, der einige Zeit in Paris verbracht hat, bei seiner Rückkehr nach Deutschland überfällt, wird bald zum Befremden des Lesers, und es bezieht sich nicht allein auf das deutsche Dunkel, sondern darüber hinaus auf die Fragwürdigkeit von Tatsachen und Einschätzungen. So verursacht der Roman *Wie deutsch ist es?* nicht nur eine Irritation über Deutschland, sondern auch eine Irritation über die Möglichkeiten des Erzählens und über die Ungewißheit des scheinbar Gewissen.

Diese Poetik macht auch die Lektüre von Abishs jüngstem und umfangreichstem Roman *Sonnenfieber* zu einem irritierenden Erlebnis: Handelt es sich um eine Geschichte über Mexiko, über Amerikaner in Mexiko oder über amerikanische Interpretationen mexikanischer Zustände? Eine merkwürdige Mischung aus ungemütlicher Ironie und bodenloser Unheimlichkeit zeichnet Abishs Geschichten aus. Das Fragezeichen ist ihm die liebste Interpunktion, und Identität, dieser Allerweltsbegriff, scheint ihm ein dauerndes Rätsel. Das hat sicherlich auch mit Abishs jüdischem Schicksal zu tun. Seine Lebensgeschichte, eine fortwährende Emigration von Österreich nach Frankreich nach Schanghai nach Israel nach England bis schließlich in die USA, ist nicht dazu angetan, ein Vertrauen auf Zugehörigkeiten und Verläßlichkeiten zu begründen.

Ich traf Walter Abish an einem trüben Novembertag im Gramercy Park Hotel in New York und fragte ihn zunächst nach seiner Geschichte:

«Ich wurde 1931 in Österreich geboren, wir gingen 1938 weg. Mein Vater war Parfümfabrikant in Wien, er importierte die

Essenzen und machte daraus Parfümprodukte. Außerdem war er der Vertragshändler von Parfümherstellern in Frankreich und Köln. Es gelang ihm 1938, die wertvollen Essenzen nach Frankreich zu retten, so daß wir, als wir dorthin kamen, etwas Geld hatten. Wir lebten bis 1940 in Nizza, ich ging dort zur Schule. Kurz bevor die Deutschen Frankreich besetzten, flohen wir nach Schanghai. Mein Onkel lebt noch immer dort. So verbrachte ich einen Teil meiner Kindheit in China. 1949, kurz bevor Mao in Schanghai einrückte, gingen wir nach Israel. Das geschah nicht nur aus Not, sondern auch aus Überzeugung. Dann verbrachte ich zwei Jahre in der Armee und lebte in Israel bis 1956, und schließlich, nach etwa einem Jahr in England, kam ich in die Vereinigten Staaten. Meine Eltern lebten bereits dort. Ursprünglich wollte ich da wirklich nicht hin. Ich hatte bei einem Architekten in Israel gearbeitet. Irgendwann aber merkte ich, daß ich mich dafür entschieden hatte, Schriftsteller zu werden. Und dafür war Israel ein schwieriger Ort, weil ich Hebräisch nicht perfekt beherrschte. Auch fand ich vor lauter Arbeit keine Zeit zum Schreiben. Zudem war Israel in jener Zeit eine ziemlich einengende Gesellschaft, so daß man gern nach draußen guckte. Also ging ich nach England, und das war für mich ein unerwartetes und überraschendes Erlebnis. Es war ein intellektuell sehr stimulierendes Land, und ich fühlte, daß ich allmählich dabei war, mich selber zu entdecken.»

Warum ist er nicht in England geblieben?

«Für einen Besuch war das ein großartiger Ort, aber auf Dauer dort leben? Nein. Verglichen mit London oder Paris befand sich New York damals im Stande der Unschuld, es war ganz anders dort, die Stadt war nicht fertig, nicht zufrieden mit sich, sondern voller Aufregungen. Zugleich traf ich viele interessante Menschen, die Verbindung zu Europa hatten. Europa hatte damals für die Schriftsteller und Künstler in New York noch eine Bedeutung.»

Könnte er sich vorstellen, etwa an der Westküste zu leben?

«Warum nicht? Das wäre sehr, sehr verschieden von New York, und es könnte spannend sein. Man kriegt nämlich ein irreführendes Bild von Amerika, wenn man hier lebt. Die Polarisierung, die Intensität, die Disparatheit sind hier viel stärker.» Nehmen die Schriftsteller an der öffentlichen Debatte teil?

«Die Linke ist derzeit demoralisiert, und da die Schriftsteller, bis auf wenige Ausnahmen, links sind, sind auch sie demoralisiert. Diese Demoralisierung dauert nun schon viele Jahre, und sie hat damit zu tun, daß viele Dinge, an die wir geglaubt und die wir für sicher gehalten haben, fraglich sind und möglicherweise nicht stimmen. Es geschehen jetzt derart rapide und tiefgreifende Veränderungen, daß man fast von einer Revolution sprechen kann. Es sind gar nicht mal so sehr die politischen Veränderungen, die ich meine, und ich spreche auch nicht von der sogenannten konservativen Revolution. Ich meine die Welt der Computer, des Marketings, der internationalen Vernetzung.»

Empfindet er diese Veränderungen in seinem Privatleben?

«Sehr stark. Aber es ist schwierig, sie zu beschreiben und zu qualifizieren, weil wir mitten drin sind und das alles noch gar nicht richtig verstehen.»

Was bedeutet das für ihn als Schriftsteller?

«In den Sechzigern hatten wir die Kämpfe um die Anerkennung der Minderheitenrechte, in den Siebzigern haben wir eine allmähliche Polarisierung erlebt, und nun sehen wir, wie alles nach rassischen und sonstwelchen Kategorien klassifiziert wird, so daß der Schriftsteller plötzlich isoliert ist. Es kommt auf die Kunst des Schreibens nicht mehr an, und selbst der Inhalt spielt kaum eine Rolle. Wichtig ist nur, daß der Autor als sein eigener Agent, als Marketingspezialist in eigener Sache auftritt. Jemand sieht, daß er ein *African-American* ist, und er findet auf einmal, daß er zur Welt der *African-Americans* gehöre und deren Agenda zu der seinen zu machen habe. Und diese Agenda können im Widerspruch stehen zu den Agenda des Feminismus oder des Pazifismus oder was immer. Alles richtet sich nach diesen Kategorien.»

Wohin gehört er? Zur Gemeinschaft der Intellektuellen?

«Die Frage ist, ob es diese Gemeinschaft gibt. Wenn es sie gibt, dann dürfte sie sich auf dem Rückzug befinden, weil nämlich alles, was männlich, weiß und eurozentrisch ist, angegriffen wird.» Ist das nicht auch eine Folge des Multikulturalismus?

«Der Multikulturalismus ist, frei heraus gesagt, das Resultat von politischen Interessen und von Kategorien des Marketings. Da sind ungeheuer starke Kräfte am Werk, die viele der Veränderungen bewirken. Natürlich ist einiges davon auch Zufall. Aber es gibt Leute, die von den Veränderungen profitieren, und man muß sich genau ansehen, wer das ist. Ich verachte jegliche Doktrin, ich bin ein Feind von Polarisierungen. Deshalb halte ich überhaupt nichts vom sogenannten Multikulturalismus. Er etabliert eine Grammatik der Verschiedenheit, der Besonderheit, des Verdachts, und jedermann sucht nach solchen Unterschieden. Das ist höchst destruktiv. Und letzten Endes fügt es den Minoritäten Schaden zu, die ja am Leben dieser Gesellschaft teilhaben sollen und wollen. All dies nährt das Ressentiment.»

Hat die Linke daran nicht ein bißchen schuld?

«Da stimme ich Ihnen völlig zu. Ja, die Linke hat daran Anteil, und außerdem ist sie sehr unaufrichtig, weil sie immerzu die Vereinigten Staaten kritisiert und kaum auf das geguckt hat, was in China, in der Sowjetunion und in Lateinamerika los war. Die Linke hat bislang die Dimension dessen, was der Zusammenbruch des Sozialismus bedeutet, kaum zur Kenntnis genommen. Aber in Europa ist das nicht anders.»

Sieht er einen Unterschied zwischen der Situation des Schriftstellers in den USA und in Europa?

«Die europäischen Schriftsteller leben in einer sehr kodifizierten Welt, die eine gewisse Stabilität hat und die in einem bestimmbaren historischen Zusammenhang steht. Das ist hier nicht der Fall. Hier ist die Vergangenheit immateriell. Wir nehmen sie nicht zur Kenntnis. Wir haben ein Klassensystem, aber wir ignorieren es. Wir glauben daran, daß alles möglich ist. Es gilt die Devise: Mein Vater war ein Anstreicher, und ich bin Physiker. Eine solche Karriere ist nicht sehr wahrscheinlich, aber sie ist vorstellbar, weit eher vorstellbar als in Europa. So ist also die Vergangenheit etwas, was wir andauernd verpassen. Es gibt nichts als die Gegenwart, und die ist ebenso unsicher und unklar wie die Zukunft.» Aber die Aufgabe der Literatur ist doch Erinnerung, oder nicht? «Nicht in Amerika, nein. So traurig es ist: Unsere Aufgabe besteht darin, Bücher zu verkaufen. Das ist die Basis. Der Rest ist Entertainment, mal seriös, mal weniger seriös. Sicher, es gibt noch ein paar ernsthafte Verlage wie Random House oder Knopf. Dieser Tage habe ich eine sehr schöne und preiswerte Proust-Ausgabe gesehen – ich nehme an, irgend jemand wird sie kaufen und lesen. Aber ernste Literatur ist ein Problem. Die Auflagenhöhe ist zum einzigen Kriterium geworden, und der Schriftsteller wird permanent daran erinnert.»

Gibt es keine Leser mehr?

«Ich habe kürzlich eine junge Frau kennengelernt. Wir sprachen über Salinger und den *Fänger im Roggen*. Ich fragte sie, ob sie und ihre Freunde das Buch gelesen hätten, und sie antwortete: ‹Nein, sie mochten das Buch nicht, sie fanden es viel zu ernst und schwierig.› So ist das in Amerika.»

Gibt es eine amerikanische Nation?

«Ich nehme es an, aber sie ist nebulös. Gehen Sie mal in eine Buchhandlung, da sehen Sie überall die Identitätsmarken: Frauenbücher, Literatur für Homosexuelle und Lesben, für Indianer und Schwarze, für Senioren und Esoteriker. Jeder hat seine eigene Abteilung. Wenn ich Jean Genet lesen will – muß ich dann in die schwule Abteilung gehen? Und darf ich als weißer Schriftsteller einen Schwarzen in meinem Buch vorkommen lassen, oder ist so etwas ausschließlich für schwarze Autoren reserviert? Und darf ein Schwarzer über Juden schreiben? Ich glaube und hoffe, daß der Unsinn irgendwann verschwinden wird.»

Die Konservativen sind gegen diese Kategorien.

«Kann sein, aber deren Haltung ist erfüllt von Ressentiment und Selbstzufriedenheit, sie sind engstirnig und vorurteilsbeladen.»

Die Konservativen und Newt Gingrich suchen die alten Werte. «Ich mißtraue alten Werten, und Gingrich mißtraue ich besonders.» Er wäre nicht erfolgreich, gäbe es nicht einen Werteverlust.

«Es gibt keinen Verlust der Werte, es gibt eine große Disparität der Einkommen, eine Massierung des Reichtums in einem kleinen Prozentsatz der Bevölkerung, und es gibt das Bündnis von politischer Macht und Reichtum. Das ist das Problem. Was gegenwärtig passiert, ist eine Art von sozialer Triage. Das untere Drittel wird einfach aufgegeben. Was ich am höchsten schätze, sind Dinge wie Stil und Selbstachtung. Die erwähnte Polarisierung führt zu einer Verminderung des Stilempfindens und der Selbstachtung. Wir haben nur noch den Populismus der Rechten, den Populismus der Linken und den Populismus der Mitte. Daraus resultiert ein Infantilismus, den ich fürchte. Aber der geht vorbei. Ich spüre, daß eine Veränderung bevorsteht. Aber sie ist noch nirgends begriffen oder beschrieben worden.»

Das ist erstaunlich.

«Wieso? Auch in der deutschen Literatur oder in der französischen finden Sie kaum eine Reaktion auf das, was gegenwärtig los ist. Die Stärke Amerikas ist seine Fähigkeit, sich neu zu orientieren, aber ich frage mich, ob wir, wenn wir erst einmal das 21. Jahrhundert erreicht haben, wirklich imstande sind, das 20. Jahrhundert abzulegen und zu sagen, das ist nun vorbei. Erst dann könnten wir wirklich anfangen. Brauchen wir dazu die Autoren des 20. Jahrhunderts? Vielleicht nicht.»

Was bedeutet die Religion für Amerika?

«Ich war nie religiös, ich kenne nicht einmal religiöse Menschen, also zögere ich mit meinem Urteil, aber ich glaube, daß Amerika in einem erstaunlichen Ausmaß ein religiöses Land ist. Verglichen mit Deutschland zum Beispiel ist Amerika viel religiöser. Religiöse Gruppen haben einen starken Einfluß auf die Politik. Die Fundamentalisten sind lautstark geworden und haben sich besser organisiert. Das gilt auch für jüdische Gruppen. Als ich in

Israel ankam, war das Land sozialistisch. Wir haben damals die Religion verachtet. Und heute ist Israel von der Religion beherrscht. Es ist interessant, in welch kurzer Zeit solche Veränderungen geschehen.»

Wie kann man sich als Autor politisch einmischen?

«Ich finde, daß die Schriftsteller auf so viele Dinge politisch reagieren müssen, daß sie auf eine fast vorhersehbare Weise reagieren. Es ist, als wäre unsere Reaktion ausbuchstabiert und als wollten die Leute, die diese Reaktion hervorlocken, nicht einmal eine eigenständige Antwort. Sie wollen einfach unsere Antwort zu ihrer eigenen Ansicht hinzuaddieren. Meine Position gegenwärtig ist entschieden antirepublikanisch, aber ich sehe keine besondere Rolle, die ich erfüllen könnte. Die jetzige Lage ist sehr verschieden von der Antikriegsstimmung in den sechziger Jahren, als es eine aktive Opposition gab. Es ist überraschend, wie stumm die Opposition gegenwärtig ist. Es gibt nicht einmal Widerstand gegen die Kürzung der staatlichen Kulturförderung, des *National Endowment for The Arts*. Generell glaube ich, daß der politische Blick schärfer, durchdringender ist, wenn man Distanz hat. In meinem Roman *Sonnenfieber* habe ich, scheint mir, eine ganz gute Vorstellung von der mexikanischen Politik gegeben. Ich brauche den Abstand. Ich kann besser über Mexiko schreiben, wenn ich nicht dort bin.»

Sollte man die illegale Immigration aus Mexiko stoppen?

«Die Illegalen würden nicht kommen, wenn Sie hier nicht Arbeit fänden. Auch die Illegalen erfüllen eine wichtige Funktion in dieser Gesellschaft. Sie tun Dinge, die andere nicht tun wollen, oder? Es gibt ja sowieso eine gewaltige Menge an Schwarzarbeit. Wir wissen nicht, wieviel Geld an den Banken und an der Steuer vorbeifließt. Da sind die Illegalen nur ein Aspekt. Natürlich könnte man, wie die Schweiz, die Grenzen dichtmachen. Vielleicht sollte man das in Erwägung ziehen. Ich bin wirklich nicht in der Lage zu sagen, ob die Illegalen gut oder schlecht sind. Solche Dinge balancieren sich im allgemeinen von selber aus. Ich weiß nur, wenn man solche Prozesse stoppt, passiert etwas anderes, möglicherweise völlig Unerwartetes.»

Hält er sich selber für einen politischen Schriftsteller?

«Ich betrachte mich nicht als einen politischen Kopf, ich drücke meine politischen Ansichten in meiner Literatur aus. Leser mit ideologischen Bedürfnissen, ob rechts oder links, werden mein Werk sicherlich nicht mögen. Zwar glaube ich nicht, daß die Linke oder die Rechte eine bestimmte Art des Schreibens diktiert, aber eine bestimmte Art des Schreibens ist den Ideologen sehr zugänglich und willkommen. *Political correctness* ist immer noch beherrschend. Kürzlich war ich von Studenten der Columbia University eingeladen, mein Buch *Wie deutsch ist es?* zu diskutieren. Eine jüdische Studentin stand auf und sagte: ‹Herr Abish, ich fühle mich durch das Ende des Buchs verletzt.› Das Ende lautet: ‹Ist es heutzutage möglich, daß irgend jemand in Deutschland seine rechte Hand erhebt, aus welchem Grund auch immer, und nicht von der Erinnerung an einen Traum überflutet wird, der allen Träumen ein Ende setzt?› Ich fragte die Studentin: ‹Was verletzt Sie daran?› Sie sagte: ‹Was passiert ist, war kein Traum.› Das war also ein völliges Mißverstehen, denn ich hatte ja vom Traum geschrieben, der alle Träume beenden sollte. Bezeichnend aber ist, daß sich dieses Mißverstehen mit dem Begriff ‹verletzt› verknüpfte. Freunde sagten mir, das sei heutzutage der Stil der Diskussion. Die Studenten reagieren sehr persönlich, subjektiv, und sie äußern ihr Empfinden unmittelbar. Dieses Mißverstehen war ideologisch. In meinem Werk drücken die literarischen Figuren meine Ansichten und Gefühle überhaupt nicht aus. Ich muß doch nicht einen Roman schreiben, um meine Überzeugungen mitzuteilen. Ich schreibe ihn, um die Überzeugungen anderer zu erforschen. Daraus ergibt sich ein Nebeneinander, ein Zusammenstoß verschiedenster Gesichtspunkte, die ich nicht notwendigerweise richtig finde. Aber man neigt dazu, die literarische Person mit der des Autors gleichzusetzen. Wir kehren zurück zu einer sehr naiven Art des Lesens, und die wird gefördert durch die Art von Literatur, die wir haben. Wenn jemand sagt, ich bin ein *African-American writer* oder ich bin eine lesbische Autorin, dann ist klar, daß so jemand mit seinen Überzeugungen hausieren geht, andernfalls würde er oder sie die eigene Identität nicht derart ausstellen.»

Würde er also die Frage, ob er Jude sei oder Amerikaner, nicht mögen?

«Natürlich bin ich dadurch bestimmt, daß ich Jude und Amerikaner bin, und das mag auch in meinem Werk erkennbar sein, aber dadurch ist das Werk doch nicht erklärt oder ausgeschöpft. Angenommen, Sie lesen den Text eines anonymen Autors: Könnten Sie erraten, um wen es sich handelt? Es ist nicht sehr lohnend, Bücher auf diese Weise zu lesen.»

Woran arbeitet er gerade?

«Mein nächstes Buch handelt von Deutschland. Ich möchte es herausbringen, bevor Deutschland sich schon wieder verändert. Der Roman spielt in der Gegenwart, nach der Wiedervereinigung. Aber ich bin eigentlich weniger an dem interessiert, was Deutschland wirklich ist, als vielmehr daran, was es verkörpert. Für Menschen, die älter als vierzig sind, verkörpert Deutschland alles, was mit dem Zweiten Weltkrieg zusammenhängt, und all das, was auch in den Filmen und Romanen immer dargestellt wird, also Autoritätshörigkeit, Gesetzesgehorsam.»

Verschwindet das nicht allmählich?

«Ja, wir verlieren Deutschland, es ist schrecklich.»

Ist er darüber traurig?

«Absolut. Ich möchte den Verlust von Deutschland beschreiben, den Versuch der Deutschen, jetzt einen *Schlußstrich* (hier verwendete Abish das deutsche Wort) zu ziehen. Aber die Frage bleibt: Was ist Deutschland? Letzten Endes sind Gesellschaften ein wunderbar tückisches Thema. Was ist Amerika in den Augen der Europäer? Irgendwie kindisch, nehme ich an. Stimmt das? In allen Stereotypen ist ein Element von Wahrheit. Wir betrachten den Kommunismus als einen Teil der Sowjetunion, aber unterhalb des Kommunismus war Rußland, Mütterchen Rußland. Dasselbe gilt für China. An den Klischees ist immer auch etwas Wahres. Man könnte sagen, der Nazismus sei eine Abweichung von der deutschen Geschichte gewesen, aber wenn man sich die Jahre 33 bis 45 ansieht, dann war es nicht so, daß der Nazismus Deutschland plötzlich ausgelöscht hätte. Das Deutsche koexistierte mit dem Nazismus. Was ich in meinem Buch herausfinden möchte, ist die Frage, was es mit solchen Stereotypen auf sich hat. Wir sind jetzt an einem historischen Punkt angelangt, da die Juden ihre eigene Erinnerung an das haben, was geschehen ist. Sie sind nicht dabei, sie zu vergessen, im Gegenteil. Das Gedächtnis ist im Holocaust-Museum und in anderen Gedenkstätten unwiderruflich festgehalten. Und diese Erinnerung kann man nicht mit den Deutschen teilen. Das ist traurig. Gershom Sholem hat mal geschrieben, daß die deutschen Juden sich völlig assimiliert glaubten und daß darin eine große Selbsttäuschung gelegen habe, weil es zwischen den deutschen Juden und den Deutschen nie einen wirklichen Austausch gegeben hat. Die Juden lebten unter sich. Ich glaube, daß Deutschland sehr ernsthaft versucht, sich mit seiner Vergangenheit auseinanderzusetzen – und jetzt muß es sich auch noch mit der Vergangenheit der DDR auseinandersetzen. Das alles ist schrecklich. Aber mir scheint, es gibt sehr wenig, was Deutschland mit den Juden verbindet. Der Blickwinkel auf diese Dinge ist äußerst verschieden. Es ist eine Illusion zu glauben, man könne sich irgendwie zusammentun und darüber reden. Jede Seite hat ihre eigene Geschichte, jede Seite muß sich damit beschäftigen, um nicht länger davon unterdrückt zu werden. Es gibt keine Geheimnisse über die Vergangenheit mehr.»

Könnte er sich vorstellen, ein solches Buch über Amerika zu schreiben?

«Ich habe kein großes Bedürfnis danach. Ich fühle mich zum Fremdartigen hingezogen, und durch Deutschland bin ich animiert, weil ich Deutschland nicht kenne. Als ich in Deutschland lebte, fand ich es sehr schwierig, über Deutschland zu schreiben, weil ich mir Deutschland nicht mehr vorstellen konnte. Ich war sechs Monate in Berlin, und wann immer ich aus dem Fenster blickte, sah ich Deutschland. Ich konnte es nicht mehr imaginieren, ich konnte mich davon nicht distanzieren, und ich fühlte mich völlig verwirrt. Wenn ich über Deutschland schreibe, erfinde ich Deutschland. Als ich *Wie deutsch ist es?* schrieb, war ich nie in Deutschland gewesen. Wenn ich Deutschland gekannt hätte, hätte ich dieses Buch, das ja voller Ironie ist, nicht schreiben können. Wie wirklich ist mein Deutschland? Ich weiß es nicht. Spielt das eine Rolle? Ich brauche für das Buch vielleicht noch ein Jahr. Ich muß es beenden, bevor ich all meine Leser verliere. Ich habe sehr gute Leser, aber sie sind in der Minderheit.»

Gespräch mit Louis Begley

In Anwaltskreisen war der Name Louis Begley, Spezialist für internationales Vertragsrecht in der New Yorker Kanzlei Debevoise & Plimpton, durchaus bekannt. Aber keiner wußte, daß der schmalgliedrige ältere Herr mit den liebenswürdigen, bezwingenden blauen Augen und der sanften Stimme nicht nur ein leidenschaftlicher Liebhaber der Literatur war, sondern eigentlich ein Schriftsteller. Begley wußte das selber nicht, bis er 1991 mit seinem ersten Roman *Lügen in Zeiten des Krieges* plötzlich berühmt wurde. Die Geschichte erinnert an *Jakob Littners Aufzeichnungen aus dem Erdloch* von Wolfgang Koeppen. Hier wie dort überleben verfolgte Juden den Holocaust, aber dieses Überleben ist erkauft durch eine lebenslange Beschädigung. Bei Begley muß der kleine Junge das Lügen lernen. Er darf nicht sein, was er ist, und muß vortäuschen, ein anderer, ein Arier zu sein. Er muß seine Tante als seine Mutter ausgeben, seinen Namen ändern und eine erfundene Lebensgeschichte annehmen.

247

Die Lüge wird zur Bedingung des Lebens, und zugleich zerstört sie es, weil das Grundrecht auf Identität aufgehoben ist. Louis Begley erzählt hier seine eigene Geschichte. Geboren 1933 als Ludwik Begleiter und aufgewachsen in einer angesehenen jüdisch-polnischen Arztfamilie, überstand er die Verfolgung unter glücklichen, unter schrecklichen Umständen. Er verließ Polen 1946 und kam, nach einem Aufenthalt in Paris, 1947 mit seinen Eltern nach New York. In Harvard studierte er zuerst Literatur, dann Jurisprudenz, und trat 1959 in die erwähnte Kanzlei ein, wo er es bis zum Chairman brachte.

Begley hat sich im späten Alter von etwa sechzig Jahren als ein außerordentlicher Erzähler entpuppt: begabt mit einer eleganten und präzisen Sprache, mit hoher Intelligenz und mit jener Weisheit, die aus der Schwere des Erlittenen kommt. Die traumatische Kindheitserfahrung prägt alle seine Romane, wenn auch nie mehr so unmittelbar wie den ersten. 1993 erschien *Der Mann, der zu spät kam*. Die Geschichte des Romans ist in vieler Hinsicht nicht sehr schwierig und in mancher auch banal, und da Begley sie in einem kalten, leichtfüßigen Plauderton erzählt, scheint alles auf der Hand zu liegen. Sobald man aber der Frage nachsinnt, was man da eigentlich gelesen hat und wozu, gerät man ins Schleudern. Der Roman ist amüsant und geistreich, es fehlt nicht an einer Liebesgeschichte, nicht an schönen Frauen und derben Männerphantasien. Er ist außerdem traurig, und er geht nicht gut aus. Zugleich wirkt er erschreckend leer, was aber, wie man rasch begreift, nicht am Autor liegt, sondern an den ebenso netten wie leeren Helden seiner Geschichte.

Die Hauptfigur heißt einfach Ben. Daß er der Mann ist, der, obwohl in geschäftlichen Dingen immerzu pünktlich, in Herzensdingen zu spät kommt, wird gleich im ersten Satz gesagt. Genauer: Der Erzähler berichtet, sein Freund Ben habe dies als sein Schicksal benannt und betrachtet. Die Beispiele aber, die der Erzähler anführt, sind einigermaßen banal, und sehr bald hadert der Leser mit dieser scheinbar mißglückten Exposition, die den interessant klingenden Titel anspielt, dann aber in scheinbar beiläufigem Geplauder versickert. Nach und nach allerdings merkt man das tückische Kalkül: Es ist ja nicht Begley, der Bens Geschichte berichtet, es ist sein Freund Jack. Und der tut es, weil ihn Ben, der in Genf Selbstmord beging, zum Verwalter seines Nachlasses bestellt hat. Jack, ein Schriftsteller offenbar bescheidenen Grades, nunmehr Mitarbeiter einer Zeitschrift, sagt von sich selber: «Ich war zu vorzeitigem Ruhm gekommen, weil ich einen kleinen Roman publiziert hatte, dessen Erscheinen genau in die Zeit zwischen *Der alte Mann und das Meer* und *Goodbye, Columbus* fiel. (…) Bis heute, da ich mich entschlossen habe, diese Geschichte hier aufzuzeichnen, habe ich nicht wieder versucht, etwas Fiktives (engl. *a work of imagination*) zu schreiben. Es fand sich lange kein Thema, das mich genügend in Bann gezogen hätte.»

Ob Jack die Ironie bewußt ist, die in der Mitteilung liegt, sein «kleiner Roman» sei zwischen zwei Marksteinen der amerikanischen Literatur (den berühmtesten Titeln von Ernest Hemingway und Philip Roth) erschienen? Daß er den schrecklichen Tod seines besten Freundes zum Anlaß nimmt, mal wieder «*a work of imagination*» zu verfassen – auch dies hat etwas Zwielichtiges, überaus Unangemessenes. Mit seinen Aufzeichnungen charakterisiert er sich selber fast mehr als seinen Freund Ben.

Ben ist Jude, Emigrant aus Mitteleuropa. Er hat dank eines Begabtenstipendiums in Harvard studiert. Sein Vater, ehemals Anwalt und nun Versicherungsmakler, lebt mit der Mutter in Jersey City, also auf der falschesten Seite Neuenglands. (Der Roman spielt Ende der sechziger Jahre, heute ist New Jersey nicht mehr ganz so «falsch».) Er macht die Bekanntschaft der schönen und reichen Witwe Rachel, verdingt sich als Babysitter ihrer Zwillingstöchter und als ihr sexueller Gespiele. Sie heiraten, und Ben, dem viele eine Karriere als Schriftsteller vorausgesagt haben, akzeptiert das Angebot «einer mächtigen, hocheleganten und alteingesessenen Investmentbank an der Wall Street». Er wird erfolgreich, aber der Versuch, es dem gebildeten amerikanischen Geldadel gleichzutun, gelingt ihm niemals vollständig. Das zeigt sich schon an der Frage der richtigen Kleidung. «Er war, so Rachels Worte, nicht ‹weiß› genug, um sich Stil leisten zu können.» Und er selber nennt sich den «Hausjuden» seiner Bank. Aber zur Gemeinschaft der Juden gehört er auch nicht. Von einer der beiden Stieftöchter muß er sich sagen lassen, «daß er ein schlechter Jude sei, nicht bereit, seine jüdische Identität zu akzeptieren».

Rachel, die natürlich in Radcliffe (dem weiblichen Gegenstück zu Harvard) studiert hat, verläßt ihn, und Ben geht nach Paris, um dort die Leitung der französischen Filiale seiner Bank zu übernehmen. Aus den von Jack zitierten Tagebüchern erfahren wir manches über sein privates und über sein öffentliches Leben. Auf deren strikte Trennung achtet Ben wohlweislich. Denn nach außen ist er der mächtige, angesehene Bankier, der zwischen Paris und Tokio, Brüssel und New York pendelt, als wären es Vororte, innerlich aber ein trauriger, verlorener Mann. Es ist, trotz des demonstrativ gelebten Reichtums, kein reiches Leben, das Ben führt. Zwar fließen Champagner und edle Rotweine in Strömen, die Oberkellner haben immer schon den besten Platz reserviert, die Landpartien mit Jack und seiner Frau, die gelegentlich zu Besuch kommen, sind harmonisch und luxuriös. Aber letztlich sind alle diese Dinge leer, die geschäftlichen Erfolge äußerlich und nichtig, die Gefühle prekär. Jack schreibt: «Ben betonte gern im Scherz, er habe sich selbst erfunden und sei sich deshalb seiner Gefühle in bezug auf Personen oder Sachen nie wirklich sicher.» Ben ist der Mann, der zu spät kam, weil er nicht dazugehört, und er gehört nicht dazu, weil er zu spät kam. Und er kommt endgültig zu spät, um die bedingungslose Liebe, die Veronique (die er in Paris kennenlernt) ihm anträgt, zu erwidern und für sich anzunehmen – denn das setzte voraus, daß er weiß, wer er ist.

Es ist nicht schwer zu erraten, daß in dieser Geschichte Begleys eigene steckt: die des jüdischen Emigranten aus der Alten Welt, der sich nur mit Mühe in der Neuen zurechtfindet; die des begabten Harvard-Absolventen, der seiner literarischen Neigung und

Begabung nicht folgt, sondern sich in die Welt der Bankiers und Anwälte begibt. So wie sich damals der kleine Junge vor den Nazis verbergen und eine neue, andere Identität annehmen mußte, so muß sich Ben das, was er sein möchte, erfinden, und was er ist, prätendieren. Er ist und bleibt der Fremde. Den Lügen in Zeiten des Krieges folgen die Lügen in Zeiten des Friedens. Nietzsches Gebot «Werde der du bist» setzt ja voraus, daß da ein Wesenskern ist, dessen Saat aufgehen darf. Die Tatsache, daß Ben, obzwar sehr potent, unfruchtbar ist, bedrückt ihn und macht sein Verhältnis zu Frauen ebenso frei wie gleichgültig. Sie läßt sich auch als Metapher lesen. Wenn die Vorfahren in den Gaskammern umkamen, ist der Generationszusammenhang zerstört, der weltlicher Tüchtigkeit Ort und Sinn gibt.

Daraus erklärt sich die literarische Struktur. Der Autor verschwindet hinter seinen Figuren, er macht sich unsichtbar, indem er sie reden läßt. Und je mehr sie reden, um so fraglicher wird alles. Wir erfahren ja diese Geschichte nur aus den Zeugnissen der Freunde Bens, und allen ist die amerikanische Tugend eigen, das Ernste beiläufig zu formulieren und das Tiefe, Grüblerische zu meiden. Begleys Kunststück besteht darin, sich ganz an die Oberfläche dieser äußerst weltlichen Welt zu halten, zugleich aber, da der rettende, deutende Autor nicht in Sicht ist, die Risse sichtbar zu machen, in deren Tiefe Ben am Ende stürzt. Insofern ist der Roman weit mehr als nur ein Abbild jüdischen Daseins. Er ist auch das Porträt einer ganz bestimmten, nicht nur amerikanischen, sondern westlichen und eigentlich internationalen Elite, die in den Lobbys der Hotels und der Flughäfen ebenso zu Hause ist wie in ihren Apartments in Paris und ihren Landsitzen auf Long Island. Dieser Menschenschlag ist transzendenzfeindlich und gnadenlos diesseitig. Ihm fehlt nicht nur Heimat in einem geographischen und Zugehörigkeit in einem sozial verantwortlichen Sinn, ihm fehlt das spirituelle Zentrum.

Dies gilt auch für den dritten Roman Begleys, *Wie Max es sah*. Wieder haben wir es mit einem intelligenten, wohlhabenden

Mann zu tun, der sich reibungslos in der Welt der Villenbesitzer und Harvard-Absolventen bewegt, bis ihn die Freundschaft mit zwei Homosexuellen, von denen der eine an Aids stirbt, mit einigen Wahrheiten des Lebens konfrontiert, denen er in vieler Hinsicht nicht gewachsen ist. Mit der Figur des homosexuellen Architekten Charlie Swan, eines vitalistischen Schwadroneurs, der ungeachtet seines verbalen Zynismus ein empfindsamer und mitfühlender Mann ist, zeichnet Begley das Gegenbild zu Max, der die Position des vorsichtigen Beobachters nie verläßt und dadurch sein Leben verfehlt. «Bei mir hielten sich Freundschaftsbeziehungen nicht», heißt es gleich zu Beginn.

Als ich Louis Begley traf, sprachen wir zunächst über den Roman *Wie Max es sah*, der gerade auf deutsch erschienen war. Ich lobte das Buch und sagte, am Anfang wirke es seltsam flach, aber es steigere sich immer mehr, bis zum furchtbaren Ende. Begley sagte:

«Es interessiert mich immer, wie in einer anscheinend etablierten Existenz der Horror lauert. Deshalb beginnt die Geschichte so idyllisch. Natürlich ist da eine Schlange und ein Gott, da ist Rodneys Dummheit und Charlie Swans Geilheit. Die letzte Szene war mir wichtig, ich wollte die unangenehmen Seiten von Max zeigen, seine Unfähigkeit, zu Menschen Kontakt zu haben.»

Wie fing die Geschichte an?

«Mit dem Ende. Alle meine Bücher beginnen mit dem Ende. Aus Gründen, die schwierig zu erklären sind, war ich immer ausschließlich an Frauen interessiert und fühlte mich nie zu Homosexuellen hingezogen. Jedenfalls soweit ich es weiß. Dennoch habe ich einen größeren Kreis homosexueller Freunde. Darunter war ein Paar, das ich in den siebziger Jahren kennenlernte. Beide sind inzwischen gestorben, nicht an Aids, an Lungenkrebs und an einem Hirntumor. Sie waren großartige, damals sehr bekannte Pianisten. Sie lebten auf Long Island, wo ich auch oft bin, sie hatten ein gastfreundliches Haus und gaben ganz wunderbare Einladungen. Hauptsächlich durch sie lernte ich die homosexuelle

Szene kennen. Und dann begannen sie zu sterben, und andere, die mir nahe waren, starben auch. Ich hatte gerade *Lügen in Zeiten des Krieges* beendet, und ich erinnere mich, daß ich mit meiner Frau einen Spaziergang am Strand machte. Wir begegneten einem jungen Mann, den wir kannten, der sterbenskrank war, und sein Liebhaber war offensichtlich völlig gesund. Ich fragte mich, wie es ist, jemanden, den man liebt, zu überleben. Strafe und Belohnung sind sehr ungerecht verteilt, wissen Sie. Was empfindet man, wenn eine geliebte Person diese Krankheit bekommt, die durch die sexuelle Begegnung übertragen wird, eine Begegnung, an der beide sich erfreuen? Der eine stirbt auf besonders grausame Weise, der andere nicht. Es geht also um die Frage des Überlebens, und das ist ein Thema, das mich verfolgt. An dieses Ende dachte ich damals am Strand, und ich wollte sofort damit beginnen, die Geschichte zu schreiben. Statt dessen schrieb ich meinen zweiten Roman *Der Mann, der zu spät kam*. Aber ich wußte, daß ich *Wie Max es sah* zu schreiben hatte. Der Roman ist aber ganz verschieden von den wirklichen Ereignissen, Charlie Swan zum Beispiel ist reine Erfindung.»

Ist das Buch nicht auch das Porträt einer bestimmten reichen Ostküsten-Mittelschicht?

«Ja, offenkundig. Obwohl die Klasse dieser wunderbaren Dandys fast am Verschwinden ist. Es war eine besondere Gruppe, viele waren im Krieg gewesen. Sie waren geringfügig älter als wir anderen, sie hatten diese Erfahrung gemacht, sie besaßen Bravour, und sie wußten, daß die Welt ihnen gehörte. Sie waren, wie mein Master im Elliott House in Harvard zu sagen pflegte, die Orchideen.»

Weshalb verschwinden diese Leute?

«Die Universität hat sich geändert. Sie ist extrem egalitär geworden. Das ist der eine Grund. Der andere ist, daß diese amerikanische Elite den Glauben an sich selbst verloren hat. Die Mitglieder dieser Elite haben nicht länger das Gefühl, wenn sie über die Straße gehen, sie gehöre ihnen und jeder schulde ihnen Respekt.»

Bedauert er das?

«Nein, ich bedaure das nicht im geringsten. Ich glaube, daß
diese Elite ästhetisch reizvoll und sehr angenehm war, insgesamt
aber ziehe ich eine Harvard-Universität vor, in der die individuelle
Leistung mehr zählt als diese Art von Extravaganz und Übertrei-
bung, wo es darauf ankam, daß man auf der richtigen Schule war
und den richtigen Namen hatte. Andererseits: Harvard war nie so
simpel gestrickt, wenn Sie an die großen Männer denken, die aus
dem Nichts kamen, Harvard absolvierten und alles erreichten –
wie etwa Leonard Bernstein, Santayana oder Ihr demütiger Diener, der im Alter von sechzehn Jahren fast ohne irgendeinen Vor-
zug nach Harvard kam.»

Glaubt er, daß die Gesellschaft heute egalitärer ist?

«Die Gesellschaft wohl nicht, aber die Universität, weil die Zu-
lassungen jetzt viel mehr auf den Resultaten von Standardtests
beruhen, während früher die Beurteilung der Dekane und die
Qualität der Schulen eine viel größere Rolle spielten. Für den De-
kan war es wichtig, ob man aus einer Harvard-Familie kam. Und
Stipendien waren viel schwieriger zu kriegen als heute, da der Besuch von Harvard kaum mehr an Geldmangel scheitert. Es gibt
immer eine finanzielle Unterstützung. Sie mag zu einer schweren
Verschuldung führen, aber man kann jedenfalls hin. Und es spielt
fast keine Rolle mehr, ob Ihr Vater oder Großvater in Harvard
gewesen ist. Das Resultat ist eine völlige Veränderung der Studen-
tenschaft. Die besten Leistungen werden immer noch – es freut
mich, das sagen zu können – von Juden erbracht, aber auch
die Chinesen, Koreaner und Japaner haben einen wachsenden
Anteil daran, und es gibt sichtbare Anstrengungen, wenn auch
vielleicht nicht ganz erfolgreiche, Schwarze und *Hispanics* zuzu-
lassen. Die *Wasps* jedenfalls, diese wundervollen, ästhetisch
befriedigenden *Wasps*, sind eine gefährdete Art. Das gilt nicht nur
für Harvard.»

Was hält er von der Debatte über *affirmative action*?

«Das ist ein sehr, sehr kompliziertes Thema. Sehen Sie, ich ver-
abscheue Quoten zutiefst. Warum? Vor allem, weil ich wirklich

an die individuelle Leistung glaube. Ich glaube, wenn einer der Beste ist, dann sollte er als der Beste behandelt und nicht zurückgesetzt werden, weil er ein Jude oder ein Weißer ist. Es ist also für mich als einen überzeugten Elitisten schwierig, das zu akzeptieren. Andererseits, wenn Sie mich zu einer anderen Tageszeit fragen, dann finden Sie mich auf der gegenüberliegenden Seite, und ich sage, daß das Erbe der Sklaverei und die Schwierigkeiten, die die Schwarzen auf ihrem Weg in die amerikanische Gesellschaft hatten, ein Fluch sind, der über Amerika liegt. Und eine positive Diskriminierung zu ihren Gunsten, was ja ein edelmütiger und kein böser Vorsatz ist, sollte akzeptiert werden können. Wir sollten Reue bekunden, auf die Knie gehen und alles tun, um den Schwarzen zu helfen. Sie sehen also: Ich habe zwei Meinungen in der Sache, und sie liegen miteinander in Konflikt.»

Aber *affirmative action* meint jegliche Minderheit, nicht nur die Schwarzen.

«Nicht wirklich, weil es nun die Asiaten sind, die diskriminiert werden, denn nähme man die Leute nur auf der Basis ihrer Leistungen, dann würden die Asiaten die Universitäten überfluten, besonders in der Mathematik und den Naturwissenschaften – ähnlich wie in den zwanziger und dreißiger Jahren, als sich die Zulassungsquoten gegen die Juden richteten. Ihnen hilft *affirmative action* überhaupt nichts. Mit den *Hispanics* verhält es sich ganz anders, aber darüber weiß ich zu wenig.»

Was sagt er als Schriftsteller zu der Tatsache, daß viele Amerikaner kein Englisch sprechen?

«Ich glaube, das ist ein furchtbares Mißverständnis. Der amerikanische Erfolg bestand in der Assimilierung all der Immigranten, der Erfolg des *melting pot* beruhte darauf, daß die Menschen all ihre Kraft darauf richteten, so schnell wie möglich Englisch zu lernen. Tun sie das aber nicht, dann funktioniert der *melting pot* nicht mehr. Das ist, wenn man an die qualifizierten Arbeitsplätze in der modernen Gesellschaft denkt, von Übel. Die Kluft zwischen denen, die bei McDonald's arbeiten, und denen, die einen Beruf mit Zukunft haben, ist riesig. Diejenigen, die hierherkommen und dazu verführt werden, nicht rasch Englisch zu lernen, also auch ihre Fähigkeiten zu entwickeln und einzusetzen, geraten auf den Weg ins Abseits. Denselben Einwand habe ich – und das ist politisch nicht sehr korrekt – gegen die Toleranz, mit der man Schwarze behandelt, die nicht das Standardenglisch lernen, gegen die bewundernde, beglückwünschende Attitüde angesichts des sogenannten schwarzen Englisch. Es behindert den beruflichen und sozialen Erfolg. Gegen schwarzes Englisch als ein künstlerisches, ästhetisches Ausdrucksmittel habe ich nichts, aber ich bin zutiefst am Wohlergehen der Gesellschaft interessiert und betrachte es in diesem Sinn als ein Hindernis.»

Ich erwähne die Geschichte jenes Richters, der einen Sorgerechtsfall zu entscheiden hatte und die Mutter anwies, mit ihrer Tochter Englisch zu sprechen, und den Kommentar der *New York Times*, der dazu bemerkte, daß die Verfassung nichts über die Landessprache aussagt.

«Der Kommentator scheint nicht viel vom Familienrecht zu wissen. Es handelt sich hier nicht um eine Verfassungsfrage, sondern nur um die richterliche Einschätzung des Kindeswohls. Aber es ist wahr, daß es kein Gesetz gibt, das jemanden zwingen könnte, Englisch zu sprechen.»

Die Verfassungsväter haben nicht daran gedacht, daß Englisch die Sprache einer Minderheit werden könnte.

«Im Südwesten gewinnt man manchmal den Eindruck, daß es eine Minderheitssprache ist. Und in vielen Restaurants in New York wäre man sicherlich besser dran, wenn man Spanisch könnte. Ich nehme das schrecklich ernst.»

Bekümmert ihn die Immigrationsdebatte?

«Sehr, weil ich glaube, daß die Akzeptanz von Einwanderern eine der größten Stärken der amerikanischen Gesellschaft ist. Das erneuert sie und gibt ihr die Eigenart. Die Tür vor den Einwanderern zu verschließen wäre ein grundlegender Fehler. Die Immigranten bringen nämlich den glühenden Wunsch mit, erfolgreich zu sein, sie bringen Fähigkeiten mit, neue Ideen, neues Wissen. Natürlich spreche ich jetzt von einer bestimmten Art von Immigranten, denn die im Südwesten bringen wenig Fähigkeiten mit und haben kaum mehr als ihre körperliche Kraft, die dann das Wachstum der kalifornischen Agrarindustrie ermöglicht. Ich bin unangenehm berührt von dem Wind der Selbstsucht und des Mangels an Generosität, der jetzt durch Amerika bläst, wie er sich bei den Republikanern zeigt und ihrem Angriff auf die soziale Fürsorge, ihrem Angriff gegen die Unterstützung der Künste. Das ist furchtbar, und es widerspricht den wichtigsten amerikanischen Traditionen.»

Was bedeuten diese bewachten Wohngebiete, in die sich die Reichen zurückziehen?

«Es bedeutet, daß die Institutionen versagt haben. Wenn die öffentliche Sicherheit, die Schulen, der Zustand der Straßen mangelhaft sind, dann glauben die Leute, sie seien besser dran, wenn sie sich selber darum kümmern und in diesen Enklaven leben. Der Vorgang zeigt auch die neue Selbstsucht: Ich lebe für mich allein in meiner Gemeinschaft. Oft wollen diese Dörfer auch keine Kinder. Das ist kleinlich, selbstisch. Nun hat es in Amerika solche Gemeinschaften immer gegeben, private Clubs, oft an Golfplätzen oder Parks, wo man Mitglied sein muß, um ein Haus zu kaufen. Aber das war nur snobistisch, die Reichen wollten unter sich sein. Die bewachten Wohngebiete sind ein neues Phänomen, weil nun das Prinzip verallgemeinert wird. Dort, wo ich mein Landhaus habe, gibt es einen Club, aber da sind nur ein paar reiche Leute mit Tennisplätzen und Liegestühlen am Strand, es gibt keine eigene Schule, keine eigene Polizei, kein eigenes Krankenhaus. Das ist ein qualitativer Unterschied.»

Was hält er vom Simpson-Prozeß? Für Europäer war er nicht immer leicht zu verstehen.

«Ein Problem für europäische Intellektuelle besteht darin, unser Jury-System zu verstehen: Es entscheiden nicht Richter, die vielleicht die besten Universitäten besucht haben, es entscheidet eine Jury. Die angelsächsische Tradition glaubt, daß eine Jury von zwölf guten Frauen und Männern die Fakten und das Urteil fairer herausfinden kann als drei Berufsrichter. Ich selber habe großes Zutrauen zu diesem System.»

Funktioniert es noch?

«Ich glaube ja. Manche Leute sagen: Wie konnte man von einer Jury, in der zehn Schwarze und zwei Weiße sind, eine Verurteilung von Simpson erwarten? Das ist kompletter Unsinn. In Washington D. C. zum Beispiel, wo es eine starke schwarze Majorität gibt, sind die Jurys vollkommen schwarz, aber die Verurteilten sind ebenfalls Schwarze. So wurde der schwarze Bürgermeister der Stadt wegen Drogenbesitzes verurteilt. Wenn die Weißen in der Simpson-Jury von seiner Schuld überzeugt gewesen wären, dann hätte es kein Urteil gegeben und der Prozeß hätte von neuem beginnen müssen. Erstens also muß man akzeptieren, daß unser System größeren Wert auf die populäre Urteilsfindung als auf die bürokratische legt. Zweitens sind die Verfahrensregeln von größter Bedeutung. Damit jemand schuldig gesprochen werden kann, darf es keinen vernünftigen Zweifel an seiner Schuld geben. Das ist eine sehr schwere Bürde. Ich glaube nicht, daß ich, wenn ich in der Jury gewesen wäre, Simpson für schuldig befunden hätte. Es gab viele Merkwürdigkeiten in diesem Verfahren. Das Urteil also hat mich nicht schockiert, schockiert hat mich die öffentliche Reaktion. Etwa, daß Leute sagen: Es gibt keine Gerechtigkeit in diesem Land. Ich muß zugeben, daß ich nie fernsehe, so daß ich also die Rolle des Fernsehens in der Sache nicht beurteilen kann.»

Was bedeutet der Prozeß für die Beziehungen der Rassen?

«Wir brauchen noch einige Zeit, um daraus die richtigen Schlüsse zu ziehen. Die Rassensituation ist sehr schwierig, vor allem aus ökonomischen Gründen. Andererseits: Sehen Sie die Zustimmung für Colin Powell, einen Schwarzen. Natürlich kann man sagen: Hoho, das ist ein weißer Schwarzer, aber das gibt es nicht. Schwarz ist schwarz.»

Würde er für ihn stimmen?

«Wenn er Kandidat der Republikaner wäre und es ihm gelänge, die Extremisten in die Schranken zu weisen, dann würde ich für ihn und gegen Clinton stimmen, obgleich ich nie republikanisch gewählt habe.»

Ist er ein Liberaler?

«Natürlich.»

Ein Liberaler und ein Elitist.

«Ich bin ein richtiger *Whig*. Logischerweise sollte Powell für die Demokraten kandidieren. Seine sozialen Ideen kommen dem demokratischen Erbe näher. Wenn ich Powell wäre, würde ich mir sagen, jetzt mit den Republikanern ins reine zu kommen ist zu schwierig. Ich bin noch ein junger Mann, ich warte vier Jahre und dann...»

Gibt es noch ideologische Unterschiede zwischen den Demokraten und den Republikanern?

«Lesen Sie nur die letzte Wahlplattform der Republikaner, da stehen Ihnen die Haare zu Berge, lesen Sie die Vorschläge zur Abtreibung, zur Sozialfürsorge, zum Waffenbesitz – können Sie sich vorstellen, daß eine Partei ernsthaft daran denkt, das Verbot von Angriffswaffen aufzuheben? Das sind Ideen aus einer Irrenanstalt. Niemand braucht zu Hause ein Maschinengewehr.»

Ich erwähne seinen Essay über das literarische und das juristische Schreiben. Glaubt er, daß es für seine Argumente einen Unterschied macht, ob man im Bereich des römischen oder des englischen Rechts lebt?

«Was ich meinte, hat nichts mit dem Rechtssystem zu tun, sondern nur mit der Übung, die man als Anwalt darin bekommt, höchste Aufmerksamkeit auf jede Nuance des Ausdrucks zu richten, auf das Detail und schließlich auf die Pflicht, die Arbeit rechtzeitig und so vollkommen wie möglich abzuliefern. Und ebenso wichtig ist die absolute innere Überzeugung, daß du, wenn du etwas zu sagen hast, dich einfach hinsetzen und es aufschreiben kannst, und nichts dich davon abhalten kann, was in deinem Kopf ist, aufs Papier zu bringen.»

Glaubt er an die romantische Vorstellung, daß es im Subjekt immer etwas gibt, was nicht ausgedrückt werden kann?

«Ich glaube, daß sehr komplexe Gedanken und Gefühle manchmal nicht vollkommen ausgedrückt sind – so wie es sein kann, daß es einem nicht gelingt, sosehr man sich auch müht, in einem Schriftsatz das Argument ganz genau zu formulieren. Irgendwie schreibt man es dann. Ich nehme an, ein Buch ist niemals so gut, wie man wünscht, daß es wäre. Andererseits überrascht man sich manchmal selber, ist gewissermaßen angenehm enttäuscht. Manchmal schreibt man so vor sich hin und glaubt, man sei gerade dabei, das oder jenes zu sagen, und auf einmal kommt etwas von innen, von dem man gar nichts gewußt hat, und das stellt sich als wunderbar heraus.»

Ist die Idee einer vollkommenen, nie ganz erreichbaren Kunst eine religiöse Vorstellung?

«Nein, es ist eine praktische Idee. Ich glaube, wenn man ein Buch, das man geschrieben hat, wieder liest, dann findet man immer etwas, das man hätte besser machen können. Das mag auch mit der Tatsache zu tun zu haben, daß man jeden Tag, so lange man noch einen Kopf dazu hat, mehr lernt, mehr fühlt und sich sagt, ich hätte dieses oder jenes tun können. Bei Proust gibt es eine wunderbare Szene. Der große Schriftsteller Bergotte, das Paradigma, wenn Sie so wollen, des Schriftstellers in diesem Buch, wahrscheinlich Anatole France nachempfunden, geht, als er sehr krank ist, einmal in eine Vermeer-Ausstellung, und da sieht er ein Gemälde aus dem Museum in Delft, und auf dem Bild ist eine Wand und auf der Wand ein kleiner Fleck gelben Sonnenlichts, und der große Schriftsteller Bergotte sagt: Das ist es, wie ich hätte schreiben sollen, dieser Fleck aus Gelb, dieser Fleck aus Gelb! Am Ende seiner Laufbahn sieht er plötzlich: Warum habe ich das verfehlt?»

Wie ist die Situation der amerikanischen Schriftsteller, verglichen mit den europäischen?

«Wissen Sie, es wird viel Aufhebens gemacht um den angeblichen Niedergang des Romans, aber ich sehe darin einen Mangel an historischer Perspektive. Schriftsteller sind immer am Rand der Gesellschaft gewesen. Sicher, es gab Ausnahmen wie etwa die Verehrung romantischer Dichter im 19. Jahrhundert, aber das ist nicht die Regel. Die lautet eher, daß der Schriftsteller in Einsamkeit vor sich hinkritzelt und gegen die Gesellschaft ist. Denn gute Literatur ist zumeist das, was die Gesellschaft nicht zu hören wünscht. Wenn also ein Schriftsteller über die Runden kommt und schreiben kann, was er will, und außerdem ein paar Leute seine Bücher kaufen, geht es ihm gut, und mehr kann er kaum erwarten. Jetzt aber sind alle auf die gewaltigen Summen fixiert, die Leuten wie Stephen King oder John Grisham bezahlt werden. Auch das ist ein altes Phänomen, es stört mich überhaupt nicht. Das sind Entertainer, und der Rest von uns ist etwas anderes. Es ist ein großer Fehler, wenn ein Schriftsteller denkt: Warum werde ich nicht von einer Million Leute gelesen? Schließlich hat auch Stendhal nur für ein paar wenige Glückliche geschrieben, und das zählt. In Amerika sind die Schriftsteller sehr verstreut, leben in irgendwelchen Vororten, kleinen Städten oder gehen dem sehr besonderen Geschäft nach, an Universitäten das Schreiben zu unterrichten, was, wie man mir erzählt, eine schöne Sache ist und sicherlich den Lebensunterhalt mancher Autoren garantiert. Für mich wäre das nichts, aber es ist sehr nützlich, weil in diesem Umkreis oft interessante literarische Zirkel entstehen.»

Was bedeutet es für ihn, ein amerikanischer Autor zu sein?

«Ich fühle mich als Amerikaner, und ich liebe mein Land absolut. Ich habe sehr enge Bindungen an Frankreich, und es würde mir sicherlich Spaß machen, in Paris zu leben. Letzten Endes lebe ich am liebsten in New York. Meine Kinder sind in Amerika geboren. Mein ältester Sohn lebt seit zehn Jahren in Rom, er ist Maler und Bildhauer, und er betrachtet sich selber nicht als Exilanten, er lebt nur dort, weil er Rom einen guten Ort zum Arbeiten findet. Ich fühle mich Amerika nahe. Es ist, als wenn ich dort geboren worden wäre. Man ist aus vielen Dingen gemacht. Ich war gerade in Polen, zum erstenmal seit einem halben Jahrhundert.»

Wie fühlte er sich?

«Als hätte der Zahnarzt eben Novocain gespritzt und würde gleich mit dem Bohren beginnen. Ich fühlte mich betäubt und zugleich sehr bewegt. Weshalb? Sehen Sie, ich konnte noch Polnisch, ich hatte es nicht vergessen, und das war von der allergrößten Wichtigkeit. Aber Warschau habe ich nicht wiedererkannt. Es war unheimlich, es war, als wäre ich in eine Architekturzeichnung hineingeraten, wo der Zeichner ein paar Dinge falsch gezeichnet hat. Ich konnte zu all dem keine Verbindung mehr herstellen. Aber die Menschen, wie sie reden und sich benehmen, das habe ich sofort wiedererkannt.»

Ist das wahr?

«Ja. Es ist in mir. Direkt in mir ist die Tatsache, daß ich durch diesen schrecklichen Krieg hindurchgegangen bin, und auch wenn ich viel Glück hatte, und ich hatte viel Glück, so ist es doch keine Frage, daß der Krieg mich in einer Weise verwundet hat, die nicht geheilt werden kann. Keine Frage. Ich gehe nicht herum und tue mir selber leid, es ist nur Teil meiner Psyche. Und dann ist es eine Tatsache, daß Frankreich für mich eine Quelle außerordentlichen Glücks geworden ist, ich liebe die französische Sprache, die Franzosen, und ich hatte das Glück, die wunderbarste Französin zu heiraten, eine Frau der bemerkenswertesten Qualität, und nebenbei eine sehr gute Schriftstellerin. Wir sprechen Französisch zu Hause.»

Beeinflußt das sein Schreiben?

«Vielleicht indirekt. Es beeinflußt nicht meinen Stil. Wenn der von etwas beeinflußt ist, dann von der Lektüre des Englischen. Aber das stimmt nicht ganz, ich habe mich absichtlich beeinflussen lassen von einem Autor, den ich sehr liebe, von Pierre Jean Jouve. Er hat mir die Augen für viele Dinge geöffnet. Dann natürlich Marcel Proust, Henry James, Joseph Conrad...»

262

Kennt er deutsche Literatur?

«Etwas. Natürlich Thomas Mann, natürlich Kafka, den ich als deutschen Schriftsteller betrachte.»

Einige der bedeutendsten deutschsprachigen Autoren kamen aus Prag oder Österreich.

«Ja, mir scheint, Joseph Roth ist noch immer unterschätzt. *Hiob* und der *Radetzkymarsch* sind außerordentliche Romane.»

Glaubt er, daß Juden für die Literatur besonders begabt sind?

«Ich glaube – und jetzt kommt etwas Schreckliches, aber egal –, daß die Juden das auserwählte Volk sind. Das hängt damit zusammen, daß es uns schon seit 6000 Jahren gibt und daß der höchste Wert, den wir in all diesen Jahren gekannt haben, ein Buch war, und daß in der jüdischen Tradition der Gebildete mehr gilt als der Reiche. Der Schriftgelehrte ist die höchste Stufe, die man erreichen kann. Ich nehme an, das hatte eine gewisse Wirkung auf das Schreiben. Aber haben die Juden die größten Dichter der Weltliteratur hervorgebracht? Tolstoi war schwerlich ein Jude, Dostojewski nicht, Joyce nicht, Shakespeare nicht, Dante nicht, Proust nur zur Hälfte. Man sollte also nicht übertreiben.»

Auf der Suche nach Heimat

Es mag sein, daß Begley recht hat mit seiner Vermutung, die Tradition des Schriftgelehrtentums erkläre den großen, ja gewaltigen Anteil jüdischer Schriftsteller an der Weltliteratur. Der Begriff des «auserwählten Volkes» aber, den Begley zitiert, war von Anfang an ambivalent und schloß immer auch Verfolgung und Knechtschaft ein, bis hin zum Holocaust. Deshalb war jüdisches Schreiben und Denken stets der Versuch, sich inmitten des erlittenen oder drohenden Umsturzes und Untergangs wenigstens der eigenen Geschichte zu vergewissern, damit, wenn denn sonst nichts bliebe, die Schrift überlebe und Zeugnis gebe. Amerika aber ist für die Juden aus aller Welt, mehr noch und ganz anders als Israel, nämlich friedlicher und fast ohne religiös-ideologische Verhärtung, zum neuen Jerusalem, zum Gelobten Land geworden.

Wer das im Frühjahr 1996 eröffnete Skirball Cultural Center & Museum in Los Angeles besucht, der wird feststellen, daß sich die amerikanischen Juden hier ein Gegenbild zum Holocaust-Museum in Washington errichtet haben. Während dieses die Erinnerung an den finstersten Augenblick der jüdischen (und der deutschen) Geschichte festhält, imaginiert jenes den Weg ins Licht. Die wirkungsvoll inszenierte Ausstellung im Skirball erzählt in schulbuchhaften Ausschnitten die Geschichte der Juden von den Ursprüngen bis heute, vom Berg Sinai bis zu Ellis Island und zu den jüdischen Leistungen und Erfolgen der Gegenwart. Die Ausstellung verengt sich an einer Stelle zu einem schwarzen, spiralförmigen Schlund, der in die Hölle von Auschwitz führt. Der Besucher kann sich diesem Weg nicht entziehen. Aber die Hölle hat einen Ausgang. Er führt ins heitere kalifornische Licht jüdisch-amerikanischer Kultur. So gesehen ist Auschwitz nur eine Episode, die fürchterlichste allerdings, weil sie als das Ende des Judentums geplant war. Aber die Geschichte der Juden geht weiter, und das vor allem in Amerika. Darauf besteht das Skirball mit sichtbarem Stolz. Es ist ja nur zu einem kleinen Teil Museum und zum größeren das Kulturzentrum der westamerikanischen Juden, die sich hier auf selbstbewußte Weise selbst bestätigen.

Sie sind nicht ohne Gegner. Im Frühjahr 1996 kritisierte Jesse Jackson die angebliche Vorherrschaft der Juden in der Film- und Fernsehindustrie und verlangte eine bessere Behandlung der schwarzen Regisseure und Darsteller, die in der Regel nur die mittleren oder minderen Jobs bekämen. Damit war wieder einmal der alte Konflikt zwischen Schwarzen und Juden ausgebrochen, ein heftiger Streit ging los, der erst durch ein eiliges Dementi Jacksons beigelegt wurde, man habe ihn falsch verstanden und falsch zitiert. Wahr ist, daß sich einige der großen Produktionsfirmen

Hollywoods in jüdischer Hand befinden, aber niemand würde das bemerken, wenn es nicht um viel Geld und um Arbeitsplätze ginge. Betrachtet man nämlich die literarische Szene, so ist der Anteil der Juden erstaunlich und überproportional groß, aber das ist deshalb kaum ein Thema, weil Schriftsteller Ein-Mann-Betriebe mit allenfalls marginaler ökonomischer Bedeutung sind.

Als ich mit meinen Autorengesprächen begann, hatte ich mir über das jüdische Thema wenig Gedanken gemacht. Von Louis Begley wußte ich natürlich, daß er Jude ist, ebenso von Doctorow und von Abish. Daß auch Auster einer ist, hätte ich wissen können, aber bei Chabon und Guterson war ich völlig überrascht. Die Liste der lebenden jüdisch-amerikanischen Schriftsteller ist gewaltig, von den nicht mehr lebenden ganz zu schweigen. Aber der Hinweis von Abish, daß die religiöse oder rassische Herkunft eines Autors für sein Werk ohne Belang sei, ist weitgehend triftig, und in der Tat kann man fragen, ob es denn immer nützlich sei, von einem Autor zu wissen, woher er kommt. Jedenfalls spielt die jüdische Thematik nur bei wenigen jüdischen Autoren eine so sichtbare und bedeutende Rolle wie etwa bei Bernard Malamud, Saul Bellow, Philip Roth – oder eben Louis Begley.

Die persönliche Leistung von Begley besteht in der literarischen Transformation seiner Lebensgeschichte über das autobiographische Moment hinaus. Und die objektive besteht darin, daß Begleys Werk schon jetzt auf beispielhafte Weise die moderne Existenz ins Bild setzt. Die Probleme seiner Romanfiguren sind ja nicht jüdische oder amerikanische Probleme. Auf der Suche nach Heimat befinden sich alle, in Amerika und anderswo: zuerst natürlich und ganz konkret die Asylanten und die Emigranten, die rund um den Erdball verzweifelt einen Ort des Friedens suchen; dann aber auch die kosmopolitischen Glücksritter, die internationalistischen Geschäftsleute und die hypermobilen höheren Angestellten, deren Aufenthaltsort die Hotelfoyers und die Wartehallen sind, die in München oder in Boston wohnen, in Frankfurt oder New York arbeiten und einen zweiten Wohnsitz am Starnberger See oder in Cape Cod haben. Auf bescheidenerem Niveau geht es den Fernfahrern und den Stewardessen, den Tiefbauarbeitern und den Handelsvertretern, den Kameraleuten und den Journalisten nicht anders. Die alte Vorstellung von einem Zuhause, von Heimat, Verwurzeltsein nimmt immer mehr utopischen Charakter an. Daß einer dort lebt und arbeitet, wo er geboren wurde und wo schon seine Vorväter gelebt und gearbeitet haben, ist nicht der Normalfall, in Amerika schon gar nicht, aber auch nicht mehr in Europa.

In der Erzählung «Die richtige Zeit für eine Scheidung» von John Cheever heißt es: «Ethel ist ebenso heiter und anpassungsfähig wie sanft, und wir kommen beide aus der ungeheuer breiten Schicht des Mittelstands, die sich dadurch auszeichnet, früher einmal bessere Tage gesehen zu haben. Verlorenes Familienvermögen spielt eine so große Rolle in unserem Leben, daß man sich manchmal an eine Schar von Auswanderern erinnert fühlt, an Leute, die sich kurz entschlossen auf einem fremden Boden niedergelassen haben, aber immer noch hin und wieder an den heimatlichen Küstenstrich zurückdenken.»

Man kann diese moderne Heimatlosigkeit kritisch sehen, wie es der amerikanische Soziologe Christopher Lasch in seinem Buch *Die blinde Elite* getan hat. Die neue Mobilität führe nämlich dazu, so Lasch, daß die Eliten sich nicht mehr verantwortlich fühlten für jene Strukturen, ohne die keine Gesellschaft gedeihen kann: die Familie, die Gemeinde, die Tradition, die lokale Geschichte, der konkrete Zusammenhang des sozialen und politischen Lebens. Man könnte Lasch ermutigende Entwicklungen entgegenhalten: die Zunahme transnationaler Solidarität und einer globalen Verantwortlichkeit, wofür die sogenannten NGOs, die *Non Government Organizations* wie etwa Greenpeace, ein Beispiel wären.

Wie auch immer: In der amerikanischen Literatur ist die Suche nach Heimat, dieses Stigma der Moderne, ein zentraler Gegenstand. Und es ist leicht zu verstehen, weshalb der jüdische Anteil daran so groß ist. In Joseph Roths Roman *Hiob* wandert der alte

Mendel Singer nach Amerika aus, und es ergeht ihm ähnlich wie dem biblischen Hiob. Nach einer Zeit der Armut und der Not kommt nun eine Zeit der Freiheit und des Wohlstands. Aber mag ihm Amerika auch manchmal wie das Gelobte Land erscheinen – eine Heimat ist es für ihn nicht. Zu fremd, zu unbegreiflich bleibt ihm, dem greisen Ostjuden, die Neue Welt.

Die Ruhelosigkeit, Umhergetriebenheit, Kommunikationslosigkeit des modernen, des westlichen Menschen ist schon deshalb das Thema der amerikanischen Literatur, weil der Kontinent selber ruhelos ist, weil Geschwindigkeit und Beschleunigung, Mobilität und Flexibilität sein Credo sind. Und diesem Credo setzt die Literatur ihr Beharrungsvermögen entgegen, ihre retardierende Kraft. Sie erinnert an die Defizite, sie vergewissert sich des Verlorenen, sie erzählt den Menschen ihre Geschichte.

Zum Jahreswechsel gibt es in Amerika den Brauch, nicht bloß Neujahrsgrüße auf vorgedruckten Karten zu verschicken, sondern eine Art Jahresbericht abzufassen, in dem für Freunde und Verwandte, die man lange nicht gesehen hat, die familiären Erlebnisse und Ereignisse das Jahres liebevoll zusammengefaßt werden. Man erzählt einander das Leben, noch immer. Tun die amerikanischen Schriftsteller nicht dasselbe auf ihre Weise?

Land der Erzähler

Das Wort «Vergleichen» hat bekanntlich einen schillernden Sinn. Es kann die Bedeutung von «Gleichsetzen» annehmen, weshalb in deutschen Debatten immer davor gewarnt wird, etwas mit Auschwitz «vergleichen» zu wollen. Das Wort hat natürlich auch eine formale Bedeutung, nämlich zwei Dinge nebeneinanderzuhalten und die Unterschiede festzustellen. Aber das setzt eine interesselose Betrachtung voraus, die in geistigen Dingen kaum gegeben ist. Man kann Äpfel mit Birnen vergleichen und wird zu dem Ergebnis kommen, daß sie verschieden aussehen und schmecken, aber etwa gleich groß sind und an Bäumen hängen. Wer die amerikanische mit der deutschen Literatur vergleicht, der hat meist, offen oder geheim, eine kritische Absicht. Ist er etwa ein Amerikaner, so wird sein Vergleich das Ziel haben, die stärkere philosophische Fundierung der deutschsprachigen Literatur, ihr historisches Bewußtsein und ihre ästhetische Reflexion hervorzuheben, um damit die vergleichsweise naive, historisch flache, literarisch eindimensionale Schreibweise der amerikanischen Autoren zu kritisieren. Charles Johnson mag etwas Ähnliches im Sinn gehabt haben, als er das philosophische Defizit der amerikanischen Intellektuellen bedauerte.

Ist aber der vergleichende Betrachter ein Deutscher, so wird er die erheblich bessere Lesbarkeit der amerikanischen Literatur betonen, ihre größere Lebensnähe und Lesernähe, und er wird damit sagen wollen, daß die deutschen Schriftsteller ihren Lesern nichts als das Wasser der Bedenklichkeiten und das Schwarzbrot der Reflexion servieren und daß sie deshalb verdientermaßen kaum noch auf den Bestsellerlisten stehen und kaum noch in andere Sprachen übersetzt werden. In Amerika jedenfalls spielt die deutsche Literatur nur mehr eine verschwindende Rolle. Abgesehen von wenigen University-Press-Verlagen, die gelegentlich ein Buch von Peter Handke oder Thomas Bernhard übersetzen, gibt es sehr wenig. Das müßte niemanden bekümmern, denn der Binnenmarkt der englischsprachigen Literatur ist derart immens, daß Übersetzungen schon immer eine relativ geringe Bedeutung hatten. Bedenklicher aber scheint, daß auch die Tische deutscher Buchhandlungen von amerikanischen Titeln besetzt sind, und sie stammen nicht nur von Bestseller-Autoren wie Crichton, Grisham oder King, sondern auch von Klassikern wie Updike, Roth oder Doctorow und von ihren jüngeren Kollegen wie Auster und Ford. Deutsche Kritiker haben diesen Sachverhalt in jüngster Zeit öfter hervorgehoben und die Weltferne, die Selbstbezogenheit der deutschsprachigen Gegenwartsliteratur kritisiert. Dazu paßt, daß die deutschen Verleger im Zweifel lieber Lizenzgebühren und Übersetzungskosten in Kauf nehmen, als junge deutsche Autoren zu drucken, von denen sie wissen oder zu wissen glauben, daß die Buchkäufer ihnen ausweichen.

Vergleiche zwischen deutscher und amerikanischer Literatur haben also immer diesen Billard-Effekt: Man stößt die fremde Kugel an, um der eigenen einen Schubs zu geben. Und doch wird man zugeben müssen, daß diese interessegeleiteten Klischees nicht ohne Wahrheit sind. Um von mir selbst zu sprechen: Amerikanische Literatur lesend mache ich oft die Erfahrung eines Wanderers, vor dessen Augen sich eine gewaltige, weite Landschaft öffnet, sei es die Landschaft des unbegrenzten Raums der Städte, des Meeres oder der Straßen und Wüsten, sei es die Landschaft komplexer sozialer Beziehungen und seelischer Gestimmtheiten. In jedem Fall werde ich als Leser in diese Landschaft hineingezogen, um darin unterzugehen und wieder aufzutauchen. Der Sog ist nicht immer gleich stark, und er kann verlockend sein oder abschreckend, emotional oder intellektuell, sentimental oder spröde und fremd, aber meist ist dieser Sog da, und man setzt sich ihm aus wie einer Reise ins Unbekannte. Das Bedrückende, Grüblerische, Kleinräumige, dem man in der deutschsprachigen Literatur so oft begegnet, fehlt hier fast ganz. Ebenso ist jene Literatur seltener, die man «Literaturliteratur» nennen könnte, also jene Sorte von Texten, die sich explizit auf andere Texte beziehen und, ähnlich wie die Mönche auf dem Berg Athos, immer neue Klausen und Eremitagen an die vorhandenen anbauen, schwindelerregend über den Abgrund des Nichts hinweg, und manchmal, wie auf dem Athos, stürzen sie ab.

Und es fehlt in der amerikanischen Literatur jene oft lähmende Skrupelhaftigkeit, die zum Beispiel zwei der bedeutendsten deutschsprachigen Autoren immmerzu davon abhält, die große Geschichte zu erzählen, die ihnen offenbar auf dem Herzen liegt: Botho Strauß, der seine Kritik der Moderne und der wohlfeil gewordenen Aufklärung im Skizzen, Fragmenten, Schnappschüssen aufzeichnet, ohne daß, von seinem Roman *Der junge Mann* vielleicht abgesehen, der konservative Gegenentwurf je die Gestalt einer wirklich erzählten Geschichte annähme; oder Peter Handke, dessen ganzes Werk, vor allem der Roman *Mein Jahr in der Niemandsbucht*, von der Weigerung handelt, sich den «Lesefutterknechten», wie er die Schwartenschreiber nennt, beizugesellen und seinerseits die reine, nichtkatastrophale, nichtkonventionelle Dichtung zu entwerfen, die aber nun freisinnig und geradeaus erzählt wäre, ohne die selbstreferentielle Reflexion, die seine Texte so eindringlich, aber auch anstrengend macht. Ist eine Art Narzißmus dafür verantwortlich? Die Last der Geschichte in Salzburg, Paris oder Berlin? Der Tonnendruck der Bibliotheken, der den belesenen Autor in das Gehege des Gelesenen einsperrt? Auch in Amerika gibt es bekanntlich Bibliotheken, und Städte wie New York oder Chicago tragen ebenfalls eine Geschichtslast. Narzißmus schließlich gehört zur Grundausstattung eines jeden Schriftstellers.

Und doch gibt es ein paar Unterschiede. Erstens die literarische Öffentlichkeit: Die meisten amerikanischen Schriftsteller haben das Gefühl relativer Isolation, und das ist insofern begründet, als der literarische Betrieb kein dichtes Netz bildet (wie in Deutschland) und kein selbstverständliches Zentrum hat (wie in Frankreich). Die Orte literarischer Kommunikation in Amerika, die größeren in den Städten an den Rändern, die kleineren an den Universitäten in der Mitte, sind Inseln, und es bedeutet nicht sehr viel, die Anerkennung dieser insularen Öffentlichkeiten errungen zu haben. Das Lob der Kritik, der Zuspruch der professionell oder gar staatlich interessierten Agenten und Administratoren – all dies kann in Europa einem Schriftsteller auch dann das literarische Überleben sichern, wenn ihn ein größerer Kreis von Buchkäufern und Lesern übersieht oder bewußt meidet. Er ist dann eben ein «Geheimtip» oder ein «schwieriger» Autor, von dem man hofft, daß ihn das Publikum irgendwann «entdeckt». Kafka ist immer das probate Beispiel für den literarischen Genius, den seine Zeit nicht erkannt hat. Solche Auswege stehen den amerikanischen Autoren kaum zur Verfügung. Die alte Medienregel «*publish or perish*» gilt hier mit dem Zusatz, daß nur der auf Dauer publizieren kann, der eine nennenswerte Auflage erzielt. In Amerika ist die literarische Welt niemals die Welt, und deshalb trachten die meisten Autoren nach dem Interesse (nicht unbedingt dem Beifall) der Leser.

Das führt, zweitens, zu einer literarischen Sozialbindung. Selbst der größte Menschen- und Leserverächter, und auch die gab und gibt es in den USA, bewegt sich in einem kommunikativen, kolloquialen Kontext, der ihn selbstverständlich dazu bringt, sich einer Sprache zu bedienen, die von der Alltagssprache nicht allzuweit entfernt ist. Und der Impuls, sich um Verständigung zu bemühen, sich verständlich mitzuteilen, ist ungleich stärker als in der deutschen Literatur. Die Kunst der öffentlichen Rede genießt ein höheres Ansehen. Wer Seminare und Vorlesungen an amerikanischen Universitäten besucht, wundert sich über die werbende, unterhaltsame, kolloquiale Redeweise, die darauf abzielt, das Auditorium zu interessieren und zu begeistern. Das hat nicht nur damit zu tun, daß die berufliche Karriere des Dozenten ohne den Zuspruch der Hörer nicht gelingen könnte, sondern auch mit der Tradition des politischen oder religiösen Wanderpredigers, die im 19. Jahrhundert eine ganze Gattung begründet hat. Dieser Hintergrund prägt noch immer die amerikanische Literatur. Die Versuchung, zu einem kleinen Kreis von Eingeweihten zu sprechen und eine exklusive Sprache zu pflegen, wie wir sie zum Beispiel aus dem George-Kreis und ähnlichen Zirkeln kennen, mag auch in Amerika vorhanden sein, aber es fehlt an einer wirkungsmächtigen Tradition esoterischen Dichtertums. Statt dessen ist ein quasi kommunitarisches Grundbedürfnis bei Lesern wie Autoren sehr verbreitet, eine auf den gesellschaftlichen Zusammenhang gerichtete Motivation, die missionarisch, sozialpflegerisch oder sozialrevolutionär werden kann und nicht frei ist von moralisierenden Zügen.

Und drittens ist in Amerika, also auch in der amerikanischen Literatur, das Ausmaß dessen, was unverrückbar feststeht und worauf man sich unzweifelhaft bezieht, geringer als im alten Europa. Gerade deshalb wird das Gemeinsame so oft beschworen, werden die Rituale so gepflegt und die Symbole der Einigkeit unablässig vorgezeigt. In Wahrheit ist die soziale, ethnische und kulturelle Spannweite des Kontinents ebenso groß wie seine geographische und klimatische, der Zusammenhalt bedarf immer wieder der Vergewisserung und Bestätigung. Die Suche nach Heimat ist ganz real, der unbehauste Mensch keine Metapher. Im Land der unbegrenzten Möglichkeiten sind Stetigkeit, Verläßlichkeit, Stabilität nicht selbstverständlich, und ein Begriff wie Risikogesellschaft hätte hier gar nicht Furore machen können, da Gesellschaft und Risiko sowieso benachbart sind. Und weil Literatur immer auch der Ausdruck eines kollektiven Unbewußten ist, sucht die amerikanische Literatur im Niemandsland der Potentialität nach dem sicheren Ort, und dieser Ort wird imaginiert durch die Kraft der Erzählung. Sie befragt den Zusammenhang und stellt ihn neu wieder her. Sie unternimmt Expeditionen in den unermeßlichen Raum des vielfältigen Landes und setzt Wegmarken der Erinnerung. David Gutersons Bild vom Lagerfeuer scheint mir auch deshalb so einleuchtend, weil es die archaische, sozialbindende Kraft des Erzählens beschwört. Amerika ist das Land der Erzähler, nicht, weil dort das Erzählen in den Colleges und an den Universitäten geübt wird, sondern weil die Not, deren jeder Erzähler Herr werden will, spürbarer ist, und weil die Lust, sich mitzuteilen, die jeden Erzähler antreibt, größer ist.

Natürlich ist der Versuch, einen derart riesigen und widersprüchlichen Zusammenhang wie die amerikanische Literatur auf ein paar Allgemeinplätze zu bringen, nicht ohne Komik. Eine Theorie läßt sich daraus gewiß nicht ableiten, und man findet ja immer auch das, was man sucht. Unübersehbar aber sind die Sprachgewalt, der Erfindungsreichtum und die dramatische Energie der amerikanischen Literatur. Ihre Wirkung reicht weit über die Grenzen des Landes hinaus, sie wird auf der ganzen Welt gelesen, und das liegt gewiß nicht nur daran, daß Englisch die Weltsprache ist. Es liegt daran, daß die Utopie des Gelobten Landes auch eine literarische Verheißung ist, die selbst aus dem Widerspruch, den sie provoziert, noch hervorleuchtet.

Literatur

(Aufgeführt sind Titel, die im Text implizit oder explizit vorkommen.
Falls deutsche Ausgaben vorhanden, werden nur sie genannt.)

Walter Abish
Quer durch das große Nichts, Frankfurt am Main 1983
(Suhrkamp)
Das ist kein Zufall, Erzählungen, Frankfurt am Main 1987
(Suhrkamp)
Wie deutsch ist es?, Roman, Frankfurt am Main 1986 (Suhrkamp)
Sonnenfieber, Roman, Reinbek 1994 (Rowohlt)

Paul Auster
*Die New York-Trilogie – Stadt aus Glas, Schlagschatten, Hinter
verschlossenen Türen*, Reinbek 1989 (Rowohlt)
Im Land der letzten Dinge, Roman, Reinbek 1989 (Rowohlt)
Mond über Manhattan, Roman, Reinbek 1990 (Rowohlt)
Die Musik des Zufalls, Roman, Reinbek 1992 (Rowohlt)
Leviathan, Roman, Reinbek 1994 (Rowohlt)
Mr. Vertigo, Roman, Reinbek 1996 (Rowohlt)

Louis Begley
Lügen in Zeiten des Krieges, Roman, Frankfurt am Main 1994
(Suhrkamp)
Wie Max es sah, Roman, Frankfurt am Main 1995 (Suhrkamp)
Der Mann, der zu spät kam, Roman, Frankfurt am Main 1996
(Suhrkamp)
About Schmidt, New York 1996

Daniel Bell

The Winding Passage – Essays and Sociological Journeys
1960–1980, New York 1980
The End of Ideology – On the Exhaustion of Political Ideas in the
Fifties, Harvard 1988

Allan Bloom

Der Niedergang des amerikanischen Geistes – Ein Plädoyer für
die Erneuerung der westlichen Kultur, Hamburg 1988 (Hoffmann
und Campe)

T. Coraghessan Boyle

World's End, Roman, München 1989 (Hanser)
Der Samurai von Savannah, Roman, München 1992 (Hanser)
Wassermusik, Roman, Hamburg 1987 (Rogner & Bernhard)
Willkommen in Wellville, Roman, München 1993 (Hanser)
América, Roman, München 1996 (Hanser)

Michael Chabon

Die Geheimnisse von Pittsburgh, Roman, Köln 1988
(Kiepenheuer & Witsch)
Wonder Boys, Roman, Köln 1996 (Kiepenheuer & Witsch)

John Cheever

Der Schwimmer, Stories, Reinbek 1995 (Rowohlt)

Joan Didion

Menschen am Fluß, Roman, Reinbek 1995 (Rowohlt)
Spiel dein Spiel, Roman, Reinbek 1995 (Rowohlt)
Demokratie, Roman, Köln 1986 (Kiepenheuer & Witsch)
Sentimental Journeys, London 1993
Nach Henry, Reportagen und Essays, Reinbek 1995 (Rowohlt)

E. L. Doctorow

Das Buch Daniel, Roman, Frankfurt am Main 1974 (Insel)
Ragtime, Roman, Reinbek 1976 (Rowohlt)
Sterntaucher, Hamburg 1982 (Rowohlt)

Weltausstellung, Roman, Reinbek 1987 (Rowohlt)
Billy Bathgate, Roman, Köln 1990 (Kiepenheuer & Witsch)
Das Wasserwerk, Roman, Köln 1995 (Kiepenheuer & Witsch)
Das Leben der Dichter, Erzählungen, Köln 1995
(Kiepenheuer & Witsch)

Ralph Ellison
Der unsichtbare Mann, Roman, Zürich 1995 (Ammann)

Richard Ford
Verdammtes Glück, Roman, Reinbek 1989, 1994 (Rowohlt)
Rock Springs, Short Stories, Frankfurt am Main 1989 (S. Fischer)
Der Sportreporter, Roman, Reinbek 1989 (Rowohlt)
Der Frauenheld, Erzählung, Frankfurt am Main 1994 (S. Fischer)
Unabhängigkeitstag, Roman, Berlin 1995 (Berlin Verlag)

Ralph Henry Gabriel
*Die Entwicklung des demokratischen Gedankens in den Vereinigten
Staaten von Amerika*, Berlin 1951 (Duncker & Humblot)

David Guterson
Schnee, der auf Zedern fällt, Roman, Berlin 1995 (Berlin Verlag)
Das Land vor uns, das Land hinter uns, Erzählungen, Berlin 1997
(Berlin Verlag)

Jennifer I. Hochschild
*Facing Up to the American Dream – Race, Class, and the Soul
of the Nation*, Princeton 1995

Samuel P. Huntington
American Politics – The Promise of Disharmony, Harvard 1981

Charles Johnson
Faith and the Good Thing, New York 1974
Die Überfahrt, Frankfurt am Main 1995 (Suhrkamp)

Paul Kennedy
Aufstieg und Fall der großen Mächte – Ökonomischer Wandel und militärischer Konflikt von 1500 bis 2000, Frankfurt am Main 1989 (S. Fischer)

Christopher Lasch
Die blinde Elite – Macht ohne Verantwortung, Hamburg 1995 (Hoffmann und Campe)

William Least Heat Moon
Blue Highways, Roman, Frankfurt am Main 1985 (Insel)

Michael Lind
The Next American Nation – The New Nationalism and the Fourth American Revolution, New York 1995

Cormac McCarthy
Die Abendröte im Westen, Roman, Reinbek 1996 (Rowohlt)

Robert Olmstead
Amerika landeinwärts, Roman, Reinbek 1994 (Rowohlt)

Walker Percy
Der Kinogeher, Roman, Frankfurt am Main 1985 (Suhrkamp)

Jayne Anne Phillips
Überholspur, Short Stories, Frankfurt am Main 1987 (S. Fischer)

Robert M. Pirsig
Zen und die Kunst ein Motorrad zu warten, Ein Versuch über Werte, Frankfurt am Main 1976 (S. Fischer)

John K. Roth (Hrsg.)
American Diversity, American Identity. The Lives and Works of 145 Writers Who Define the American Experience, New York 1995

Werner Sombart
Warum gibt es keinen Sozialismus in den Vereinigten Staaten von Amerika?, Berlin 1906

John Updike
Bessere Verhältnisse, Roman, Reinbek 1983 (Rowohlt)

Walt Whitman
Grashalme, Nachdichtung von Hans Reisiger, Zürich 1985 (Diogenes)

Tom Wolfe
Fegefeuer der Eitelkeiten, Roman, München 1988 (Kindler)

Hubert Zapf (Hrsg.)
Amerikanische Literaturgeschichte, Stuttgart 1997 (J. B. Metzler)

Danksagung

Ich danke Michael Naumann, der die Idee zu diesem Buch hatte und mich überredete, es zu schreiben.

Ich danke Gabi und Armin Mueller-Stahl für ihre selbstlose Unterstützung bei der kalifornischen Quartiersuche.

Ich danke Philip Wiedman von Trotha, der die Abschrift der endlosen Tonbänder geduldig und sachkundig besorgt hat.

Ich danke dem *Zeit*-Verlag, der mir durch eine großzügige Urlaubsregelung die USA-Aufenthalte möglich gemacht hat.

Ich danke Detlef von Schultz, in dessen sturmumtosten Haus an der Ostsee ich große Teile des Buchs schreiben konnte.

Ich danke meinem Lektor Thomas Überhoff für seine ermutigende und kenntnisreiche Hilfe.

Ich danke meinen Töchtern Franziska und Olivia, die mich auf meiner Kalifornienreise nicht allein gelassen und zugleich Verständnis dafür gezeigt haben, daß ich manchmal allein sein mußte.

Vor allem danke ich den Schriftstellern für die Geduld, die sie meinen Fragen entgegenbrachten, für das Engagement ihrer Antworten und ihre Lust am Gespräch.

Am meisten aber danke ich meiner Liebsten, die ich in Amerika traf, die das Land unermüdlich studiert und lehrt, und ohne deren Rat und Tat dieses Buch nicht zustande gekommen wäre.

Amerikanische Literatur bei Rowohlt

Eine Auswahl

Harold Brodkey
Venedig
Zusammengestellt, übersetzt und
mit einem Nachwort von Angela Praesent
128 Seiten inkl. Abbildungen. Gebunden

Kevin Canty
Mondschein und Aspirin
Stories. Deutsch von Dirk van Gunsteren
192 Seiten. Gebunden

Susanna Moore
Aufschneider
Roman. Deutsch von Giovanni Bandini
und Ditte König
192 Seiten. Gebunden

Craig Nova
Der Tag des Elefanten
Roman. Deutsch von Thomas Lindquist
384 Seiten. Gebunden

Stewart O'Nan
Engel im Schnee
Roman. Deutsch von Thomas Gunkel
256 Seiten. Gebunden

Literaturmagazin 39
Der neue amerikanische Roman
Herausgegeben von Martin Lüdke
und Delf Schmidt
192 Seiten. Kartoniert

Rowohlt

Amerikanische Literatur bei Rowohlt

Eine Auswahl

Lisa Alther
Fünf Minuten im Himmel
Roman. Deutsch von Cornelia Holfelder-von der Tann
448 Seiten. Gebunden

Bebe Moore Campbell
Schwarz auf weiß
Roman. Deutsch von Silvia Morawetz
640 Seiten. Gebunden

Siri Hustvedt
Die Verzauberung der Lily Dahl
Roman. Deutsch von Uli Aumüller
288 Seiten. Gebunden

Robert Olmstead
Geh nicht fort
Eine Erinnerung. Deutsch von Edith Nerke
und Jürgen Bauer
256 Seiten. Gebunden

Tom Robbins
Halbschlaf im Froschpyjama
Roman. Deutsch von Pociao und Walter Hartmann
464 Seiten. Klappenbroschur

John Updike
Der Mann, der ins Sopranfach wechselte
Erzählungen. Deutsch von Maria Carlsson
320 Seiten. Gebunden

Stephen Wright
Aufbruch in die Nacht
Roman. Deutsch von Peter Torberg
440 Seiten. Gebunden

Rowohlt